往時のクアラ=トレンガヌの中国人街（谷繁樹氏提供）

ハリマオ

マレーの虎、六十年後の真実

山本　節 著

大修館書店

ハリマオ　マレーの虎、六十年後の真実　目次

第一章　マレーの盗賊

はじめに

昭和一七（一九四二）年四月三日付の「読売新聞」に、「翻然《ほんぜん》起つ母国の急　義賊〝マレーの虎《ハリマオ》〟死の報恩・昭南に薫る」と題して、次のような記事が掲載された。

　どんな境遇にあつても一たび祖国の急に臨んでは決然起つて死に赴くのが日本人の真の姿だ、あの輝けるマレーの大捷《たいしょう》の陰にも日本人の知られざる人柱があつた―まだ激戦の跡も生々しい昭南市の町外れ、戦跡を訪れる人あればそこに一基『軍属谷豊之墓』と記された墓標を見出すであらう、暴虐な英官憲や反日華僑の魔手に心狂ひ『ハリマオ王』（ハリマオは虎の意）と異名をとつて悪の華を咲かした身ながら、一たび大みいくさの開かれるや感奮蹶起《かんぷんけっき》一切を悔悟《かいご》して陰の大活躍に敵味方を驚倒させシンガポール陥落の報に莞爾《かんじ》として三十二年の生涯を閉ぢた一青年が眠つてゐるのである―これはマレー作戦に活躍、このほど帰還した藤原岩市少佐が語る谷青年の尽忠《じんちゅう》秘話である

このような導入に続き、次のような話が記されている。

　大東亜戦争の火蓋が切られる直前某任務を帯びて南泰を国境へ急ぐ藤原少佐がとある山間の部落にさしかゝつた時一人の壮漢が現れた少佐の前に進むと覚束無《おぼつかな》い日本語で叫んだ『私は日本人です、何かお役に立つことに使つて下さい』見れば彼の後にはマレー人が数人集まつてゐる、と訝《いぶか》る少佐の前に谷豊は次のやうな身の上を語つた

　今から三十年前彼の両親は二つになる彼を抱いてコタバルへやつてきた、彼はそこでマレー人として成長し立派な青年となつた、満州事変後華僑の排日ボイコットは荒々しく、ある日八つになる彼の妹を拉致《らち》し付近の藪中で無惨にも虐殺してしまつた、英人官憲は誠意をもつて調査しな

いばかりか侮辱の限りを尽くした
　谷青年の胸は怒りに燃えた〝今に思ひ知らすぞ〟復習の鬼となつた彼はその胆力と頭によつて強大な強盗団を組織しケランタン・パハン両州を縦横に荒らし廻つた、三千の部下を駆使して領民を奪はず常に英人と華僑を襲撃した、金庫も金塊を積んだ列車も事務所もこの怪盗を防ぐ術はなく、人々は彼を『ハリマオ王』と呼んで恐れたしかも彼は一銭も私しなかつた
　両親は悲しみと迫害に堪へかねて福岡県筑紫郡日佐村五十川の郷里へ帰つた
　官憲の追及急なるを知つて十六年二月少数の部下を連れ南泰へ逃れた、しかも留まつた一村落で村民の信望を得て村長に推された、やがて東亜の風雲は急を告げ彼の血は日本人としての誇りに蘇つた『国に報じて死ぬることこそ過去の罪を清め両親に詫びる唯一の道だ』翻然悟つた彼はかうして藤原少佐の前に現れたのだつた、かくて更正した『軍属谷豊』の陰の活躍が開始された
　四名の腹心を従へてジャングルに踏み入つた彼は常に皇軍に先立つて敵中に挺身しゲマスでは千八百の敵マレー義勇軍を説伏して逃亡させ、要害ペラー河では敵がダムに爆薬を装置したのを探知し、とり除いたほかマレー全土を舞台に、マレー、インド兵の宣撫《せんぶ》、鉄道破壊、後方攪乱等に神出鬼没の活躍を続けた
　またその豊富な経験が皇軍の作戦遂行にいかに寄与したことか、しかし〝虎〟と呼ばれる谷青年も不眠不休の奮闘のためマラリヤに冒され病軀に鞭うつて二月六日ジョホールバルに辿り着いた時ついに倒れたその時病床で待ち焦がれたのは故郷の両親からの手紙だつた、やがてシンガポール攻撃の日迫つたある日病床を訪れた藤原少佐が母とみさんからの手紙を齎《もたら》した
『罪を清め天子さまのおんため働きゐるとのこと両親はこの上の喜び無之候。靖国の御社へ祀

られるやうな働きをなし天晴れ日本男子ぞといはれるやう死ぬべく候…』
彼は高熱の身を揉んで男泣きに今や罪は贖《あがな》はれた、日本人として立派に死んで行ける、〃靖国へ〃――殷々《いんいん》たる砲声が天地を揺るマレー四名の部下が止める手の下で何度も彼は起き上がらうとした、二月十五日シンガポールは陥ちた、その翌日『最後にシンガポールの土を踏み度い』といふ願ひを容れられシンガポールに移つた谷青年は嵐のやうな勝鬨《かちどき》を聞きながら藤原少佐の手を握り『私は靖国さまへ行けますか』と呟くと、につこり満足げな笑みを頬に刻んで死んで行つたのである（ルビ、筆者）

後年「マレーのハリマオ」の名で知られる、谷豊（以下、書中に記す人名は、すべて敬称を略す）の死を報じた新聞記事である。まずは、彼の出生から死までを、限られたスペースで要領よく紹介したものといえよう。

主人公谷豊は、前掲記事にあるごとく、マレー育ちの日本人。マレー北部・タイ南部を股にかけて跳梁した盗賊団の頭目で、率いた部下は三〇〇〇人といわれた。その大胆と侠気とがマレー人社会の信望を得、現地の人々は、彼を「ハリマオ＝マラユ」（マレーの虎）と呼び親んだ。

昭和一六（一九四一）年、マレー・シンガポール作戦の遂行に先立ち、インド独立のためのインド独立連盟（IIL）援助とインド国民軍（INA）創設とを企図《きと》した日本軍特務機関「藤原機関」は、現地の事情に通暁するハリマオに注目、折からタイにいた彼に協力を求めて鋭意説得に当たった。ハリマオはこれに応え、開戦と同時にマレー人・タイ人からなる第五列（ゲリラ）部隊を編組、マレー中央山系の密林を走破し、英軍を相手に戦いながら一路シンガポールを目指した。が、行軍中に罹病したマラリヤが悪化、昭和一七（一九四二）年三月一七日、シンガポールの陸軍兵站病院で生を終えた。享年三〇歳。開戦から死に至るまで九九日の決死行であった。

前掲記事は、彼の死後まもない頃、藤原機関長藤原岩市少佐によって語られた彼の実話を元にしたものである。

が、実はこの新聞記事の具体的内容には、少なからぬ事実誤認、誤謬が存在する。記事には単なる談話の聞き違いにとどまらず、彼を時局の華として描き切るための脚色が加えられたと考えるべきである。換言すればそこには意識的にせよ無意識的にせよ、「大衆受け」する勇者を求めての、虚構化の作業が介在したということであろう。ハリマオの一代記は、つまりは長い歴史をかけて培われた人間類型の物語、すなわち若い美男の主人公が、異境に遍歴し、数々の偉業を成し遂げ、その果てに非業の死を遂げるという英雄神話に収斂《しゅうれん》されている。

例えば藤原とハリマオとの邂逅は、実際には決して記事にあるような偶然の所産ではなかった。藤原は機関創設時にはすでにハリマオの名を聞き知っていたし、彼を機関の活動に取り込むことが、すでに機関創設時における重大目的の一つであった。

新聞記事中のハリマオは、「ハリマン王」「ハリマオ王」などと呼ばれながら、決して最高の王でない王、「王に仕える勇士」「司令者の意により死地に赴く勇者」のイメージが甚だ強い。王者とその征途の馬前に馳せ参ずる武人との関係は、源頼朝と、その旗上げに奥州から長途参加する源義経との関係に一つの典型を見ることができる。

伝承の誕生にはまた、これを背後から支える歴史的条件の影響を看過することはできない。例えば彼が靖国神社への祭祀を喜んだ、とのエピソードも、まさに軍国の世の価値観を色濃く反映した結果であろう。実際には彼はイスラム教徒として、イスラムの葬礼を望んで埋葬された。

ともあれ、全国の諸新聞がこの時挙《こぞ》って発表した一連の新聞記事は、その後に訪れるハリマオ神話の氾濫の幕開けであった。彼の死は日本全土に華々しく伝えられ、新聞・雑誌・小説・映画・浪曲・紙芝居等々、戦時下のあらゆるメディアは、忠孝を完遂した軍事英雄として、あげて彼を偶像化したのである。

日本の敗戦とともに、如上のハリマオの姿は終焉した。しかしその一五年後の、昭和三五（一九六〇）年、山田克郎原作の『快傑ハリマオ』が日本テレビに放映されて一世を風靡することとなる。ターバン、カラーシャツ、黒眼鏡のいでたちで忽然と現れる騎馬の勇士が、国籍不明の悪漢相手に活躍をする画面に胸躍らせた者も少なくはないであろう。

また平成元（一九八九）年には、松竹映画『ハリマオ』が井沢満原作、和田勉監督で上映された。前者の主人公ははジャワを舞台に、日本軍に反逆抵抗する日本海軍将校として、後者は日本軍に利用されたあげくに毒殺される、哀れなピエロ的青年としてその性格を設定された。まさに時代を反映したものであろうが、その後も新聞・テレビなど、さまざまなメディアにより、「ハリマオ」は、なおも飽くなき再生を繰り返し、現在では菓子のおまけのキャラクターにも使われている。

それは、まさに大衆的英雄としての諸条件を、彼の幻像が見事に具備しているからに違いあるまい。すなわちそこに一貫して見られるのは、「荒ぶる小《ちい》サ子《こ》」（日本神話、仏教説話等に一貫して現れる暴力的な少童。神通力を有して驚異的なわざを行う）としての主人公の「悲劇性」「辺境性」「境界性」「無国籍性」であり、彼に内在する「仕事への一念」である。さらにはまた、その舞台「南洋」に日本人が伝統的に寄せてきた憧憬が、このハリマオ神話を支えてきたとも言えるであろう。

これら神話の虚構の構造については、筆者はすでに考察を試みている（山本節『神話の海』大修館

書店　平成六年）ので、ここでは多くを語らない。

では、このハリマオの真の姿とは如何なるものであったのか。本書は日本・マレーシア・タイ・シンガポールにおける調査をもとに、その生涯の実態に迫ろうとした試みである。

ハリマオの誕生

ハリマオこと谷豊の父、谷浦吉は明治一一（一八七八）年一月、福岡県筑紫郡日佐《ひさ》村大字五十川《ごじっか》（現福岡市南区五十川）で、父茂三、母ユキの四男として生まれた。茂三は栃木県で農業指導を行った専門家で、宗旨は日蓮宗である。ちなみに浦吉の兄には福岡農学校教員となった長男勘吉、他に次男茂七郎、三男清吉がおり、弟には五男源三郎がいる。

浦吉は生来血の気の多い、進取の気性に富む人で、若くして単身アメリカに渡った。その渡航の正確な年月も、明確な動機も未詳である。元来九州のこの地方は、明治初年以来、外国移住を志す人々が多い所であった。外地への単身移住が可能になったのは明治二八（一八九五）年の日清戦役の後というが、彼の渡航が戦争直後としたら、その時の年齢は一八歳ほどである。彼は理髪の技術を習得して帰国した。帰朝の年月も不明であるが、その後は福岡市人参畑で理髪店を開業した。

浦吉は明治四〇（一九〇七）年三月、大村トミと結婚した。トミは明治一六（一八八三）年三月生まれ、五十川に近い筑紫郡春日村大字須玖《すく》（現福岡県春日市）の出身である。夫唱婦随のおとなしい女性であった。両人の間には明治四〇（一九〇七）年一一月に長女ミサヲが生まれたが、大正二（一九一三）年五月に夭折。ミサヲに次いで明治四四（一九一一）年一一月六日、長男豊が誕生した。

かつての谷理髪店（右端の建物）
（1974 年撮影。符玉香氏提供）

マレー移住

明治四五（一九一二）年五月、浦吉は妻トミと一歳の豊とを伴い、日本を後にした。浦吉の兄清吉によれば、彼がふたたび海外に心動かされたのは、筑紫郡春日村（現春日市）出身でマレー帰りの知人に会ってのことであったという。同じ理髪業のその人からマレーの好景気の話を聞いた浦吉は渡航を決意、まずシンガポールに渡り、一年滞在の後、クアラ＝トレンガヌに落ち着いた（「大阪毎日新聞」昭和一七（一九四二）年四月三日朝刊）。

一方豊のすぐ下の妹、次女ミチエ（大正二（一九一三）年～平成一〇（一九九八）年）によれば、浦吉はシンガポール経由でフィリピンに行く予定であったが、船中で彼女が生まれたために計画を断念し、クアラ＝トレンガヌに赴いたのだともいう。

クアラ＝トレンガヌはトレンガヌ州の州都である。タイ国境に近いマレー東岸の港町で、現在は人口二五万人。発展した西岸に比べ、マレーの古い民俗文化が今もよく残っている。谷一家は同市ケデバヤンに落ち着き、理髪店とクリーニング店とを始めた。トミによれば、マ

左から豊（ハリマオ）、繁樹、静子、トミ（静子の後方）、ミチエ、ユキノ、すみ。
（1930、31年頃、クアラ=トレンガヌにて。谷繁樹氏提供）

レー人を相手に植木の売買をも行っていたらしい（「九州日報」昭和一七（一九四二）年四月三日朝刊）。

湾に沿って弓なりに屈曲する中国人街の中には、日本人経営の薬局・洋服屋・写真屋などがあり、娘子軍《じょうしぐん》の店も五、六軒あった。谷理髪店は中国人街の外れに位置し、裏は浜で、陸揚げされた魚や果物・野菜などをひさぐ市場も至近にあった。写真で見る当時の谷家の住まいは、コンクリート造りの堂々とした構えであるが、この店は一九七六年、区画整理のために取り壊された。現在は共同家屋のマーケットが新築されて、当時を偲ぶよすがはない。

谷家の家族構成は前述の通りであるが、豊にはやがて他の弟妹ができた。ミチエの下に生まれた三女フク（大正四（一九一五）年生。同年筑紫郡三宅村の新貝氏と養子縁組）と次男繁樹（本名茂喜。大正一四（一九二五）年生。谷家当主。福岡市南区自治連合会連絡協議会会長。福岡市南区町世話人連絡協議会会長。福岡市南区五十川在住）、また浦吉と福丸すみ（福岡県筑紫郡出身。当時クアラ＝トレンガヌ在住）との間に生まれた四女ユキノ（大正六

（一九二七）年生。福岡市南区在住）及び五女静子（本名静。昭和二（一九二七）年〜昭和八（一九三三）年）である。

家業は順調であった。この街で商店を営んでいた華僑の杜水淼《トーチュウエービョウ》によれば、少年時代、この店の前を通って、ソピアという呼び名のトミが客の髪を刈っていた姿を見たのを記憶している（平成五（一九九三）年八月、クアラ＝トレンガヌで、筆者への直談）。トミは理髪の技術を夫浦吉に習った。トミによれば、豊も一〇歳から理髪業を助けた（「朝日新聞」西部版。昭和一七（一九四二）年四月三日朝刊）。豊の弟の繁樹によれば、豊は非常に器用で、床屋の技術を瞬く間に習得したという。

浦吉は生来固い国粋的な人物で、郷土愛が強く、故郷の方言を笑われると本気で怒った。家内ではいつも博多弁で話していたから、通説のように豊が日本語をまるきり忘れ、話せなかったというような事実はない。浦吉は人の面倒見もよかった。同郷の五十川から移民してきた人もあったが、心構えが十分でないので彼が叱り、銭を与えて帰国させた。

浦吉は故郷へ帰ると、近隣の人に一斗樽で椀盤《おうばん》振舞をした。村の墓地の石垣を寄付したこともある。マレーで儲けた金を資金にして金貸しをも行ったが、この方面には不向きであった。取り立てに行った先の窮状を見ると、返済を促すどころか見るに見兼ねて逆に金を置いてくる、という按配であった。繁樹によれば、後年箪笥の中いっぱいに詰まった未返済の借金の証文が発見されたという。浦吉は毎日仏壇を拝み、家族全員を後ろに坐らせて経を読んだ。信心深い母ユキの影響があったのであろう。浦吉の性格はこの母親から受け継いだものであった。彼の兄清吉は次のように語っている。

あれ（豊）の祖母が負けん気の強い曲つたことの嫌ひな人でした、私が〝税金が高くなつた〟とついこぼしたら、えらう叱りましてなあ、日清戦争に私は召されて出征したが、赤紙が来た時〝死んだ覚悟で征けるか、迷ふ心があるなら出る前に親子の縁は切る〟母は一事が万事で、この調子でした、(「大阪毎日新聞」福岡版。昭和一七〔一九四二〕年四月三日朝刊)

明治の「軍国の母」の面目が躍如としている。清吉は続ける。

浦吉・豊の親爺がおふくろの性格をそつくり受けついでゐました、豊の体内にもやつぱりその血が流れてゐるんですなあ、(掲載紙同前)

豊の性格は、まさに父祖からの遺伝と言ってよかろう。のちの豊の数奇な運命は、いわばこの谷家の血脈の中に胚胎していたのである。

福岡での小学校時代

マレーで修学年限に達した豊は、まずは現地の小学校に入学したらしい。後年この学校に通学した繁樹によれば、英国の植民地であった当時のマレーでは、学校教育は英語とマレー語とで行われていた。

が、やがて豊は妹ミチエとともに日本へ帰された。日本人は日本の教育を受けるべきだという、いかにも明治人らしい父の意向に従ったのである。彼らは当初春日村の母方に身を寄せたが、次いで五十川に住む清吉のもとに預けられ、日佐村立日佐尋常小学校(現福岡市立日佐小学校)に通うこととなった。

豊が十、ミチエが八つのとき浦吉が毛唐の学校には入れたくないと二人をこちらの学校で勉強させるためにわざわざ連れもどつてきました、日佐小学校に豊は三年生へ、ミチエは二年生へそれ

左から豊、浦吉、トミ、ミチエ
（日本の小学校編入時か。谷繁樹氏提供）

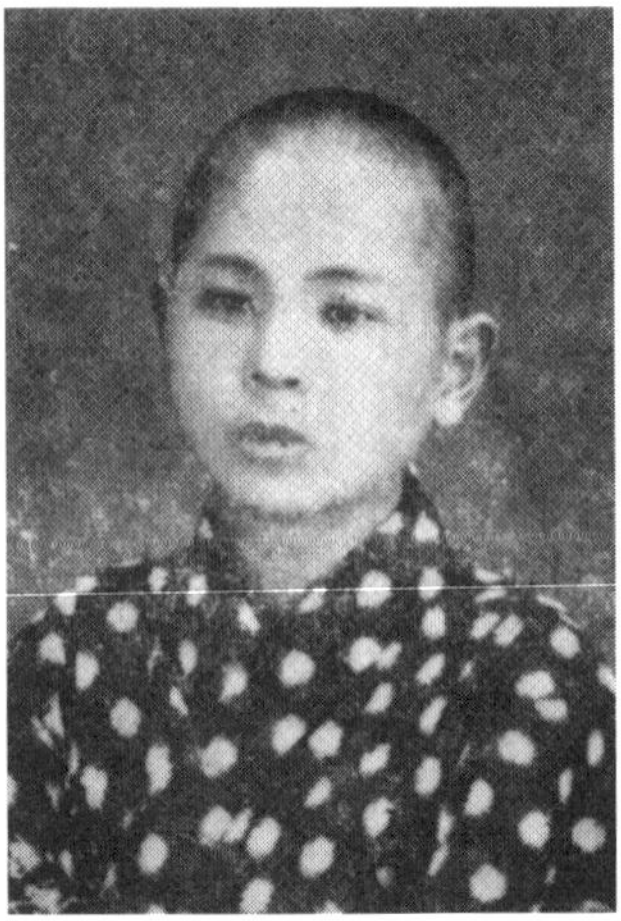

少年時代の豊
（谷繁樹氏提供）

ぞれ編入を許されたので、私が預かることにして浦吉はマレーへ帰りました、（「大阪毎日新聞」昭和一七〔一九四二〕年四月三日朝刊）と清吉は語っている。

日佐小学校に現存する記録には、豊の卒業は大正一五〔一九二六〕年三月、ミチエのそれは昭和二〔一九二七〕年三月とある。これから逆算すれば、彼ら兄妹の編入学は大正一一〔一九二二〕年、豊満一〇歳、ミチエ満八歳の時ということになろうか。

とすれば、豊は二年遅れで三年次生に、ミチエは一年遅れで二年次生に編入されたこととなる。数え年にすれば、豊一二歳、ミチエ一〇歳の時であった。この学年の遅れは、後述する級友の談話からも明らかである。

小学校時代、豊の親友であった徳永音次郎（明治四五〔一九一二〕年～平成一二〔二〇〇〇〕年。福岡市南区住）は、次のように追憶する。

豊はマレーから里帰りして、日佐小学校に編入してきよりました。豊は年は私より一つか二つ年上だったばってん、学年ば下げて入ったとです。編入は一年級だったか二年級だったか確かでなかが、それから六年までずっと一緒でした。豊はとてもはっきり日本語ば話しました。マレーの家でもお父さんが日本語ば話させとりましたけんね。

豊はまた気性の激しか男で、私とはちょっとしたことでポンポン喧嘩したが、翌日になるとワーワー言うてなついてきて、サバッとすぐ仲良しになりました。三年か四年の時だったと思うが、豊が手に持っていた小刀の「肥後守」が、ちょっとしたはずみで自分の手首にあたって切れたことがありました。医務室へ行っても、今のように縫うこともせんで、そのうち傷はそのまま塞がりました。何のこともなかったばってん、その時も二人で校長室さ呼ばれてうんと叱られて、一日立たされました。

こんな風で私らは喧嘩友達だったばってん、また無二の親友で、兄弟ごたる付き合いでした。豊が他の子と喧嘩したこともあったろうが、記憶にありません。ずいぶん悪さはしたばってん、下級生をいじめたりはせんかった。上学年になると、豊もあまり無茶ばしなくなりました。(平成六〔一九九四〕年六月一四日、福岡市で、筆者らへの直談)。

豊の性格や行状については、親戚の者たちもよく語っている。豊の従姉久芳キヨは、

小さい時はとても腕白ものでしたが人一倍負けず嫌ひの男で……(「九州日報」昭和一七〔一九四二〕年四月三日朝刊)

と、また清吉は、

人の話によるとべら棒に腕つ節が強くて、弱いものいぢめをしようものならいぢめたものをこつぴどくやつつけたさうです(「大阪毎日新聞」福岡版。昭和一七〔一九四二〕年四月三日朝刊)、

とも、

竹やぶで長さ三寸くらゐの枯竹を内股に突刺したので心配したが、本人は平気なもの、傷口もすぐよくなりました（掲載紙同前）

とも、また、

豊には俠気といふかそれに義理がたいところがあつて同じ暴れン坊でも無法などはしなかつた、野放図でしめつぽいところは薬にしたくともなかつた、（掲載紙同前）

とも語っている。腕白で喧嘩もするが、理不尽な乱暴はせず、陽性で他人への心配りもある親分肌……少年の日の豊は、後年のハリマオの姿を彷彿させて余りある。

彼の学業成績や操行はどうであったか。ふたたび徳永の話。

私は一年から六年まで級長でガキ大将でした。豊は喧嘩早く、若い時から親分気分で、あまり勉強はせんかった。試験になると「徳永頼む」と言うて何時も私ばあてにしよりました。「何だお前、こげなことも分からんのか」と言うてよう教えてやりました（平成六〔一九九四〕年六月一四日、福岡市で、筆者らへの直談）。

かつて日佐尋常小学校に保存されていた彼の学籍簿などの記録類は、平成四、五（一九九二〜三）年頃に福岡市教育委員会に回収され、破棄処分された由、その内容を知ることはもうできない。清吉の談によれば、豊は総じて成績は良くはなかったようだが、しかし彼の天性の手の器用さには皆驚いたようだ。

豊の学業成績はお恥づかしいことながら余り芳しくなかつた、ただ手工だけは神技の出来ばえと先生がいつも舌をまかれた、母方に美術学校出の彫刻家や大工職がゐる、やつぱり手筋ですな

ー。（掲載紙同前）

と清吉は述懐している。この手業の巧みは、彼の後の人生に存分に活かされることとなった。

再びマレーへ

豊は大正一五（一九二六）年三月、日佐尋常小学校を卒業し、引続き日佐高等小学校に入学した。翌昭和二（一九二七）年三月、彼が高等小学校一年を終了し、ミチエが尋常小学校を卒業した時、二人は迎えにきた母トミに伴われ、再びクアラ＝トレンガヌへ赴いた。

この後昭和六（一九三一）年に兵隊検査のため帰国するまでの四年余を、彼は家族の理髪業を手伝いながらこの地で過ごした。この街に住むマレー人のアリ＝ビン＝ダウド（生年不明。元魚商）は、この頃豊の友人であった。彼は豊の思い出を次のように語っている。

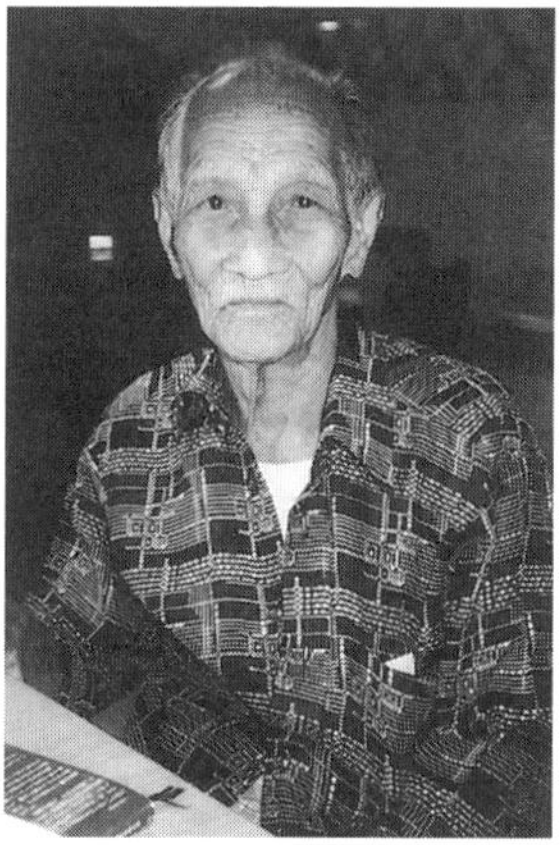

アリ＝ビン＝ダウド氏
（1993年、筆者撮影）

豊は「ママッ」と呼ばれてた。妹のミチエは「ミナ」（マレー語で女の子の通り名）と呼ばれてたね。ママッはいつも店の手伝いで忙しかった。よく遊びに誘った。ママッは金を持ってなかったから、よく一ドル（筆者注：マレー＝ドル）やったもんだ。近所の老人に釣り糸を作ってもらって釣りにいったこともある。王宮に近い丘の上では凧上げ（筆者注：マレーの凧上げは有名。大人が行う）をした。ママッは喧嘩早かった。喧嘩の止め役はいつも私だったよ（平成五〔一九九三〕年八月、クアラ＝トレンガヌで、筆者への直談）。

豊のこの呼び名について、中川渉（産経新聞記者、平成一三〔二〇〇一〕年五月、同新聞に「日本人の足跡　谷豊」を連載）は次のような見解を述べている。

マレー語に精通した人にいくら尋ねてまわっても、「ママ」という単語を知っている人がいなかったので、気になっていました。そこで、谷繁樹さんの知人で、元海外青年協力隊員の山上リエさんという方を通じて現地の方に聞いてもらっていたのですが、コタバル在住の中学生教師（マレー人男性）が、「『ママ』は『ムハンマド（モハメド）』の愛称のことだ」と指摘してくれました。

つまり、マレー人にとっては、ユタカという言葉は、発音（記憶？）しにくかったので、マレーで最もポピュラーな名前である「ムハンマド」の呼び名をあてたのでしょう。「ママ」には、親近感は込められていても、尊敬の念まではないようです（平成一三〔二〇〇一〕年八月一六日、筆者宛書簡）。

この頃豊はすでにマレー人の仲間たちにとって、頼り甲斐ある兄貴分となっていたようだ。妹ミチエの談によれば、特に何をするというのでもないのに、彼が出てゆくと、マレー人の仲間はみなピッとして、彼の言うことを聞き、従ったという（中野不二男『マレーの虎　ハリマオ伝説』）。生来ある種のカリスマ性を具えていたのであろう。時に豊は彼ら仲間と遊び惚けることもあり、父浦吉にもう家に帰ってくるなと言われたこともあった。これが後に、窃盗行為をしたために両親に勘当された、という誤報のもととなったのであろう、と繁樹はいう。

もともと色白で美少年の豊は女性にもよくもてた。広津秀穂（福岡市の個人タウン誌「マレーシア

20歳の頃のハリマオ(左端)。右から二人目は浦野軍之助氏。
(1931年頃、クアラ=トレンガヌにて。谷繁樹氏提供)

通信」主幹。福岡市東区在住）がアリから聞いたところでは、浦吉がシンガポールへ行っている間に、彼はひそかにマレーの女性と結婚したらしい。イスラム教徒との結婚は、自分もイスラム教徒でなければまずは不可能であるから、彼はすでにこの頃改宗したと見るべきか。帰宅した父は激怒し、「家の仕事に本腰を入れろ」と怒鳴りつけた。おそらくは件《くだん》の女性とも別れたのであろう。

こうした若気の失敗をも織り交ぜながら、豊はやがて二〇歳の徴兵検査を迎えることとなる。

兵隊検査の帰国

昭和六（一九三一）年、豊は兵隊検査のために再び日本へ帰った。兵隊検査は、国民皆兵制度下の日本人男子が、二〇歳を待って受けねばならぬ義務であった。海外にいる者には延期が認められたが、その特権に甘んじなかったのはひとえに父浦吉の意向であろう。帰国した豊は、かつてのように伯父清吉の家に身を置くこととなった。

豊との再会について、旧友徳永音次郎は、次のように語っている。

私は二六歳で結婚しましたばってん、その少し前、里帰りした豊がヒョコッと尋ねて来よったことがありました。「珍しい土産は無かが」て言うて、頭くらいの大きさの椰子の実ば一つくれました。「九州じゃ椰子の実はなかろうけん、持ってきたよ。割って飲みない」て言うて置いていきました。珍しいものですけん床の間さ飾っておいたら、そのうちに一本芽が出て葉が出ました。それば土に植え返したかどうかの記憶はありません（平成六〔一九九四〕年六月一四日、福岡市で、筆者らへの直談）。

徳永はそれを彼の二四、五歳頃、豊二五、六歳頃の出来事と記憶するが、その頃豊の帰国の事実はないから、やはり彼の兵隊検査の時のことであろう。徳永はそれ以後豊とは手紙のやりとりも、付き合いもなかった。彼はその後召集され、武漢から重慶に至る華中を転戦。「ハリマオ」としての豊の活動を知ったのは、戦後になってからのことであったという。

福岡の会社勤務時代

問題の兵隊検査では、豊は丙種合格となった。小柄で身長が規定に達しなかったためである。彼の小兵はよく知られたことであるが、徳永によれば彼とほぼ同様、一五三〜五センチくらいであったという。当時の兵士としての規準は一五五センチ以上とされていたから、実際にはもう少し小さかったのであろう。「丙種」は当時の日本人にとっては恥とされたが、当の豊はさして気にしてはいなかったらしい。

五十川の遠い親戚で、豊と小さい時から知り合いであった谷英雄（明治四三〔一九一〇〕年〜平成八〔一九九六〕年。福岡市南区五十川住）はこう語っている。

豊さんとは遠か親戚でした。年は豊さんが一つ下でしたが、学校では三、四級下でしたけん、あまり親しくはしておらんかったです。青年時代だが、当時二五歳くらいまでの者は青年団で同年同士のグループを作りよって、豊さんとはここで一緒だった。思った通りのことば通す人でした。兵隊検査で丙種になったことだが、彼は特に兵隊に行きたいとは言っとりませんでした。検査だって義務から受けたとです。当時兵隊に自分から行きたい人など誰もおりませんでしたけんね。

豊さんは近くのアサヒ足袋（筆者注：地下足袋製造の会社。後の日本ゴム）さ入社しました。

その頃女工の日給は八〇銭で、女工はノーズロでした。竹下の農学校の前あたりの飲み屋に一、二度一緒に行ったことがあります。アサヒ足袋での豊さんの仕事ぶりについては何も知りません（平成六〔一九九四〕年六月一四日、福岡市で、筆者らへの直談）。

豊はこの会社を間もなくやめ、福岡市内の渡辺鉄工所に就職した。これは飛行機造りなど軍需産業の会社であった。そこでの彼の働きぶりについても何も分かっていない。

この時代の彼について人々に語られるのは、どこの青年にも見られるような奔放な若さである。それは退社後の友人達の交際で十二分に発揮されたようだ。徳永は語る。

アサヒ足袋時代、豊は給料ば貰うとすぐバラ撒いて、友達や同級生ば連れて、博多さ飲みに行っていたと聞いちょります。私とはその頃の付き合いはなかったですが（平成六〔一九九四〕年六月一四日、福岡市で、筆者らへの直談）。

また弟繁樹は語る。

箕島の飲み屋や、竹下の農学校のあたりや、いろんな所で、友達ば連れてよく飲みよった。「金沢」ていう店で、五〇銭も出せば二、三人で飲めました。喧嘩もよくしたらしい。柳町で喧嘩したていう話も聞いとります（平成六〔一九九四〕年六月一四日、福岡市で、筆者らへの直談）。

やはりこの頃豊を知っていた山根久生（大正九〔一九二〇〕年生。福岡市南区五十川在住）の話は、次のようである。

豊には青年時代、進藤善作や進藤アビオなどいう同年の友達がおりました。悪坊主で、柳町（遊郭のある界隈）さ遊びに行って、夜中に帰ってきたりしとりました（平成六〔一九九四〕年六月一四日、福岡市で、筆者らへの直談）。

伯父清吉はその当時を次のように回想している。

帰つて来た時、入営出来ずに一年間、私から日本語も習ひましたが、福岡の工場に通勤した時ほとほと手を焼きました、私がこつそり豊の名義で登録しておいた田地六畝もいつの間にか売払つてゐるし、金は食ぶちをやるどころか私の金を持出す始末、〝そんなに金を何に使ふのか〟と厳重に詮議して見たが、〝使ひ途はいくらもありますよ〟とすましてゐる、ところが人の噂に聞くと家庭の貧しい友人などに恵んでゐたらしいです、度胸がよく義俠心に富んでゐたんですね、（「大阪毎日新聞」福岡版、昭和一七〔一九四二〕年四月三日朝刊）。

このように豊は気前のいい兄貴分風を吹かせていた。無鉄砲とも野放図ともいえるが、このような性格は父浦吉譲りのものであろう。この田を売った話は一族の語り草になった模様で、現在も遺族の間でよく記憶されている。清吉の息子、豊の従弟で、小学校時代に生活をともにした谷茂（大正一一〔一九二二〕～平成九〔一九九七〕年。福岡市南区五十川住。公民館長）の談は次のようである。

豊は兵隊検査で帰国して一、二年はよう子分がついて来よりました。親分肌で、コマか体で大概の者がついて来よりましたですもんね。自分の持ち物の三畝の畑を売ってしまって、貧しい人さやったとです。子分ば手懐けるつもりもあったとでしょう。下河原の田も売りました。金はどげんにも使い道があるて言うとりました（平成六〔一九九四〕年六月一四日、福岡市で、筆者らへの直談）。

また繁樹は次のように語る。

兵隊検査で帰国の時も、兄貴は友達に金品ば分けてやっとりました。その当時兄貴の名義で三畝の畑があったばってん、いつの間にか、それば売り払ってしまいよりました。貧乏な人に金ば分けてやったとです。義侠心に強いのは谷家の血筋です（平成六〔一九九四〕年六月一四日、福岡市で、筆者らへの直談）。

彼の女性の交友関係についてはどうだったのか。これについてもあまり明確な証言は出てこない。繁樹の話は次のように続く。

兄貴はその頃相当遊んだようですたい。後で子供ができんかったのは、この時精力ば使い切ってしまったからじゃろうて言うて、私達は笑っちょりました（平成六〔一九九四〕年六月一四日、福岡市で、筆者らへの直談）。

また妹ユキノによれば、この頃豊は柳町の「入船」というカフェーの女給にのぼせていたという噂もあったという（中野不二男　前掲同書）。彼が美少年であったことは、誰しも認めるところで、それは二〇歳頃の有名な記念写真を見れば瞭然である。繁樹の話。

私よりはよか男ぶりで、女ごたる優男だったばってん、叩かれたら三つくらい叩き返す気性の激しか人でした（平成六〔一九九四〕年六月一四日、福岡市で、筆者らへの直談）。

彼の気性の激しさを伝える話として、山根による次のような逸話もある。

豊は私の兄の山根秀樹（大正三〔一九一四〕年生。故人）の所へよう遊びに来とりました。二人はアサヒ足袋に一緒に働きに行っとりました。当時自分はまだコマくて小学校ば出たくらいの時じゃったけん、直接話をしたことはありません。兄と豊は仲がようて、豊はよく泊まりにきとりました。私の家に隠居部屋があって、爺様はいないし、ここが若い者の集会場になっておったとです。豊はまた気性が激しか人でした。家の近くで皆が草ば刈っていた時だったばってん、何で怒ったのか、豊が「アリャー」て叫んで、どぶ川の向こう側から誰かに鎌ば投げつけたのば覚えとります（平成六〔一九九四〕年六月一四日、福岡市で、筆者らへの直談）。

精悍で直情径行、多血質の親分肌、心の陰や暗さはあまり見られず、言葉や思想よりもまずすばしこく手足が動く、といった性格が思い描かれる。すでに後年の「ハリマオ」の姿が彷彿とする光景である。

こうして暮らしている間にも、マレーの地に対する望郷の思いは、豊の中にいや増しにつのったようであった。とにもかくにもマレーは物心ついてこの方、彼の精神世界が育まれてきた魂の原郷であった。ついには彼は密航を企てたらしい。それも一度では終わらなかった。谷英雄の話は次のようである。

豊さんはマレーに帰りたくてたまらない様子じゃった。門司港で密航ば試みて二度失敗しよりました。乗ろうとしたのは外国船でしょう。見つけられて、清吉さんが引き受け人になって保護しました。こんな性格じゃけん、戦時中ハリマオの話が報道された時も、「あれのこっちゃから、その位のことはしたろう」て思うたものです（平成六〔一九九四〕年六月一四日、福岡市で、筆者らへの直談）。

また繁樹の話は次のようである。

いとこが兄貴にマレーへ行こうて言うて密航を誘われた。船には乗らんじゃったが、小倉で捕まえられたとです（平成六〔一九九四〕年六月一四日、福岡市で、筆者らへの直談）。

ふたたび谷茂の話。

豊はマレーさ帰りたがっとった。密航ば計画したのは、静子が殺される前からのことです（平成六〔一九九四〕年六月一四日、福岡市で、筆者らへの直談）。

静子とは豊の末妹のことである。この静子殺害の大事件が、後の豊の人生を決定的に変えることとなった。

妹静子の虐殺事件

豊が日本に帰国していた間に、谷家に悲劇が続いて起こった。昭和六（一九三一）年一二月、父浦吉の逝去（享年五三歳）、次いで翌々年に生起した末妹静子の虐殺事件である。

昭和八（一九三三）年一一月六日、時の満洲事変の勃発に怒った華僑暴漢が、中国人街を襲った。静子の殺害はこの時に生起した。この事件はハリマオの一連の伝承の中でもっとも猟奇的に語られるが、実情もすこぶる酷たらしいものであった。

この事件を、昭和一三（一九三八）年刊行の『南洋の五十年』は、「排日問題に興奮した馬来東海岸の惨劇」と題して、次のように記している（原文のまま）。

昭和八年十一月六日午前七時馬来半島東海岸トレンガヌの町に於て邦人少女が惨酷にも首を掻きゝられた兇事が突発した。犯人は広西生れの支那人で満洲事変に依つて盛んに煽られてゐた排日思想に興奮しての兇行であつたのである。

犯人は最初山田辰之助氏経営の山田商店を襲つた。同店主は同地日本人会長で当時帰朝中で、令弟安五郎氏が店主代理をして居り其安五郎氏に不意に切り付け頭部に重傷を負はせ、犯人は更に高（見？）商店（店主は同地副会長山田達二氏）を襲撃したが目的を達せずすぐ向ふ側の谷理髪店に闖入、九歳になる三女静子を殺害し無惨にも其の首を切り落し、鮮血したゝる生首を提げて歩いてゐたと云ふのだから驚かざるを得ぬのである。

往時の山田商店
（1928 年頃撮影。山田廣雄氏提供）

実にトレンガヌの惨劇は詳報を聞けば聞く程鬼畜にまさる惨忍さに戦慄されざるを得ぬのであつた。原因は全く時代遅れの排日思想に逆上したものである。山田氏は後頭部に一刀あびせられ近所の支那人店に逃込まんとしたがオラン・ジッポン・タボレ・マツソで断られ漸く印度人の家に飛込み危ふい生命を助かつたのであつた。

犯人は山田氏が支那人の拒絶された店に帰つたものと思つたらしく、再び取つて返し店内を探したがゐないので、二軒置いて隣の高見商店を襲ひ其所でも夫婦共ゐなかつたので、谷理髪店を襲撃したもので無心で寝てゐた静子の首を二タ太刀で斬落し、生首を下げた儘カンポンチナに逃込み、居合せた四五人の同国人に自慢らしく吹聴しながら二度まで静子の首を足げにしたと云ふのであるから全く鬼にもまさる凶暴さであり、黙つてそれを聞いてゐたと云ふ（中略）心理状態も到底我々日本人には了解されないのだ。当時山田商店の往来につッ立つてゐた馬来巡査は呆然自失なす処を

往時の浦野歯科医院の建物。
（山田廣雄氏提供）

知らず、急を聞いて駆付けた警官が犯人に銃口を向けて発射したが安全装置がしてあつて弾丸が出ず却つてカスリ傷を受けた。一人の馬来巡査は何処迄もと彼を追跡した。漸々其所へ一隊の警官が到着し、勇敢な一印度人に依つて血潮したゝる庖丁が叩落され難なく犯人は逮捕された。犯人は（中略）狂つてゐたのだとの噂も伝へられてゐたが裁判の結果遂に死刑を宣告され、可憐な静子の恨みは兎も角も酬はれたのであつたが（後略）

クアラ=トレンガヌはマレー人が九〇パーセントで、華僑が多い土地柄ではない。在住の日本人は三〇人程度であったといわれる。暴挙は余所から波及してきたもので、事件の犯人は街の住人ではなく、外来の広西人の若者であった。

暴漢は谷家から通りを隔てて五、六軒先、街角にある山田商店をまず襲った。この山田商店は愛知県海部郡美和町の出身、山田辰之助（明治二四〔一八九一〕年生）・辰二（明治三二〔一八九九〕年生）兄弟のうち、兄辰之助が大正三（一九一四）年に開店したものといわれる（「日馬プレス」一九九四年四月一日号「日馬プレス」はマレーシアの日本語新聞）。店舗は最近まで中国人街に昔のままの姿で残っていた。

辰之助の長男廣雄（昭和二〔一九二七〕年生。愛知県名古屋市在住）の話によれば、暴漢は客を装い、辰之助の弟安五郎に薬を注文した。が、後ろ向きに薬を捜していた安五郎は、ウィンドウのガラスに映った男が包丁を振り上げたのに気付いた。刀をかわした彼は、手傷を追いながらも外に飛び出し、大声で危急を人々に告げた（平成七〔一九九五〕年一二月某日、名古屋市で、筆者への直談）。

トミやミチエの店に飛び込んできて避難を勧めたのは、普段から谷家と親しかったマレー人であった。繁樹によれば、その時店はガラガラで客はいなかったらしい。事に驚いた隣の浦野歯科医院の人々が、谷家の家族を裏口から中に入れ、彼女らは大慌てで逃げ込んだ。同院は窓を鉄格子で守られていた。

しかし彼女らは、風邪で二階に臥していた静子を伴うのを忘れた。これが悲劇の始まりであった。乱入した暴漢は二階に駆け上がってこの少女の首を打ち落とした。医院の当主浦野軍之助医師（明治三七〔一九〇四〕年生。故人）がのちに妻幾代（明治四四〔一九一一〕年生。奈良市在住）に語ったところでは、彼が二階から見下ろすと、犯人は首をぶら下げ、これ見よがしに町中を走っていったという（平成六〔一九九四〕年一一月一二日。奈良市で、筆者への直談）。

繁樹は次のように語る。

男の首が取れんので、しょうがないけん女の子の首でも何でも取ったんでしょう。格子から外ば覗いたらクサ、カッパ頭ば提げて行きよるのを見ました（平成六〔一九九四〕年六月一四日、福岡市で、筆者らへの直談）。

同じ繁樹の回想は、当時の新聞には次のように記されている。

お母さんは店で忙しいし僕たちは外へ遊びに出て裏の二階にシヅ子ちゃんが一人で□□（筆者注：

文字不明）をしてゐました、マレー人が大変だ、早く家へ帰れと報せてくれたので何事かと思ってとんで帰ると血のついた青竜刀をもつた支那人五、六名が首を提げて僕の家の裏口を出るところでした、（「大阪毎日新聞」昭和一七〔一九四二〕年四月三日朝刊）。

中国人五、六名というのは記事の誤りで、単独犯の仕業であった。暴漢が去り、家に戻った谷家の人々が二階に上がってみると、階段のあたりから一面の血の海であった。一緒に二階に上った浦野医師も、返り血が天井や壁にまで飛び散っていたのを目撃している。静子の首はミチエの談では、中国人街の向こう外れの観音堂まで運ばれたともいい（「西部版朝日新聞」昭和一七〔一九四二〕年四月三日朝刊）、あるいは台の上に据えられ晒されたともいう。

この静子の災難の顚末についての新聞報道は、彼女が林の中に拉致されて殺されたとか、逆吊りにされたとか、最も正確を欠いた書き方をしている。例えば昭和三八〔一九六三〕年頃南タイのパタニ市に移住、爾来彼の地に永住する日吉亨（昭和一一〔一九三六〕年生。東京都新宿区出身。漢方医）は、彼女が股裂きにされたと記憶している。風聞の拡散の中でモティーフが肥大化し、自己増殖して行くさまが見てとれる。

この事件は華僑にも大きな衝撃を与えた。当時事件を目撃し、一九九八年に逝去した商店主杜水淼の話は次のようである。

この事件直後、華僑学校も危険なので児童・生徒の下校をさせなかった。一人の頭が狂った青年が暴れていると判断して、華僑社会も恐怖に震えた（「日馬プレス」一九九四年五月一日号）。

中国人街の住人符玉香や前述の杜水淼は、街の住人同士はマレー人も中国人も日本人もみな仲良く暮らしており、対日感情も悪くはなかった、地域の華僑社会が事件の後押しをしたということは、まったくなかったと証言している（平成五〔一九九三〕年八月二五日、クアラ=トレンガヌで、筆者への直談）。

犯人は、通説では捕まらなかったというが、上記の華僑の人々によれば、『南洋の五十年』にもある通り彼は確かに逮捕され、コタ=バル辺で死刑を執行されたという。ただ事件直後の英国官憲の対

静子殺害事件の現場検証。中国人街街路。上段の写真、道路の左側奥が谷理髪店。下段の写真は静子の首に見たてた椰子の実をもつ人物。（1933年クアラ=トレンガヌ。山田廣雄氏提供）

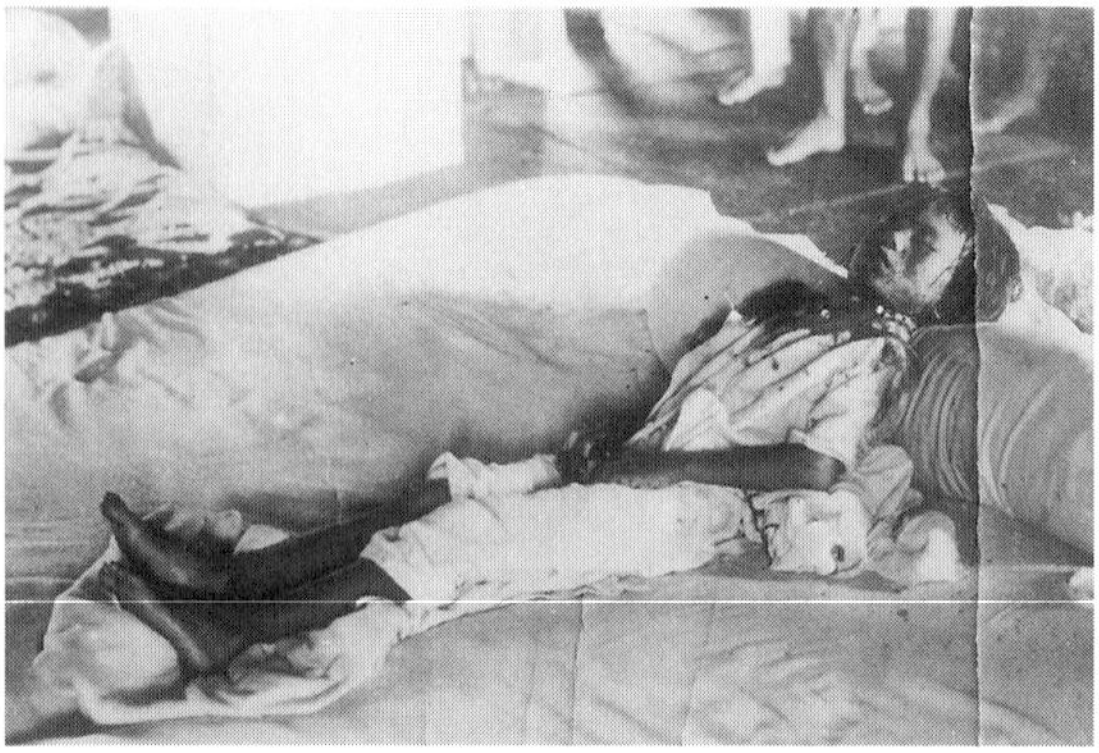

静子の遺体（山田廣雄氏提供）

応がいかにも手ぬるいという感想を、当時居合わせた日本人は誰もが持った。官憲の態度を華僑への「贔屓」と日本人は見たのだ、と繁樹は言う。

やがて静子の首は警察の手によって谷家に返され、「首がない死体を母親に見せるのは可哀相だ」と、見るに見兼ねた浦野が、抜歯の糸で首と胴体とを縫い合わせた。

余談になるが、歯科医師浦野軍之助の紹介をしておこう。子息浦野隆行（昭和一二〔一九三七〕年生。歯科医。奈良市在住）によれば、軍之助は大正一二（一九二三）年、数え年二〇歳の時に先輩歯科医師の招きでシンガポールへ赴き、その後クアラ=トレンガヌに移った。クアラ=トレンガヌ移住の正確な時期は不明であるが、いずれにしても谷家のそれよりはずっと遅い。彼は同市ではただ一人の歯科医で、近くの王宮に住む親日家のスルタンの歯をも治療に行った。ちなみに「日馬プレス」は、浦野医院での抜歯料が一本五〇セントだったという現地マレー人（七一歳）の話を載せている（一九九四年五月一日号）。同医師は後にマレー・シンガポール作戦中、日本陸軍の憲兵隊通訳として働き、陸軍病院に勤務し、終戦後帰国した（平成六〔一九九四〕年一一月一二日、奈良市で、浦野隆行の筆者への直談）。

さて、静子の遺体は、山中で薪を集めて荼毘に付され、クアラ=トレンガヌ郊外の日本人墓地に埋

父浦吉の葬儀。左端トミ。一人おいてすみ。その前に静子と繁樹。
（クアラ=トレンガヌ日本人墓地。1931年12月撮影。山田廣雄氏提供）

葬された。戦後忘れ去られた日本人墓地の中で、彼女の墓が父浦吉の墓ともども、繁樹らによって偶然発見されたのは、平成五（一九九三）年三月のことである。墓域には華僑やヴェトナム人らの墓が多く入り込み、発見された日本人の墓は谷家のものを合わせてわずかに九基。浦吉の墓に骨はなく、静子の墓からは骨とともに遺品の小皿が発見された。この発見を機に、谷家やクアラ＝トレンガヌ日本人会は、ペナンの日本総領事館に墓域保全方の協力を要請した。その結果保存が決定して一帯の整理がなされ、平成七（一九九五）年六月、総領事や遺族らを迎えて記念式典が行われた。

家族の帰国

昭和九（一九三四）年六月、豊の母トミはミチエ・繁樹を伴い、クアラ＝トレンガヌから亡夫浦吉の故郷五十川へ帰ることにした。大正二（一九一三）年の移住以来二一年、浦吉と静子とに先立たれての帰国である。去り行くトミに宛てて、後に残る者の寂寥を切々と訴える知人の手紙が谷家に保存されている（原文のまま）。

　六月二日オワカレシマシタ、ヒ、ハ、ワタシ、ヒトリ、ココロデ、ナイテ、イマシタ、ハナシタイ、コトモ、アリマシタ、ケレドモ、ナニ、カラ、ハナシタラ、イーノカ、ワカラナク、モシ、イタラヌ、ハナシヲシテ、アナタガタヲ、シンパイサシテモ、ツマラナイ、ト、オモッテ、ハナサナイヨーニ、シテ、ココロノツライ、ノモ、ジブンデ、オサヘテ、オリマシタ、ジツサイ、ジブンノ、ホントーナ、オヤト、ワカレル、ヨーナ、キモチニ、ナリマシタ、ソノヒハ、ボートデ、カヘルトキ、ハンカチ、ガ、ミエナクナルマデ、コラヘテ、オリマシタガ、コラヘキレナク、ナリテ、ヒトシレズ、ヒトリ、ナキニ、ナキマシタ、(後略)

片仮名ばかりのこの手紙の日付は、トミの帰国直後の六月五日。宛名は「御母様」としてある。差し出し人は、クアラ=トレンガヌ近くのロングンに住む浦本千万。文面から察して、トミを母のように慕っていた女性であろう。異国に暮らす日本人たちには、このように同胞を頼り、支え合う格別の情が存したに違いない。こうした人々とトミとがマレーで再会する機会は、二度となかった。

復仇の執念

帰国したトミたちは、浦吉の兄清吉が住む福岡市郊外の五十川に落ち着いた。繁樹はこの時、久し振りに再会した兄の豊に抱き寝をしてもらったと記憶している。

一方虐殺され、首を縫合された静子の写真は、やがて福岡の谷清吉宅にも送られてきた。清吉はその写真を豊にはひた隠し、殺害事件についても知らせなかった。豊の激しい性格を知悉していたからである。清吉の長男谷茂は次のように語っている。

写真は誰が送ってきたのか分かりません。家の二階で親父から、「これが静子だ」て言うて見せられました。白黒の余り大きくなか写真でした。静子の寝とる所に血が付いていよったです。首があったかどうかははっきり覚えとりません。豊には見せませんでした。「豊が向こうさ行ったら何をするか分からんけん、遣らんようにしよった」と言うとりました。しかし誰かから聞いて知ったらしい。それば聞いてそう時間も経たんうちに、豊はマレーさ密航ばしようとしよりました。母親が帰国して半年あるかなかかの時だったと思います。（平成六〔一九九四〕年六月一四日、福岡市で、筆者らへの直談）。

写真を送ったのは、おそらくは山田辰之助であろう。妹の殺害から豊の日本離脱までに時間の空白があるのは、伯父によるこの事件の隠蔽があったためである。豊に静子の死を初めて知らせたのは、実は帰国した母であった。事件の真相を知らされた豊は果たして激怒した。その次の様子について清吉は、

しづ子が首をはねられた当時の模様を母親から聞かされた時の豊ほど真剣に怒つた姿を見たことは後にも先にもありませんでした、（「大阪毎日新聞」福岡版。昭和一七〔一九四二〕年四月三日朝刊）

と、あるいは、

帰国した母親から妹が殺されたことを聞き、〝畜生仇を討たなきや腹の虫がをさまらん〟とてみんなで宥めたが彼は振り切つて単身マレーへ渡つて了つた、（「大阪毎日新聞」昭和一七〔一九四二〕年四月三日朝刊）

と述懐している。豊は母の慰留をも聞こうとしなかった。

豊はその時の離日に際しても、以前と同様密航を企てたらしい。徳永音次郎は次のように語る。

豊は妹が死んだことば知って、皆が止めるのも聞かんで、日本刀ば下げて渡航しようとしよりました。船で渡るつもりが、門司港で警察に押さえられて連れ戻されました（平成六〔一九九四〕年六

月一四日、福岡市で、筆者らへの直談）。

日本刀を持って云々という話は、豊の友人の弟であった山根久生もよく覚えている。

豊が妹の敵ば討ってやるて言うて、日本刀ば持ってマレーに渡ったていう話ば兄から聞きました。何しろ思い立ったら聞かん男でした（平成六〔一九九四〕年六月一四日、福岡市で、筆者らへの直談）。

彼の渡航を懸命に止めた伯父清吉も最後には、「あれだけ言いよるけん、遣ろう」と言って諦めた。

再びマレーへ

こうして豊は妹の復仇を誓い、マレーへと旅立っていった。昭和九（一九三四）年後半のことらしい。そしてこれが豊と日本の家族との永遠の別離となった。

豊が再びマレーへ帰る日、鹿児島本線竹下駅で別れたのが最後でした（「朝日新聞」西部版　昭和一七〔一九四二〕年四月三日朝刊）、

と、後年豊の訃報に接したトミは回想している。

豊は福岡から小倉に赴き、ここから乗船した。彼のパスポート発給は昭和九年（一九三四）年七月二日。乗船の時期は、それからいかほどもない頃であったろう。この時彼に同道したのは、浦野軍之助の妹、三上まつ江（明治四一〔一九〇八〕年生。没年不明。東京都渋谷区住。元歯科医）であった。三上はクアラ＝トレンガヌの兄軍之助の元で成長した人で、静子の事件をも目撃していたらしい。

まつ江の従妹にあたる浅倉和歌子（大正一三〔一九二四〕年生。宮崎県西臼杵郡五ヶ瀬町在住）は、日本を離れる間際の豊を目撃している。彼女の話は次のようである。

当時私は小倉の若松の二島（現福岡県北九州市若松区二島）に住んでいました。父の会社の日本板硝子の社宅です。小学校四、五年生の時、昭和九年か一〇年頃だったと思いますが、まつ江さんが「船が出るまで一泊させてくれ」と言ってやって来て、一晩泊まりました。船は門司港から出ます。この時まつ江さんは、若い男の人を連れていました。それが豊さんでした。チラッと見ただけでしたが痩せて、色が浅黒くて、大きな人ではなかったです。自分はまだ子供で豊さんとは何も話はしませんでしたが、両親は話をしていました。いつ聞いたのかは忘れましたが、マレーで暴動が起こって、この人の妹が殺された、ということはまつ枝さんが話して印象に残っていました。その後新聞にこの人がハリマオとして出て、「ああこの人だったのか」と思いました（平成七（一九九五）年五月某日、電話で、筆者への直談）。

三上の長男石津力（昭和二一（一九四六）年生。東京都渋谷区在住）の話。

ハリマオを連れてきたのは確かに母でしょう。母はシンガポールと福岡の間を、大荷物を運んで何度も行き来していましたから。当時船便で片道一四、五日かかったそうです。和歌子叔母さんも一か月の夏休みの間に、シンガポールに行かないかと母から薦められたそうですが、往復だけで休みが終わってしまうので、取り止めたそうです（平成七（一九九五）年四月某日、東京都新宿区で、筆者への直談）。

先にも述べたが、豊のマレー渡航の熱望は静子の事件以前からのものであった。谷茂はその間の事情を次のように語っている。

豊は親父に、「今度俺行ったらチャンとするけん、蜜柑の苗ば用意してやんない。果樹園ばするけん」て言うて、ネーブルの苗と雲州蜜柑の苗ば一〇〇本ずつ工面ば頼んだそうです。豊がムキになってマレーさ行こう言いよるんで、それば親父が止めるもんで、出て行く口実に苗の話ば持ち出したとです。太か箱に詰めておりましてな。マレーさ着いたはずの豊からは手紙がこない。それで「豊は届いたじゃろうかね」て話しちょりました（平成六〔一九九四〕年六月一四日、福岡市で、筆者らへの直談）。

ちなみに戦時下の新聞には、この苗木云々に絡んでこんな話が掲載されている。

豊さんは南国に対する愛着と妹の復讐の念もだし難く再度の渡航を思ひ立ち住民の医学に対する知識がないのを痛感し太陽灯一塔、蜜柑の苗木五百本、映写機一台を持つて昭和十年再び彼地に渡つたものゝ映画はフイルムが日本のチヤンバラものだつたのと説明が出来ないのとで失敗に終わつた、豊さんはその後汲々としてマレー語を勉強（「福岡日々新聞」昭和一七〔一九四二〕年一月一八日朝刊）

「汲々としてマレー語を勉強」などの記述はまさに出鱈目で、幼時からマレーを生活舞台としていた豊には片腹痛い話であろうが、彼の事業計画は大真面目なものだったに違いない。その抱負と夢の品々…太陽灯・蜜柑の苗木・映写機という組み合わせは、いかにも奇抜で無邪気である。映写機はさておき、太陽灯と果樹の苗とがどういう運命をたどったかは誰も知らない。

マレーの家族

トミ・ミチエ・繁樹とは別に、すみとユキノとは現地にとどまった。マレーに赴いた豊は、まずはクアラ=トレンガヌで、この義母と妹とに再会したようだ。ユキノはその時の様子をのちにこう語っている。

その後心を痛めた母親たちが引揚げ、兄（豊）がまたやつて来ました、兄は自分さへゐたらこんな目にあはさないのにと涙を流してくやみ再び理髪業をはじめましたが、私どもは兄と二ケ月ばかりで別れ、トレンガヌを去つてコタバルに移りました、（「西部版朝日新聞」昭和一七（一九四二）年四月三日朝刊。版数不明）

山田商店の子息山田廣雄が亡父辰之助に聞いたところでは、すみはかねがね谷理髪店とは離れた中国人街で、浦吉から貰った小さな店を開いていたという。あるいはユキノが生まれる以前のことであろうか。繁樹によれば、すみ・ユキノ・静子らはみな一緒の場所で暮らしており、トミ帰国後はそのまま理髪店の経営を任されていたらしい。

昭和九（一九三四）年秋頃、すみがコタ＝バルに移ったのは自分の結婚のためであった。彼女は間もなく福丸彦三郎（生没年不明）に再嫁し、コタ＝バル市一三〇、ジャラン＝ウハッキムに住むこととなる。

ここで豊の妹ユキノについて若干の紹介をしておこう。大正六（一九一七）年九月に浦吉とすみとの間に生まれた彼女は、殺害された静子の実姉に当たる。繁樹自筆の覚書によれば、彼女は大正一一（一九二二）年、母すみの故郷福岡県嘉穂郡桂川村（現桂川町）に母とともに一時帰国したようであるが、小学校はシンガポールの日本人学校に入った。入学は大正一三（一九二四）年頃と思われる。彼女の学校のために浦吉がシンガポールへ出向いている最中、豊が最初の結婚をして父を激怒させた話はすでに述べた。

やがて学校を卒業したユキノは、ふたたびクアラ＝トレンガヌに帰った。豊と再会した時、彼女は一七歳になっていた。母すみとともにコタ＝バルに移った彼女は、昭和一一（一九三六）年、一九歳で彦三郎の親族の福丸恆七（生没年不明）と結婚した。恆七は後にマレー・シンガポール作戦の時、日本軍軍属として働くこととなる。

ユキノは昭和一六（一九四一）年、マレーでの開戦間近の噂を聞き、夫を残して日本へ帰り（「日馬プレス」平成七〔一九九五〕年三月一六日号）、現在は福岡市南区で理容院・美容院を経営する子供らと共に暮らしている。理髪店としての谷家の伝統は、彼女の一家が継承したといえるであろう。

豊の結婚

話を豊のことに戻そう。彼は間もなくクアラ＝トレンガヌで結婚したらしい。それは日本人の目から見れば「結婚」というより「同棲」に近いものであったようだ。
何でもあちらの女と結婚してゐることだけは知つてゐました、（「朝日新聞」西部版　昭和一七〔一九四二〕年四月三日朝刊。版数不明）
とのユキノの口ぶりからすれば、その結婚は彼女らのコタ＝バル転居の後、昭和九（一九三四）年秋以降のことであろう。前述の豊の幼な友達のアリ＝ビン＝ダウドによれば、彼はかつての理髪店に妻とともに住んだという（平成五〔一九九三〕年八月二四日、クアラ＝トレンガヌで、筆者への直談）。しかしアリが別の機会に語ったところでは、豊の住処はクリーニング店を営んでいた至近の別の店舗であったともいい（平成七〔一九九五〕年一月、クアラ＝トレンガヌで、谷繁樹・広津秀穂への直談）、その辺の記憶は明確でない。彼はまたこうも語っている。
ママ（マレー人の豊への尊称）はトレンガヌに帰ってきて、一年にはならない。結婚して八カ月くらい、床屋をやっていた。そして突然いなくなってしまった。（「日馬プレス」平成七〔一九九五〕

年三月一六日号)。

アリが筆者に語ったところでは、豊は結婚後一、二年してタイへ行き、一年後再来して離婚した。この妻は離婚後もこの地に残り、カンポン=ザイドという村に住んだという。この結婚の相手は豊の二番目の妻ワン=シティのことだと思われるが、彼女のその後の消息についてはアリは何も知らない。豊は少なくともマレーで二度、タイで一度結婚したことが確認されている。そのどの結婚についてかは定かでないが、彼に子がいたという噂を日本のメディアが流したことがあった。それは次のようである。

豊さんは(中略)マレー美人との国際結婚をしながら一女までもうけて暮すうち大東亜戦勃発となつたので…(「福岡日々新聞」昭和一七〔一九四二〕年一月一八日朝刊)

豊の子云々を伝える情報はこの記事が唯一である。ニュース=ソースが明らかでなく、真偽もまったく不明であるが、これを読んだ谷家の人々は驚いたに違いない。後年藤原機関長藤原岩市少佐に、母トミは豊の遺児の探索を依頼した。藤原少佐はそれに応え、然るべき措置を講じたが、結局名乗り出た者は誰もいなかったという。

盗賊への変身

いずれにしても先のアリの証言にある通り、豊がここで理髪業に真面目に打ち込んだとは思えない。

(私たちがコタ=バルに転居して)その後は殆ど音信不通でしたが、何でも理髪店といふものは看板だけで、マレー人を手下に使つてなんだか知りませんが、大仕事をやつてゐたらしいです、

（「朝日新聞」西部版。昭和一七（一九四二）年四月三日朝刊。版数不明）

とユキノは述懐する。彼が始めた「大仕事」なるものが、盗賊稼業であったことは容易に察せられる。通説では、彼はイギリスの官憲に静子殺害の犯人の処罰を要求して容れられず、それに対する怨念が嵩じてイギリス人や富裕華僑を標的に復讐活動を始めた、ということになっている。豊がこのような非合法行為を重ねるようになった時期は明確でないが、クアラ=トレンガヌ帰着後間もなくのことであろう。

この頃、豊の伯父清吉が、クアラ=トレンガヌに住む鈴木信雄に宛てた手紙が谷家に残っている。それは次のように記されている（原文のまま）。

拝啓仕候

光陰矢の如しとか尤早（筆者注・最早）拙弟浦吉死去致し三周年も間近に迫り申候　回顧致し実に浦吉事も短い命に随分転変の多い一生だつたと考へられ申候　然るに短命の中にも幸運にも何処に居つても各方面より御世話被下人御鞭撻戴く方輩何時も御引立に預り幸運児であつた事に就ては私に於ても非常に心を強く致し居る（次）第に御座候　然るに尤終（筆者注・最終）の時に於て長児の心一つで尤后（筆者注・最後）の安心立命と事を得なかつたと言ふ点に於て実に涙なしには居られぬ事と相成申候　死と云ふ事は生れ出たる以上矩れざる儀に候　古言にも而も一つも同し年とか一つで死んだ人に較ぶれば五十幾年の長命とも考へられ候も尤終に於て一子の為めに安心と云ふ事を欠ぎ不安残念と云ふ時季に於て□（筆者注・文字不明）目したる事実に私に於ても残念遺方なく心得申候　併し能々考へますれば愚智至りとも被為存し薄運の内にも亦熟考致して見ますれば幸運に恵まれた者かと喜悦の念も起つて参ります　と云ふのは御貴殿方の様な

る誠心誠意の後援者のある事で豊奴は人間を止めてたより尠ない女性を遺して黄泉へ旅立た父親の跡をも顧みず却て邪魔する悪魔と化したる報は幾回と手に入ります　実に私輩にしても踏みにじりて遣り度い思ひは致しますが遠隔の地で夫れも及ばず歯切り致して居ります　併し御貴殿方の熱誠なる御援助に依り兎や角生計相営み得申候も一偏に御貴殿方御後援の賜と深く奉謝候　尚今後共宜敷御頼み申上候　実は早速御挨拶申上ぐべくの処内憂外患とでも申すか種々難冠に出会全く失念致し居儀にも無之候も遂々延引を重ね全く申訳無之次第御寛大を以て御海容被下候　重ねて御願申上候

谷　清吉百拝

宛先の鈴木信雄なる人物は、当時クアラ＝トレンガヌに住み、大東洋行という会社に勤める人であったらしい。清吉のこの手紙は投函されなかったか。あるいは下書きか。

また手紙には日付が入っていないので、書かれた時が分からない。しかしこれより先、トミから依頼を受け、鈴木が初めて清吉に書いた手紙の日付が昭和九（一九三四）年二月二日であることが判明しているから、その後であることは間違いない。

文中「踏みにじりて遣り度い思ひは致しますが遠隔の地で夫れも及ばず歯切り致して居ります」とあるのはマレー帰還後の豊の行状のことであろう。また「尠ない女性を遺して」とあるのはクアラ＝トレンガヌに残り床屋を継いだすみ・ユキノのこと、また「御貴殿方の熱誠なる御援助に依り兎や角生計相営み得申候も」とはこの地における彼女らの生業を指すと思われる。よって清吉の手紙は、豊がクアラ＝トレンガヌに帰着した昭和九（一九三四）年七月末頃から、すみが再縁によりコタ＝バルへ去った同年九月末もしくは一〇月初めの間に、鈴木からもたらされた豊の情報への返信として書かれた可能性が強い。

とすればトレンガヌに帰った早々から、豊の行いは目に余るものとなっていたことが想像される。

如上の豊の行状について繁樹は、

> 兄貴があのような事を行うようになったのは、可愛がっていた妹静子の殺害と、事後処理に対する官憲の手ぬるさに対する、やりきれない憤懣があったからだ。兄貴の非合法だけを切り取って非難するのは易しいが、本質は把握できない。本当に兄弟思いであった兄貴の心情を汲まなければ、兄貴が何であんなことをしたかは理解できない。

と言う（平成一四〔二〇〇二〕年一月二一日、福岡市で、筆者への直談）。

豊の周囲には、マレーの無頼の若者らが集まった。相も変わらぬ親分肌、持ち物をすべて与えて惜しまぬ持ち前の気風のよさがなせる、自然の結果であろう。彼らがどれ程豊に忠誠を誓い、どれ程の連帯意識で結ばれていたかは知る由もないが、それがゆくゆく盗賊団の母胎となっていったであろうことは十分に考えられる。

日本軍のマレー作戦中、日本軍の特務機関、藤原機関に民間出身の一員として所属し活動した鈴木退三（明治三四〔一九〇一〕年生。故人。米国原爆傷害調査委員会統計部記号課長）は、この頃の豊と接触した数少ない一人である。彼はすでに逝去しており、その証言は中野不二男『マレーの虎　ハリマオ伝説』に頼らざるを得ない。

鈴木は一七歳の時、シンガポールで古鉄の輸出と写真撮影との事業を始めた。仕事のために彼が歩き回った地方は、マレーから南タイにかけての広域にわたる。彼は英語・マレー語・タイ語にも堪能であった。後年彼は藤原機関の隠れ蓑「大南公司」に引き抜かれ、自分でも知らぬ間にハリマオすなわち豊の同僚となるという不思議な運命に出会うが、しかし彼がはじめて豊に邂逅したのは藤原機関ではなく、クアラ＝ルンプールの刑務所の中であった。彼の回想によれば、それは昭和九（一九三四）年以降、昭和一一（一九三六）年頃までの間の出来事であったという。

豊は英国人の屋敷に泥棒に入り、逮捕されてクアラ＝ルンプールに護送されてきていた。鈴木は語学力を買われ、取り調べ官と豊との通訳として呼ばれたのである。それは豊の最初の逮捕のケースであったというが、英官憲はその時、クアラ＝トレンガヌでの豊の生活ぶりや静子殺害の事件について、すでに詳しく調べ上げていたというから、彼への嫌疑は以前からかけられていたと見るべきであろう。

この時豊は民族服を纏い、マレー人と見紛う風体であったが、鈴木に向かいマレー語で、英官憲に対する憤懣を吐露した。妹を殺した犯人が無罪で釈放されたことを、英国側の諸官庁に赴いてさまざまに抗議したが、まったく無視されたことに対する憤りであったという。

しかし前述の通りクアラ＝トレンガヌに住む杜水淼その他中国系住民の一致した証言（平成五〔一九九三〕年八月二四日、クアラ＝トレンガヌで、筆者への直談）では、犯人は逮捕されてコタ＝バルで死刑になり、その記録はマカマの裁判所に残っているはずだという。当時の豊がその情報を知らなかったとは考えられない。犯人の裁判について鈴木が聞いた豊の言葉と、筆者が聞いた住民の証言とのどちらが正しいのか矛盾に苦しむが、豊の怨念は一犯人に留まらず、当時のマレー人社会を政治的・経済的に牛耳る支配者層、特に英国人・富裕華僑のすべてに対して向けられた、と考えたら辻褄が合うであろうか。

豊の当初の窃盗行為は、映画に再現されたごとき派手派手しい軍団組織によるものではなく、彼一人、あるいはごく少数の仲間をかたらっての「コソ泥」程度のものであったらしい。また決して人をあやめたりすることがないから、捕らえられてもすぐ釈放され、また捕らえられるということの繰返しであったようだ。

ともあれ鈴木が目撃した豊の逮捕劇は、一連のハリマオ劇の前奏曲であった。その後彼の行動はエスカレートして、活動範囲もクランタン・パハンの二州を中心に、主都のクアラ＝ルンプール、北は南タイのナラティワッ、パタニと広大な領域に及んでゆく。彼が最終的に把握し駆使した手下の数も明らかでないが、これも行動半径の拡大とともに次第に増加していったものと想像される。

ハリマオ＝マラユ（マレーの虎）の誕生

盗賊団の首領としての豊の活動範囲が、いつごろから、どのように広がっていったかについて、詳しいことはほとんど分かっていないが、それは主として英領マレー・タイの国境を挟んで北部マレー側のコタ＝バルと、南部タイ側のナラティワッとの、二つの都市を軸になされていたようだ。

南タイ四州は仏教国タイの中のイスラム圏で、人々はマレー語を話し、マレーへの帰属意識が強い。両国の国境はあって無きがごときものであった。国境を越えた豊の活動が容易であったのは、このような理由による。ちなみに当時マレー半島は国境を越えて南北に鉄道が走り、シンガポールにまで及んでいた。またバスの交通網も思いの他に発達していた。ただ彼が、自らの活動にそれをどのように利用したかについては、明らかでない。

彼がこの地方のイスラムの庶民層の中で、貧者や弱者に味方する義賊的な英雄としての評判をかちえていったことは確かであった。彼のイスラム名はイスマイル＝ビン＝アブドラー。しかしいつか彼は

「ハリマオ＝マラユ」という呼称で呼ばれるようになる。「マレーの虎」を意味するマレー語で、この通称は昭和一一（一九三六）年頃にはすでに存在していた（ただし彼の最後の住処タイのバンプーやパタニでは、「チェ＝マ＝ジッポン」すなわち「日本のチェ＝マ」と呼ばれていた）。この名で彼を呼び始めたのは、はたして彼の行動に喝采をおくる貧しいマレー人達であったか、あるいはその襲撃におびえる華僑系の人々であったかは判然としない。余談であるが、後年マレー・シンガポール作戦時の第二十五軍総司令官山下奉文《ともゆき》将軍も、まったく同じ名で呼ばれていたことは周知の事実である。

　この「ハリマオ」の名は今なお義賊の代名詞として、コタ＝バルあるいはナラティワッの周辺で、伝説的に語られている。例えばマレーシア東北部と河一つで国境を隔てる南タイの街スンガイ＝コロッで、筆者らが出会ったルスデー（一九五七年生。ナラティワッ在住。ガイド）なる人物は、次のように語っている。

> ハリマオの話は祖父から聞いたことがある。それによれば、昔ハリマオははギャング団の首領だった。貧民に金を渡してくれるよい人だったそうだ。コタ＝バルには長いこと住んでいた。牢屋に入っていたことも、聞いて知っている。のちに日本軍を援助したそうだ。また彼がパタニから西へ二キロの、クルセッというカンポン（筆者注：マレー人の村落）で村長をしたという話を聞いている。（平成六（一九九四）年六月一日、スンガイ＝コロッで、筆者らへの直談）。

ルスデーによれば、幼い時にこの話をしてくれたこの祖父は、ナラティワッの農夫で、生きていれば一九九四年当時一一〇歳くらいになっている由。この村長云々のエピソードのニュース＝ソースについてはまったく不明であるが、ナラティワッなど南タイではかなりよく知られた噂話であったのではなかろうか。実はこの話は戦時下の日本の新聞・雑誌報道でも盛んにとりあげられ、映画化もされた。ルスデーが語ったこの伝承が、後日筆者らによる豊のパタニ時代の子分発見の端緒となるのであるが、それについては後述する。

またコタ=バル市の軍事博物館に勤務するエンク=アズワン=エンク=ユサフ（年齢不詳。コタ=バル市在住）は次のように語る。

ハリマオについては、写真もドキュメントも見たわけではない。ただ噂で聞いただけだ。年寄りの話によれば、彼は頭がいい人でマレー人と仲良く、ギャング団のキャップだった。そのギャングのグループは、誰も見たことがない。子分を分散させていたのだろう。彼はコタ=バルにはじめ商売人の様子で来たという。密かに場所を調べたりしていた。戦後はじめてスパイと判った。彼がタイに住んでいたかどうかについては、一切知らない（平成六〔一九九四〕年五月三一日、コタ=バルで、筆者らへの直談）。

このように「ハリマオ」の名は今も伝説的に語り継がれてはいるが、その活動の実態についての証言は皆無に近い。それには次のような理由があるであろう。

まず、盗賊団に加わっていた人間で、自分の過去を語る者はいないであろうこと。もちろんこのような話に一種の伝説的な噂はつきもので、例えば「マレーシア通信」の主宰広津秀穂は、盗賊時代のハリマオの手下がパハン州のどこかで牧童をしているという噂を、平成六（一九九四）年に聞いたという。話し手はマレーシアの日本語新聞「日馬プレス」の発行人渡辺明彦（スランゴール州ペタリン=ジャヤ市在住）というが、あくまでもかすかな噂に過ぎなかったようだ。

また証言者の高齢化が進み、その発見が容易でないことも理由の一つである。例えば南タイのパタニ市に住む日吉亨は、折にふれて豊の拠点コタ=バルへ行き、豊の記憶を持つ人々を探しているが、彼は次のように語っている。

知り合いの老人等に（豊の）写真を見せいろいろ聞いてみましたが、「ハリマオ・ジッポンはかつて聞いたことはあるけど写真を見てもわからない」というのが大半でした（平成六〔一九九四〕年一一月一四日、筆者宛書簡）。

いかに伝説的な英雄であるとはいえ、往時から六〇余年の歳月を経た今、住民の記憶が具体性を欠き、おぼろげなものになっているのは当然のことであろう。加えてマレーシア内に今も続くマレー系と華僑系住民の葛藤、また特に豊の窃盗行為の対象に富裕華僑が含まれていたことも、今の調査を困難にしている。日吉も、

店で聞く場合、中国人が多く詳しく事情が話せず、唯盗っ人だった位しか話が出来なかった……（前掲書簡）

と嘆息する。このような理由から、盗賊時代のハリマオの活動に関する情報は、彼の生涯の伝記中もっとも手薄なまま現在に至っている。

小川平とハリマオ

小川平（大正二〔一九一三〕年〜平成一〇〔一九九八〕年。和歌山県西牟婁郡串本町潮岬出身。同県田辺市住。郷土移民史研究家）は、後にオーストラリア近海アラフラ海の真珠採取の人々の記録『アラフラ海の真珠』を刊行した人であるが、彼はまたこの時期のタイで豊を目撃した数少ない日本人の一人でもある。彼が筆者に語った話は次のようである。

僕がタイに渡り、バン＝ナラ（ナラティワッの通称）にいる母方の遠縁の芝儀一（明治二七

芝儀一氏と夫人一重氏
（1941 年。芝浩一郎氏提供）

〔一八九四〕年頃～昭和四一〔一九六六〕年。和歌山県西牟婁郡串本町大島出身。医師・事業家）のもとに身を寄せたのは昭和一一〔一九三六〕年のことやった。芝儀一は「モー＝チバ」（モーはタイ語で医者。チバは芝の訛音）と呼ばれていて、タイの日本人の間では有名な存在やった。

関西学院を出て若い年でシンガポールに渡った芝は、まず薬屋に奉公した。金を稼ぐのに薬屋は便利やった。例えば一枚二～三銭のハッタリ（貼り薬）がタイの田舎では五バーツで売れた。日本の金に直して一〇円の大金や。クレオソート、下剤、赤痢の薬、胃腸薬なんかを商ったが、日本の薬はよう効くいう評判で、儲かり放題、ムチャクチャに儲かった。トランク一杯に薬を入れてマレー半島の田舎をグルッと半年ばかり回ると、帰る時にはそのトランクに金が一杯詰まっているといわれたもんやった。

その金を商売の資本にして、どこへ行って何を商売するかを決めるいうことがようあった。芝もそれをやった。薬のことができるから、医者もできる。バンナラに薬局と医院を開いて、そのうち金鉱を中国人から譲り受けて、その経営にも手ェ出した。

僕は儀一の金鉱で働くつもりやった。金鉱には慶応大学を出た人など日本人が三、四人、中国人の苦力が二、三〇〇人ほどいた。しかしこの金鉱は、もう儀一から古河鉱山に売られてしもうていた。仕方ないから、儀一の薬局を手伝うことになって番頭をしていた。兄が神戸で薬剤師をしていて、薬の知識はこの兄から教えられていたんや。当時マレーでは、医師の資格がなくともマラリア・アミーバ赤痢・梅毒と、この三つの治療ができればドクターで通った。僕もヤング＝ドクターと呼ばれた。マラリアと赤痢は飲み薬で治るが、梅毒の治療にはサルバルサンの静脈注射ができなあかん。鼻が半分腐って落ちても、六号、七号といったような強いサルバルサンを二、三本打てば、鼻の肉が元に戻る。僕も随分この注射の練習をさせられた。いきなりサルバルサンは打てんから、はじめは毒にも薬にもならない薬で練習したもんや。

　このような生活をしていた小川のもとを豊が訪れたのは、昭和一二（一九三七）年頃のことであったという。小川の話を続ける。

　昭和一一年（一九三六）頃、ハリマオはバン＝ナラでは有名で、この辺りで暴れまわっていた。皆は「ハリマオ」と呼んでいた。「谷豊」とは呼んでいなかったね。その方が呼びやすかったんやろう。

　ハリマオの本拠地は、国境に近い英領マレーの東海岸のケランタンあたりやった。すっかりマレー人の中に入り込んでしまっていたんや。タイ人や中国人はみなハリマオのことをよう知っとった。取った金をみんなにバラ撒いた。そやから評判はよかった。三〇〇〇人の部下がいる言われた。コタ＝バルやここらのマライ人やポリスは、みんな子分やった。集落全体が子分やし、警察もハリマオから金貰っとるいう評判やった。

　バン＝ナラ周辺では、白人のゴム園が狙われた。白人から取るんやからつかまりっこない。イギリス人はブるから嫌われていた。僕は彼らには時々シンゴラのテニス＝コートで逢ったくらいで、あまり行き逢うこともなかったが、彼らは日本人をもマライ人をもタイ人をもバカにしとった。

また中国人の宝石商人も狙われた。ハリマオはマレーで危ないとシャム（タイ）領に逃げてくる。一晩に二、三軒、中国人の貴金属商のウィンドウが叩き割られて荒らされるから、ハリマオが来るとすぐ分かった。

昭和一二（一九三八）年頃のことやったが、ある時バン＝ナラで強盗事件が二、三件起こった。ハリマオが来てるな、一度会いたいな、と思ったけど連絡のとりようもない。町に自営のタクシーがたった一軒あった。マレー人の運転手に「たぶんハリマオを乗せたりなんかしてるんやろう」とカマをかけた。「ハリマオがもしいたら会いたいのや。大使館や芝も心配してるから、会いたいと言うといてくれんか」と言づけしておいた。運転手は「サア、何時のことになるか分からんけどネー」ととぼけていたが、それから一週間か一〇日くらいして、マレー人の変な恰好したのが薬局に遊びに来た。僕はその時店番をしていたんや、男は店に坐ったまま動かん。乞食みたいな背の小さい人でボソボソ喋っている。「変な奴やな」と思っていたら、終いに「サヤ、オラン＝ジッポン（俺は日本人だ）」やと言った。不細工で乞食みたいな恰好で、「タカリに来たんかいな」と思って信用しなかった。そうしたら、帰りしなに「サヤ、ハリマオ（俺はハリマオだ）」言うて出て行った。ハリマオはてっきり偉丈夫やとばっかり思っていたもんやから、まるで気がつかなかったんや。相手にせんもんで気ィ悪くしたんやろう。ハッとして後を追って表に出て行ったが、たぶん車か何かで逃げたと見えて、もう姿は見えんかった。彼に会ったのはこの時一回だけや（平成六〔一九九四〕年一一月二五日、和歌山県西牟婁郡白浜町で、筆者への直談）。
神出鬼没、変装の名人といわれたハリマオの姿を彷彿させる話ではないか。それにしても豊がマレー社会に完全に同化し、住民をたくみに掌握していたことが、このエピソードからも想像できる。彼の部下の数は、戦時下の映画『マライの虎』の主題歌に「率ゐる部下は三千人」と歌われたごとくであるが、実際に三〇〇〇の部下がいたか否かについては全く確証がない。芝儀一の甥の芝浩一郎（昭和一六〔一九四一〕年パタニ生。和歌山県西牟婁郡串本町在住。養魚業）によれば、タイではこのような組織は作りにくく、できてもせいぜい五、六人程度。三〇〇〇人とは大変な数だという。「弟子三千人」あるいは「白髪三千丈」のごときレトリックとも考えられるし、実際には手下は五〇～一〇〇人前後ではなかったかという議論もある。ちなみに当時少尉であった谷山樹三郎（大正四〔一九一五〕年生。のち大尉。参謀本部情報部員。福岡県福岡市南区在住）によれば、ゲリラ活動にもっとも適する人員はごく少数だが、誰を部下と数えるかは考え方による、シンパのカンポンの住人をも数えれば、ゆうに三〇〇〇の数にはなろうという。肯綮《こうけい》に値する説ではあるまいか。

さて、小川の話に戻そう。

仕事はつまらんし、昭和一四〔一九三九〕年にバンコクに移ったが、ハリマオの噂は、その間バン＝ナラではずっとあった。マレー警察が出す「お尋ね者」のポスターが、時々タイにも貼り出されることがあった。「ハリマオの住所を知らせよ。知らせた者には一万バーツとか二万バーツとか出す」いう内容のもんやった。自分が見たわけやないが、タイ人が話していたのを聞いたんや。しかしこんなことをしたってなかなか捕まるもんやない。ポスターを張ったところで、子分がおるからすぐ破られてしまう（平成六〔一九九四〕年一一月二五日、和歌山県西牟婁郡白浜町で、筆者への直談)。

バンコク行きとともに、小川の芝儀一との関係は一旦途切れ、ハリマオについての情報も途絶えた。彼がハリマオのその後の噂を聞いたのは、はるか後、戦後故郷の串本で行われた芝の葬儀の時であった。

余談ながら小川が語った彼自身の略歴を、自身の言葉を借りて紹介しておこう。

僕の人生は波瀾万丈やった。戦前伯父の家で育てられたが、中学時分からグレていた。中学四年から本屋へ通って、左翼雑誌の「戦旗」を読んでマルキストになった。昭和五(一九三〇)年に卒業して、昭和八(一九三三)年まで大阪にいたが、勤めている間にサークルを作って、サークルをやっている間にブチ込まれた。牢屋から出てきてからは、手紙は検閲されるし、日本がうっとうしくて住めなんだ。

日本の空気がいやで、バン=ナラの芝さんを頼って南方へ行った。それから昭和一四(一九三九)年にバンコクへ行ったが、体を壊して昭和一五(一九四〇)年に内地へ引き上げて、すぐに今度は南満へ行った。日本と中国の合弁会社で、女子工員が二〇〇人いた。日本人は二人。僕はマネージャーで、もう一人は技術指導をしていた。中国人にも偉いのがおって、僕が魯迅を読んでいる言うたら、それから信用してくれた。

終戦間際に赤紙が来て、現地召集になった。昭和二一(一九四六)年に引き上げたが、家内が教職(筆者注:教職免状)を持っとったので教師になろう言い出し、じゃあ俺も、ということで通信教育で資格取って、小学校の免許取って教師になった。左翼運動のバリバリやったから、組合運動もやった。二〇歳の前から左翼運動やって六〇年間。悔いは何もない。思うことを通してよかった思う（平成六〔一九九四〕年一一月二五日、和歌山県西牟婁郡白浜町で、筆者への直談）。

増殖する噂

ところで豊の生い立ちについて、小川はナラティワッ在留当時、日本人社会に流布していた次のような噂を記憶している。

ハリマオの親父は英領におって散髪屋か洗濯屋をしていたんやが、ハリマオが手癖が悪うてしょうがないので、父親が心配して一遍は日本へ帰した。兵隊にして焼き直してもろうたら治るやろと思うていたら、兵隊にならず与太者になってしもうた。東京の浅草あたりへ行って磨きをかけてちょっとした顔役になり、マレーに帰ってきた。浅草で仕込みを受け、義賊気取り、親分気取りになった（平成六〔一九九四〕年一一月二五日、和歌山県西牟婁郡白浜町で、筆者への直談）。

ちなみに同じような話は、芝浩一郎も父から聞いて記憶している。芝の父とは芝儀一の弟浩のことで、儀一は伯父にあたる。浩一郎が覚えている豊の生い立ちの風聞は、次のようである。

散髪屋の豊は、外地からの帰還で日本の中学校へ行ったが、誰も仲間に入れてくれない。そこで不良になって組織を作ることを学んだ。それをそのまま向こう（マレー）でやったので、泥棒集団が大きくなったのだ（平成六〔一九九四〕年一一月二六日、和歌山県西牟婁郡串本町で、筆者への直談）。

芝浩一郎は小川と親戚筋にあたり、二人の記憶する話も、儀一を仲介にして一つ伝承系統に属するものと考えてよかろう。「日本の中学校へ入った」とか、「浅草で磨きをかけた」とか、荒唐無稽のモティーフが少なくない。噂が自己増殖して、当地の日本人社会に豊の虚像が作られて行くさまがよく分かる。

福丸すみの手紙

豊が盗賊になったことは、やがてすみ・ユキノらの知るところとなった。前述のようにすみは福丸彦三郎に再嫁し、ユキノもその親族福丸恆七に嫁して二人ともコタ＝バルで暮らしていたが、豊の所行に対して彼女ら家族の心痛を訴える手紙が、谷家から平成六（一九九四）年八月に発見された。浦吉の兄谷清吉に宛てたもので、差出人はすみ（夫福丸彦三郎の代筆）である（以下原文のまま）。

谷清吉様

兄さま御無沙汰しまして申訳ありませぬ、其后御達者で御暮しの事と存じます次ニ私方も其后無事ニ暮して居りますから乍他事御安心下さい私は矢張り目が悪クて思ふ様ニ書けませぬから代筆で失礼します実は兄さまニこんな事を御知らせするのは如何かと存しましたが尚后日も思ひやられますから一寸御知らせ申します

という書出しで、次のようなことが続いている。

実は豊さんの一件ですが昨年も一回は雪乃に通知させましたが其后引続き叉々トレンガヌニ大事件出来豊さんが若しやと思ふて居りましたら（大事件とはトレンガヌ政府の土地局の金庫内のゴムの採取手形（コツポン）時下價格三萬弗のモノガ堅固ナ金庫が合錠を以而開カレ此レニ関して局ノ書記三名が拘置セラレル等大変でした此レニ引き町方の方ニテは、支那人の商店内ニ大金が或ハ黄金類一軒の被害高三千弗二千弗ナど短日の内ニ五六軒ニ及ビトレンガヌ警察では大々的運動を起シタレ共仲々罪人と探知し得ず）

トレンガヌ政府の金庫を狙った大胆さは「大盗賊」の名にも値しようが、現地の政庁の防備体制がどの程度のものであったのかについては、よく分からない。中国人の店舗が軒並み襲われて貴金属類が盗まれる云々の手口は、小川がナラティワツで聞いた噂話のそれと酷似している。

其豊君ハ二、三回ケランタン私宅ニ遊びに来ました来る度毎ニ馬来友人（トレンガヌニテ評判不良）三名或ハ四名と共ニ四五日位ハ、ホテルニテ大盡遊びをなし又或時ハ一度日本人不良大嶋某と新架坡ニ遊び兎ニ角五六ケ月中ニ一万余の金銭を温水の如ク便ひ此レガ為メ警察の嫌疑する処となり去る六月廿一日ニ検擧せられ入獄しました当時の評判とシテ　ローマのメツカ附近ニある小嶋ニ流罪などと或ハ日本へと色々の取り沙汰ナリシオ　トレンガヌ日本人會ヨリ新架坡惣領事ニ流罪ナドの件を（メツカの小嶋ニ流罪ハ馬来人の重罪人ニ限ル）日本人デ在ルニモ不掛罪流ナルガ照會シタル由ニテ領事よりはトレンガヌ政府ニ豊の件を尋ねタル事ニシテ政府トシテは領事の介添は面倒と見タルニ相違なく今回、罪状言渡しもなく突然退去命令でありました

文中「シンガポールで大尽遊び云々」とは、かつて月給日に月給を惜しげもなく遣い果たしたという福岡時代を思わせる話であるが、彼はそのためにトレンガヌ警察の嫌疑を受け、拘束された。「ローマのメツカ附近ニある小嶋」とは何の意味が定かでないが、あるいは隔絶された監獄のことでもあろうか。また当時の日本総領事が豊の挙動を知り、事件の処理に乗り出していたことが、この手紙によって証明される。すみの手紙は、さらに続く。

十月四日ニ突然午后五時頃私方ニ参りまして一宿し其時の豊さんの話ニ本年ハ一万三千弗斗り金を便ふて色々の方面ニも損をシタなどゝ申しテ居りましたで次はシヤム領ニ自分の馬来友人ガ居ルカラ二、三日中ニシヤム国ニ行クと言テ五日の午后ニハ又々馬来友人を二名と共ニシヤムニ

行クと言て出て行キましたガ其まゝです、色々と人生味も話シテ見ましたが中々当人の言ニ依れば一通りの事では世辺りガ面白クないらしい、次ハ一儲シタラ此度ハ日本ニ帰ルなどゝ申シテ居りました……

ついで手紙はタイ領スンガイ=コロッの金鉱の製金支配人宅で、純金八本が盗難にあった大事件のことに及ぶ。

扨而、本月十六日の世評いや当地、警察署長の話です、スンガイゴロと言処ニ（シャム領ニシテ当ケランタン洲との境）白人がゴロ町ヨリ山奥三十哩の地点ニ一金鉱山ガアリ其の製金ハゴロ町の支配人宅ニ確納純金、八本（壱本の純金百ホンド六十二斤半）此レガ一夜の内ニ堅固ナ室内ニ置き在リタルニ全部紛失シ其の室内の戸の錠ハ掛ッテ居ル金棒丈ケガ紛失シテ居ル故翌朝当宅ハ大騒動です奉公人ハ全部捕縄せられ又ゴロ警察では、惣動令各驛々では乗降客を一々検査此レガ此のケランタンの各驛ニ及ボし其の金山始マッテ以来の大事件故署長から聞た時ニは、私ハ慄然トしましたトレンガヌの事件の遺り口と言イ又此度のゴロの遺り口ガ話の通りあれば豊さんではないかとも思ふて居ります

政庁の金庫を破り、金鉱から金の延べ棒を盗み取る云々の手口は、ルパンばりの「怪盗」、あるいは石川五右衛門はだしの「大泥棒」のそれで、むしろ感嘆に値するとも言えよう。彼の鮮やかな盗みぶりについては、戦時中報道班員としてマレー作戦に従軍した佐山忠雄もまた、次のように書いている。

最近七八年に起こつたマレー北東部の主な事件で、蔭にチェーマ（筆者注：ハリマオのタイにおける呼び名。仏教徒からイスラム教徒に改宗した者につけられる）の躍つてゐないものは殆どな

いといつてもよかつた。シンガポール・バンコック間の急行列車の金塊紛失事件、パファンで大ゴム園を経営してゐる英人邸の八千ドル竊盗事件、トレンガヌで頻發した英米人住宅専門の竊盗事件等々……（「週刊朝日」昭和一七（一九四二）年五月三一日号）。

しかし豊がこれら大事件の当事者だったか否かの確証もまたない。例えば前掲のスンガイ＝コロッの金塊事件については、当時地元の警察官で自ら事件を手がけ、現在もこの町に住むロンポーリェン＝チャイサワット（生年不詳）は次のように語っている。

事件の犯人は挙がらなかった。ただしナイ＝ナーイというタイ人に、嫌疑がかけられはした。金庫の合鍵を作れたのは、彼だけだったからだ。事件に関して「ハリマオ」とか「チェ＝マ＝ジッポン（ハリマオのタイでの呼称）」とかいう名は聞いたこともない（NHK特集「ハリマオ・偽りの英雄伝説」平成七（一九九五）年一月三一日放映）。

どこまでが真実でどこまでが虚偽なのか。「盗賊ハリマオ」の「快挙」の数々は、あるいは噂が完全に独り歩きをし始めた結果の所産とも考えられよう。いずれにしても日本人社会に彼の噂は蔓延し、その評判は極めて芳しくなかったようだ。これに関してすみの手紙はさらに続く。

当コタバルの在留日本人も、昨年来の豊君の一件で色々の話で実察私共は面目なくて日本間にも面出しもなりませぬ、よると早や豊様の話で聞いては居られず困ッたものです然し此度の事件ガ假リニ豊さんであツても其まゝうまく日本へでも切りぬけで逃ゲテ来れゝばよいが若しや捕縛せられる様な事でもなければよいがと色々と心痛シテ居ります此の事件ニ豊さんガ幸い関係シテ居なく共何れの日ニか必ず事件の他ニ起す事は豊さん自身で言ふて居りました私宅を出る中ニは、七日内ニは、帰ツて来ます一應シヤム領を視察シテ来ますが早や三週間近クもなりますが帰ツても来ませず然し此ンな事ガシヤム領ニ於而事件を起す様の事ガあればトレンガヌ洲と変りシヤム領は殊ニ嚴律嚴形の国ですからあらかじめ御知らせして居キますあまり豊さんの遣り口は荒仕事斗りですガら最後ガ如何なるか御覺悟の程を私共の言位の事で言ふ事を聞く人物ではありませぬ事は御承知の筈です実は、トミ様御宅ニ此の報をと思ひましたか昔と変り婿様の居られる事ですから兄さまの方ニ出しました貴兄さんからトミ様ニは御話下さる様ニ成可此んな事を知らせない様ニと思ひましたがあまりの事ニ御一報申して居きます細委書いたら目の玉の出る様な事斗りです書き度事も沢山ありますガ次便ニテ

兄さま外御一同御身御大切ニ　　さよなら

十月廿日　　　　　　　　　　　　　す　み

すみたち身内の者の困惑ぶりが、行間から伝わってくるようだ。手紙に記されたすみの住所はクランタン州コタ゠バル市ジャラン゠トゥハッキム。消印はないが、後述する福丸彦三郎宛トレンガヌ日本人会書簡の日付から、昭和一二（一九三七）年一〇月二〇日付のものと推定される。豊がマレーに舞い戻って三年ほど後のことである。

トレンガヌ州追放

以上のすみの書簡にはまた、クアラ゠トレンガヌ日本人会から、すみの夫福丸彦三郎に宛てた、次のような書簡が添えられている（原文のまま）。

ケランタン市

福丸彦三郎殿

谷豊氏御照会ノ件

六月十一日より強盗嫌疑にて拘引一週間目に未決保釋中同月二十日より亦召還せられ三十九日間留置其の間数回の公判もありたるも判決言渡し等も無く又保釋願も不可能引續き去月二十四日迄九十数日間入獄中突然出獄四十八時間以内に当州を退去する様言渡しありたる模様なれど御承知の通り豊氏は一行要領無く日本人会より直接コミシヨナルに面会委細承りたるに本人の罪状すでに確定せられ二日以内に当州を退去する事尚実行せざる際尚捕縛拘留との唯々官憲の処置を信頼今際紳士的に處置に出でたので、勿論新嘉坡帝国総領事等の審査もあつたものに思はれます

昭和十二年十月五日

トレンガヌ　日　本　人　会

文意必ずしも明瞭でないが、豊が昭和一二（一九三七）年六月、トレンガヌ州で強盗の容疑で逮捕され、一週間の拘留の後一旦は保釈されたが再び三九日の留置、その間数回の公判があったが判決言い渡しもなく、日本人会による保釈願いも聞き入れられず、九月二四日までさらに九〇日の入獄を経たのち、突然四八時間以内にトレンガヌ州を退去すべく判決を受けたらしいこと、彼に直接面談したがさっぱり要領を得ず、コミッショナーに面会し委細を聞いたところ、罪状がすでに定まり、従わぬ場合には再び捕縛拘留とのことで、ただマレー官憲の紳士的処置を信頼すべきこと、公判には当然シンガポール在の日本帝国総領事等の審査も加わっていたらしいこと云々という大意であろう。

豊がトレンガヌ州内でどのような嫌疑を受けたのかはこの文面からは明らかでないが、佐山忠雄の前掲の記事には、前掲の「トレンガヌで頻發した英米人住宅専門の竊盗事件等々」の一文をうけて、この中トレンガヌの事件では、チェーマが首魁であることがはつきりして、彼は未逮捕のまゝ彼

の居住地トレンガヌから退去処分になつた。

とあり、英米人に対する強盗容疑であったことが推察される。

こうして昭和一二（一九三七）年九月二四日にトレンガヌ州を追われた豊は、追放からほぼ一〇日を経た一〇月四日にコタ＝バルの福丸家に現れ、これを訝しんだ福丸が即刻日本人会に照会、その返事が前掲の一〇月五日付けの書簡となったのであろう。

ともあれ豊の拘引から一件の落着に至るまで、トレンガヌの日本人会はさまざまな運動をしたことがこの手紙から窺われる。それと同時に豊の悪名も、すみが嘆じているように日本人社会の中でいや増しに広まっていったものと思われる。

日本企業も標的に

この事件を発端として、豊の活動拠点は、爾後コタ＝バルにおかれることになったようだが、彼が襲ったのは英国人・富裕華僑ばかりではなかったらしい。時日はいつのことかはっきりしないが、ユキノは夫福丸恆七から、コタ＝バルの南洋鉄鉱（日本鋼管の子会社）に豊が押し入り金庫を盗んだと聞いた。夫は何故豊が日本企業から金を盗むのかを怪しんでいたという。

この話は日本人の間では、よほど有名になったらしい。高根滝次（大正五（一九一六）年生。クアラ＝ルンプール在住。マレーシア日本人永住権者協会長）は、昭和一七（一九四二）年に同社社員としてコタ＝バルに赴任した時、同僚から、ハリマオが以前会社の金庫から数十万ドルを奪ったという話を聞いた（「日馬プレス」一九九四年二月一日号）。また「マレーシア通信」主幹の広津秀穂らへの高根の直談（平成五（一九九三）年六月）も、ほぼ同様の内容を伝えている。それによれば彼は当時の支配人から、ハリマオが昔金庫をかっ攫って行ったと聞かされた。支配人は「あんなことせんでもよかろうに」と述懐していたという。

『ハリマオ』を著した作家伴野朗もまた、この高根とおぼしきT老人なる人物から、次のような話を聞いている。

コタバルの近くのテコンガンに鉄鉱石を掘っている南洋鉄鋼株式会社というのがありましてね。日本鋼管の子会社だったと記憶しますが…。この下請けの南光商会の金庫が狙われたんですよ。日本の会社がやられたというので、よく覚えていますよ（「〝マレーの虎〟ハリマオ取材紀行」〔「歴史と人物」昭和五八（一九八三）年一月号〕）。

盗んだ金品を自分の大尽遊びに蕩尽したことが事実なら、「義賊」の名にも恥じようが、彼を支えたのは真実英国人や華僑に対する復仇の意志であったのか。決して人を殺さず、富者から奪ったものはすべて貧者に分け与え、私するところが無かったという「義賊」ハリマオの神話の誕生は、もう少し時を待たなければならないようだ。

マレー官憲のハリマオ追跡

このようにマレー・タイ両国を股にかけて跳梁する豊に、マレー官憲はどのように対処したのであろうか。豊の追跡に当たっては、パテパウという一人の探偵が介在していたらしいことが、前掲の佐山忠雄によって紹介されている。佐山は、パテパウがコタ＝バル警察所属、署長チハンザーの命令により、一九四二年来国境を越えてタイにいる豊を追跡し、四年にわたる辛苦の果てに豊を逮捕したのだとして、いきさつを次のように書いている。

チェーマはもう一ケ月近くも英領マレーの国境に近い泰のジリンゴ警察署の檻房に入れられてゐた。叩けば埃の出る軆といふことがあるが、チェーマの場合は、いくら叩いても立つべき埃が立たなかつた。これにはわざわざ国境を越えて追跡して来たマレーのコタバル警察署のパテパウ探偵も手を焼いた。四年前コタバルの英人鐵鋼会社の大金庫を破つて五千ドルを竊取した迷宮入りの怪盗事件を、追及してゐるのであつた。パテパウ探偵は最初からこの事件を手がけてゐて、しかも最初から犯人はチェーマに違ひないと睨んでゐた。パテパウ探偵がさう睨むのも一理あつた。探偵生活二十年のパテパウの経験の中で、このチェーマくらゐ不思議で怖るべき盗賊はゐなかつた。（後略）（「週刊朝日」昭和一七〔一九四二〕年五月三一日号）

さらに佐山によれば、マレー作戦開始後、パテパウはクアラ＝ルンプール近くのジャングルで、豊らのゲリラ隊に捕らえられ、豊の寛大な処置に感激して帰順したという。佐山の一連の記事には噂の受け売りによるらしい誤伝が多く、資料的価値が疑われるが、当時まったく画一的であった他の新聞・雑誌記事と一味違う、独自の伝承を載せている点では注目される。

ちなみに大映映画『マライの虎』（昭和一八〔一九四三〕年制作、古賀聖人監督、中田弘二主演）のシナリオには、この記事と話根を同じくすると思われる箇所が随所に存する。探偵パテパウ（配役上田吉次郎）もハリマオを追うが、英国人署長の侮蔑に怒り、やがてハリマオの傘下に属し、英軍を相手に壮絶な戦死を遂げるという筋立てである。言うまでもなく虚構であるが、ハリマオが最後の結婚生活を送った南タイの「バンブー」なる村落の名が、シナリオ中に突然出てくることなどからして（筆者注：南タイパタニ東方にバンプーなる村落あり。平成六〔一九九四〕年の調査によってここが豊の最後の妻の故郷、また彼の兵站活動の拠点であったことなどが判明）、彼の実人生に関する情報が、何らかの形で映画に反映していたことが推察される。

　このパテパウなる人物は、歴史的に実在した。マレー・シンガポール作戦の前夜から開戦直後にかけ、豊に協力したタイ人のチェ＝カデ（一九〇七年〜一九九六年。南タイのサイブリ住。元金細工師）によれば、ジャン＝バルジャンを追尾した警官よろしく、豊を追跡逮捕したこの探偵の実名は「パティ＝ママッ」。南タイのナラティワッ生まれのマレー人で、祖父はパキスタン人であったという（平成六〔一九九四〕年一〇月三一日、南タイ、サイブリで、筆者への直談）。

滝川虎若医師とハリマオ

　前述のように、盗賊として豊と行動を共にした者の証言者は現在まったく見当たらず、また盗賊ハリマオとしての豊を目撃した人物もほとんど現れていない。この時代のハリマオの伝記は、その生涯の中でもっとも希薄と言ってよかろう。

　そのような中で、滝川虎若（明治三七〔一九〇四〕年生。医師。滝川福祉基金理事長。タイ日本人会名誉顧問。バンコク在住）は、前述の小川平とともに、その頃の豊を目撃した極めて数少ない一人である。滝川はハリマオとの邂逅を次のように語る。


　ハリマオに出会ったのは昭和一五（一九四〇）年頃だったと思います。スンガイ＝パディの私の医院に、性病を治しに来ました。淋病でした。コタ＝バルから私の所へやって来たんですが、そんなに多い回数ではありませんでした。一、二度だったと思います。ペニシリンかサルバルサンの注射をしてやったのを覚えています。彼は二四、五歳の感じに見受けられました。がっちりした体で、まだ青年青年した色白の好男子でした。もの静かな人で、神妙でおとなしかったです。ハリマオという名前はまだありませんでした。「谷豊」と名乗っていたと思います。サロンに帽子のマライ人の服装でしたが、私とはもちろん日本語で、「普通弁」で話していました。

私は当時、彼が盗賊だとは知らないで治療していました。彼が箸にも棒にもかからないならず者で、ゴロツキやチンピラの中では有名な存在だ、という噂を芝儀一から聞いたのはもっと後のことで、バン＝バートンのキャンプの中でです。

彼は医院にマレー人を二、三人連れて来ていました。みな裸足でした。これらはただの付き添いで、病気の治療はしなかったが……。ハリマオがこういう連中を連れてのし歩いているところは、立派といおうか、異常といおうか、やはり普通でない印象でした。暴力団の感じというのか……ピッとして、一つのグループの長というか、組頭というか、そういう感じがしました。コタ＝バルでは、ハリマオの評判を聞いたことはありません（平成六（一九九四）年一一月五日、バンコクで、筆者への直談）。

滝川が昭和一五（一九四〇）年頃、コタ＝バルから来たハリマオに会ったということの証言は、重要な意味を持つ。すなわちこの時期まで、豊はこのコタ＝バルを根拠地として活動していたことを窺わせるからであり、また後年マレー官憲に追われてのタイの寒村バンプーへの逃亡流転が、何時であったかを推測させる手掛かりにもなるからである。

滝川虎若の医歴

滝川の経歴を、彼の言葉に沿って紹介すると、次のようである。

私の先祖は京都の流れです。熊本の八代・天草を経て鹿児島に移住し、薩摩藩の藩医として仕えました。系図を見ると私で六、七代目になります。

私がタイのバンコクに渡ったのは昭和一〇（一九三五）年五月でした。ここで医者のライセンスをとりました。他に瀬戸さんという医者と、石野さんという歯医者と三人でバンコクの中央病院前で開業して、その後三人で南タイのシンゴラへ行って開業しました。シンゴラはこの地方の中心で領事館もあって、正月には日本人がみな集まってきて宴会をしました。ここでバン＝ナラの芝儀一さんにも出会いました。それからこのバン＝ナラへ行って、中継ぎのつもりで芝さんのところにいたのは昭和一三（一九三八）年頃でした。

「藤原機関」でハリマオと密接な関係を持ち、個人的にもきわめて親しかったといわれる長野正一《まさかず》は、この頃芝儀一の養子か食客のような存在で、いつも滝川の家の前を通って芝の元所有地、古川鉱山に通っていた。まだ一六、七歳の若さであった。滝川の宅にもよく来た。ハリマオが滝川医院にやって来たのも、長野の紹介であったという。この二人が後年バン＝バートンのキャンプで再会するのは、奇しき運命である。

滝川の話を続ける。

それからヤラ（筆者注：南タイの都市。パタニからマレー国境に通ずる道の途中にあり、またバンコク・シンガポール間の汽車も止まる要衝）に一年いて、スンガイ＝パディで医者を始めたのは昭和一四（一九三九）年の初め頃でした。スンガイ＝パディには、もう名前を忘れましたが日本人の医者がいて、帰国するので後を引き継いでくれと言われたのです。スンガイ＝パディはスンガイ＝コロからちょっと北の、鉄道の駅で三つ四つ上った所の町で、役所もあります。当時この地方で医者と言えば、私しかおりませんでした。

マライのコタ=バルとスンガイ=コロとの間の町に、ゴム園を持っている人がおりました。大石さんという御夫婦で、よく私の所に出入りしていました。この人々との関係で、コタ=バル辺の日本人はみな私の所へ来たんです。中国人も来ました。コタ=バルからは鉄道が通っていたし、ヤラとの間にはバスもありました。

当時の医者は、マラリアと性病との治療でもち切っていました。当時マラリアを調べる方法はなくて、熱が出たからマラリアだと診断を下すといった程度のもので、治療もキニーネを注射するだけでした。梅毒も淋病もありました。梅毒なんかは鼻がとれたりしていて、立派な病人がいたものです。バン=ナラで娼婦と一度遊ぶと一バーツ、一晩寝ると三バーツだった頃の話です。

その後昭和一六(一九四一)年、マレー・シンガポール作戦が始まった直後に、南タイのハジャイで応召しました。通訳でハジャイ司令部付になって、昭南(筆者注:シンガポール)まで従軍しました。留守宅は家内が守りました。昭和一九(一九四四)年に退役して、医者として南タイに復帰しました。奏任官待遇で州立病院に勤めました。

終戦後船で移送されて、バンコクに近いバン=バートンのキャンプに収容されました。キャンプの同じ部屋には藤原機関所属の長野正一、森田きんじ、喜多某、それを束ねる鈴木退三と、錚々たる人物がいました。ハリマオの話も出ましたね。ハリマオのことは当時すっかり知れ渡って、方々から耳に入りましたが、彼のことを機関員たちは「谷、谷」と呼んでいました。芝儀一も一緒にキャンプに来ましたが、敵軍の情報機関に睨まれてシンガポールに連行されて、バン=バートンでは奥さんだけが解放されて帰国しました。余談ですが、この時キャンプの日本人収容者の中に、年端も行かぬ美少女がいました。それが後に女優になった浅丘ルリ子です(平成六

〔一九九四〕年一一月五日、バンコクで、筆者への直談）。

滝川はキャンプを出てからもタイに永住し、バンコクで医療活動に従事。私財を投じて老人福祉施設の建設・運営に当たるかたわら、タイ日本人会の最長老として、今なお邦人社会に重きをなしている。

第二章　特務機関F

豊、バンプーに現る

マレー官憲が豊に莫大な懸賞金を懸け、その逮捕に躍起になった結果、妹ユキノが、一昨年（昭和一五〔一九四〇〕年）部下を連れて泰国へ入ったといふことで（「朝日新聞」西部版昭和一七〔一九四二〕年四月五日朝刊）

というように、豊は最終的にはタイ領内に逃避して生活を送ることとなる。周知のように、南タイはイスラム教圏で人々はマレー語を話し、現在もなお南部四州は独立運動が続く土地柄である。ハリマオが容易にマレー・タイ国境を往復することができたのは、如上の理由による。

すでに述べたように、マレーのコタ＝バルに住んでいた豊がスンガイ＝パディの滝川虎若医師を訪ねたのは昭和一五（一九四〇）年頃というから、彼が南タイのバンプーに忽然と現れたのはこの年の後半頃であったかと思われるが、その正確な時日は明らかでない。バンプーはパタニの東一二キロの海辺の村で、目の前にはパタニ（筆者注：ナラティワッの北九二キロ。マレー作戦時、日本軍の上陸地点となった）の湾に続く入江があり、入江の中には無数の小島と、それを囲繞する蜘蛛手のような水路がある。ここで彼はチェ＝ミノという年上の女性と結婚し、昭和一六（一九四一）年末の日英開戦まで、一年半ほどの束の間の家庭生活を送った。

この村でハリマオとともに日本軍の特務機関「藤原機関」の傘下に入り、活動したタイ人チェ＝カデは、チェ＝ミノの遠縁に当たる。平成八（一九九六）一〇月に逝去するまで、彼はパタニの南東四二キロに位置するサイ＝ブリに住んでいた。ハリマオの調査のためにパタニに赴いた筆者らが、彼を発見したのは偶然の幸せであった。

チェ＝カデ発見の経緯

余談ながら、バンプーで豊と数奇な出会いをしたこのチェ＝カデを発見するに至った経緯について略述しておこう。

平成六（一九九四）年六月、谷繁樹他の面々によるハリマオの跡を訪うマレーシア・シンガポールのツアーが実施された時、筆者らは南タイのスンガイ＝コロッを対岸に望む国境の橋上で、前述のルスデーなるタイ人の案内人に邂逅した。彼は祖父から聞いた話として、ハリマオがパタニに近いクルセッ村の村長に選ばれたとの伝承を聞かせた。

筆者は同年八月、マレー作戦開始時における日本軍の上陸地点、パタニに取材した。この時、英語もよく通ぜぬ土地柄に困惑し、プリンス＝オヴ＝ソンクラ大学パタニ分校に飛び込み援助を求めたが、同校のドゥアンマラ＝パドンニョット副学長は、偶然にも筆者の勤務校静岡大学のかつての留学生であった。奇遇を喜んだ彼は、できる限りの援助を筆者に与えてくれた。現地マレー語の通訳アブドゥラー＝アリュフリ＝サへ教授、現地在住の数少ない日本人である日吉亭医師らを筆者に紹介してくれたのもこの副学長である。

クルセッの調査は徒労に終わったが、その時筆者は、調査の協力者日吉と、その隣人のタイ人マノチ＝ラーマン（一九四三年生。県会議員。パタニ在住）との労をねぎらい、二人を市内の中華料理店に招待した。

筆者が帰国して一週間後、マノチ＝ラーマンは、再度件《くだん》の店を訪れた。すると前回筆者を接待した中国人ウェイトレスが、「先日の日本人はどうしたか」と質問した。たまたま、そのやりとりの一部始終を聞いていた背中合わせの客が、「そう言えば俺の店に来る老人が俺を見て、お前は若い時のハリマオにそっくりだと言う」と言い出した。客はパタニの裏の社会にもよく通じている実力者であった。人の恨みを買うことも多々あったとのことで、報復を恐れ、夜間の外出は絶対にせぬという人物である。

これがチェ＝カデ発見の契機となった。偶然の糸を次々につなぎ合わせたような出来事であった。日ならずしてその実力者の案内により、サイ＝ブリに住むチェ＝カデが日吉によって確認された。日吉からの報に接した筆者は、同年一〇月末再渡航、その実力者の手引きでこのチェ＝カデと会見した。ちなみにこの実力者は、現在、バンプーの近くヤーリンの町長になっているという。

日吉亨の来歴

ここでチェ＝カデ発見の端緒を作り、またチェ＝カデの回想録の口述を録音・日本語訳した日吉亨（昭和一一（一九三六）年生。パタニ在住。漢方医）の来歴について略述する。

日吉は東京都新宿区生まれ。幼時から病弱であった彼は、ある時東京でアフガニスタン人から漢方薬を教わり、心臓病など自らの難病を治すため、都の許可を貰って健康食品の扱いを始めた。

昭和五七（一九八二）年、四六歳の時、彼は当時八六歳の父親の腎臓の疾患を治すため、この父を伴い薬草を探しにタイのパタニへ赴いた。

日吉は爾来この地に永住。五三歳の時、当時二二歳のタイ人女性コチ＝ジョ（一九六七年生）と結婚、一女一男を儲け現在に至っている。妻の父とチェ＝カデとは旧知の間柄であった。そのことは日吉も後になって初めて知ったことであったという。特に南タイの調査に際して、筆者が日吉から得た援助はまことに大きい。

「チェ=カデ回想録」

チェ=カデと筆者との出会いの時、彼は豊の思い出を次のように語っている。

ユタカがバンプーへ来て住んだのは、一、二年くらいじゃないか。バンプーでは「チェ=マ=ジッポン」と呼ばれていた（平成六（一九九四）年一〇月三一日、サイ=ブリで、筆者への直談）。

ちなみに「チェ=マ=ジッポン」とは「日本のチェ=マ」の意。「チェ」はイスラム教徒が付ける「ク」「ニ」「ウェ」「チェ」の四番目の位の名である。「マ」は「ムハマド」の略。「チェ=マ」は仏教徒からイスラム教徒に改宗した人の、八〇パーセントに付けられる呼称という。

チェ=カデの話に戻そう。彼が筆者や日吉亭との邂逅後、平成七（一九九五）年四月某日に、パタニの日吉宅を訪れた時に語ったハリマオの回想は、日吉によって録音と口頭での日本語訳とがなされ、筆者に翻字が託された。「チェ=カデ回想録」（仮題）とでも名付けるべきもので、豊のバンプー漂着から開戦に至るまでの彼の晩年の生活を知る上で、まことに貴重な資料である。以下、順を追ってこの回想録を紹介しつつ、チェ=カデと豊との交友を叙述しよう。チェ=カデは次のように語っている。

チェ=カデ氏（1994年、筆者撮影）

母の話じゃ、一年ほど前のある朝、ユタカはマレー系のド=ローという若者と一緒にバンプーの村に現れたんだ。そして食事かお茶を飲んだあと、すぐに警察に捕まってしまった（筆者

注：豊を捕らえた警官の名はクジ＝アブドラグッ）。パスポートなしということで、ヤーリン警察に二週間か三週間か分からないけど、けっこう長い間警察に入れられたんだ。ド＝ローはユタカが警察に捕まったあと、どこかに立ち去って、その後のことは誰も知らない。

ちょうどユタカたちが食事かお茶を飲んでいる時に、買い物に出掛けたチェ＝ミノ（当時四四歳）が、小柄で色白の好男子のユタカに一目惚れしてしまったんだ。その頃チェ＝ミノは三番目の夫に逃げられ、最初の夫との間に生まれた子供、ユタカと同じチェ＝マと一緒に夜を一人寂しく暮らしていたから、そりゃもう大変だ。あの人はどこの人だろう。何とかしてあの人と話すチャンスはないものだろうかと考えていると、その日の中にその旅人がパスポートなしで警察に捕まったというのでガッカリしてしまった。今日釈放か、明日釈放か、と心待ちにしていたけれど、目的とする人はいつまで経っても警察から釈放されそうもない。

そこでチェ＝ミノは考えた。警察に袖の下を使おうとしたんだ。けれどチェ＝ミノにはお金がない。そこでチェ＝ミノは父親に相談した。実はマレーから来た人がパスポートなしで警察に捕まっている。気の毒だから何とかしてくれ、と頼んだんだ。チェ＝ミノの父親は果樹園を持っていて、バンプーでは金持だった。そこで父親はすぐ三〇〇バーツというお金を用意して警察に行き、ユタカを助け出したんだ。

父親にしてみれば、もうその噂はとっくの昔に知っている。マレー服を着た若い日本人がパスポートなしで警察に捕まって、今もって出られないでいる。折も折、娘からその人を、気の毒だから何とか力を貸してくれと言われた時、困ったことになったと思った。

というのは、その日本人について聞く噂は、よい噂ではなかった。父親にしてみると、娘の病気（筆者注：チェ＝ミノは色情狂で、そのために三人の夫に逃げられたとの噂があった）が始まったのかと思いつつも、最初の夫、漁師のフセイン、二番目、船乗りのチェ＝スメ、三番目、金細工のチェ＝マに逃げられた娘が不憫でならず、娘可愛さでお金を出したわけだけど、その若い日本人が警察から釈放されると、父親が考えた通り今度はチェ＝ミノにその若者がすぐ捕まって、ノーもイエスもない、強引に一五歳年上のチェ＝ミノとユタカは結婚させられてしまったんだ。昔も今もこっちの女の人たちは、四〇歳を過ぎるとブクブク太ってしまう人が多いけれど、チェ＝ミノは違っていた。小柄で、色白で、ほっそりとして美しかった。ちょっと見ると、三〇歳くらいにしか見えなかったね。まあ若い夫を持ったから、毎日化粧に精を出していたと思うけれど。

もう一つは、豊の二番目の妻のジョに負けたくなかったろうしね。それだけに人知れず苦労していたようだ。

チェ＝カデの筆者への話によれば、豊はナラティワッからバンプーへ来たが、村へ来た当時はずいぶん貧乏であった。海辺に出て網で魚を釣ったり、手作りの刀を作ったりして暮らしを立てていた。またよく玉突きをして遊んでいた。ド＝ローという男については、ナラティワッで知り合ったのをペゴ（養子）にしたのだと語った。この男は日英開戦の時、海でボートに乗っていたのを、イギリスの飛行機が来て機関銃で撃ち殺してしまったともいう（平成六〔一九九四〕年一〇月三一日、サイ＝ブリで、筆者への直談）。

結婚した二人は、チェ＝ミノの父親の家で暮らし始めた。当時豊は三〇歳ほど、チェ＝ミノは四五歳ほどであった。チェ＝ミノの家は、チェ＝カデの家とは一キロくらい離れていたという。このチェ＝カデの家に、後日豊は「二番目の妻」といわれたジョを住まわせるのだが、これについては後述する。

当時の姿のまま残るチェ＝ミノの家
（1994年、筆者撮影）

美男の評判

それにしても孤影悄然の豊の姿は、かつて部下三〇〇〇と謳われ北部マレー・南部タイに威を張った大親分のそれとは違い過ぎる。彼がなぜ一切の部下と別れ、なぜバンプーを選んで来たのか、その経緯は一切分からない。

チェ＝カデによれば、豊の村での付き合いは一、二名程度だった。日本で立った有名な噂、すなわち彼が徳を村中に慕われ、村長に推挙されたような事実はまったくなかった。

しかし豊の美貌は村中の評判であったようで、現在も人々の間でよく記憶されている。チェ＝ミノの従兄弟のマ＝ダオ（一九三一年頃生。バンプー在住）の話は、次のようである。

チェ＝マの家にはよく遊びに行った。チェ＝マは鼻が高く、色が白く、美男でとってもいい人だった（平成六〔一九九四〕年一一月一日、バンプーで、筆者への直談）。

チャ＝ミノ女（一九二六年頃生。バンプー在住）の話。

顔を見ただけで話をしたこともなかったけれど、綺麗な人だったね。「チェ＝マ＝ジッポン」と呼ばれてた（平成六〔一九九四〕年一〇月三一日、バンプーで、筆者への直談）。

チェ＝ミノの家のごく近くに住むニ＝ジョ女（一九一四年頃生。バンプー在住）の話。

チェ＝マとは仲好しだった。ずいぶん綺麗な人だった（平成六〔一九九四〕年一〇月三一日、バンプーで、筆者への直談）。

ニ＝ジョ女の妹ニ＝ポー女（一九二一年頃生。バンプー在住）の話。

チェ＝マとは話したことがある。黒眼鏡をかけていたよ。死んだ兄のニ＝マがチェ＝マと仲が良かったけれど（平成六〔一九九四〕年一〇月三一日、バンプーで、筆者への直談）。

まったくの偶然だが、豊の黒眼鏡姿が戦後のテレビ番組『快傑ハリマオ』のイメージと繋がっているのは面白い。

バンプーの東一四キロのパナレに住み、日吉亭の妻コチ＝ジョ女の親戚であるアリ（一九三四年頃生）は、次のように話している。

チェ＝マを見たことはないが、私が小さい時に父からパナレで聞いたことがある。父はチェ＝マに会っていた。「チェ＝マは小さいけれど、顔がとても立派だ」と話したことがある。彼がスパイだったという話を聞いたのはもっと後のことだったが（平成六〔一九九四〕年一〇月三一日、サイ＝ブリで、筆者への直談）。

豊とチェ＝カデとの邂逅―「チェ＝カデ回想録」による

チェ＝カデは、このような豊とある日運命的な出会いをした。昭和一六（一九四一）年七月の頃で、チェ＝カデの回想録によれば、それは次のような状況であった。


俺がユタカと初めて逢ったのは、戦争が始まる五か月ほど前だったと思う。

それまで俺はヤラ＝バンコッに長いこと住んでいて、指輪とかネックレスを作る金細工師だった。その頃は三五歳で独身だった。親父がバンプーで死んだあと、母親たちから遺産分けをするから来てくれと言われて、俺はヤラ＝バンコッを引き払ってバンプーに住んだんだ。

バンプーに来てまだ何日も経たずに、俺はユタカに逢った。

バンプーに小学校が一つあった。夜になると、その小学校に夜店が出て賑わっていた。お菓子や食べ物、雑貨類、飲み物、衣類、ビールまでも売っていた。俺はその学校の市場に出掛け、ブラブラ見物していたら、小柄な色白な男から、

「見掛けない顔だけど、どこからきたの」

と声をかけられた。俺は最初少し面食らったが、おとなしそうな人なので安心して、その人に、

「お茶を飲まないか」

と誘われると、何となく一緒にお茶を飲み、俺がバンプーに来たわけを話したりした。その人は日本人でユタカと名乗った。

「そうかい、じゃ、まだ仕事に就いていないんだね。じゃ、明日ナゴ（パタニ＝マレー語によるナラティワッの呼称）に行くから俺と一緒に行かないか」

と言うんだ。

「俺は明日用事で都合が悪いし、俺の持っているお金は七バーツしかない。行けるかどうか分からない」

と答えるとユタカは、

「お金のことは心配しなくてもいい。もしナゴに行くのなら、今夜俺の家へ来て泊まれ」と言って場所を教えてくれた。

俺ははっきりナゴに明日行くかどうかは決められず、二人は好き勝手に別々にブラブラ歩き、

俺は色々な店を見物して楽しんだ。ふと気がつくと、夜店はあちこちで閉め始めたんだ。あらもう一二時だ、と思って慌ててユタカの姿を見つけようとしたが、どこにもういなかった。俺の心はまだその時は迷っていた。用事はあるけど、ナゴには行ってみたい。ユタカはお金のことは心配するなと言う。少し考えた末に、よし、明日ナゴに行ってみようと決めてユタカの家に行ってみたら、ユタカの家は真っ暗だった。もう寝てしまったんだ。起こしても悪い、と思って俺は家に帰った。

翌朝食事が終わって八時頃、ユタカの家に出掛けると、上から返事があったので、階段を上がってユタカ夫婦のいる二階に顔を出すと、ユタカは衣類などをチェ＝ミノに手伝わせて布に包んでいた。包み終わるとユタカは手紙を出し読み始めた。手紙の内容は何であったか分からない。逢って二回目だから聞くのは遠慮した。

手紙を読み終わるとユタカは、

「これからナゴに行こう」

と言って、包みを手に持った。外に出て五分ほど歩いて店に入り、コーヒーを飲み、ユタカは煙草を二箱買った。そして一箱を俺にくれた。

しばらくしてバスが来た。九時頃だった。バスは当時ナゴに一日一回出ていた。その頃のバスは中型トラックに屋根をつけ、両側に長椅子が置いてあった。今のトクトクを少し大きくしたようなものだ。天気のよい時は問題なかったが、強い雨の時などはびしょ漏れになる。

バスに乗ってから俺は頭が痛かった。昼まで用事もあった。もしかすると誰か訪ねてくるかもしれない。ヤラから荷物が届くかもしれない。それよりもっと気になったのは、母が朝「あの日本人は悪い人」とも言うし、もしユタカが噂通りナゴで悪いことをやったら、一緒にいる俺も捕まってしまう。困ったなあ、どうしよう、などと考えていると俺はとても不安だった。

ナゴまでの道はとても悪く、デコボコ道だった。穴を避けるためにゆっくり進んだ。大きな穴があると、避けるためにストップするようにして、それから動くけれども、もうその時別の穴に入るとバスは大きく揺れた。乗っている人たちは少なく、途中乗る人も降りる人もポツリポツリだったが、皆黙ってその苦痛に耐えていた。時々同じようにゆっくり走る対向車のすれちがう時には砂埃がひどかった。俺は不安をまぎらわすために、運転手の近くに行き、大きな声でとりとめもないお喋りをはじめた。運転手の名はエデンといった。

ナゴに着いたのは午後の四時だった。二人ともとにかく疲れた。バスから下りてすぐホテルに向かった。途中ホテルに入ってから食べようと、プロカチェ（マレーの甘い菓子。プロは糯米、カチェは豆のこと）を買った。

木造のホテルでナンデー＝ホテルといった。部屋にベッドは二つあったが、トイレは共同で外にあった。部屋に入ってからすぐ外のトイレに行き、水を浴びた。部屋に戻ってプロカチェを食べてから、二人は横になった。腹が減っていたのでプロカチェはとても美味しかった。一時間ほどして、急にユタカはウトウトしている俺に、

「腹が痛い」

と言ってすぐに部屋の外にあるトイレに行ったんだ。戻ってからまた数回トイレに行き、吐いたり下痢をしたりしたら、もうユタカの顔は真っ青で、グッタリして、それからもう一人で歩く気力がないんだ。

俺はただ驚いて、

「大丈夫か」

と聞くんだが、ユタカは腹を押さえてウンウン唸ってるんだ。

ユタカが歩けなければ俺がトイレに連れて行かなければならない。結局それからユタカを引きずるようにして、おんぶするようにして、数回トイレに連れていった。時々廊下で会う人たちは、皆心配そうな顔をして俺たちを見ていた。俺は気が小さいが、とても心配になってきた。もしユタカがこのまま死んでしまったら、一緒についてきた俺をチェ＝ミノは怒るだろう。俺を怒鳴りつけるだろう。また頭が痛くなってしまい、どうしたものかと分からなくなり、ただボーッとしていた。

その時あんまり何回も部屋を出たり入ったりするものだから、隣の人にはうるさかったのだろう。俺たちの部屋に顔を出して、どうしたのかと聞くんだ。インド人だった。ウンウン唸っているユタカと二人でどうしたらいいかと困っている時だから、少しホッとして、

「友達が腹痛を起こして困っている」

というと、そのインド人は、

「それは可哀相に。私がちょうど腹痛の薬を少し持っているから、よかったら飲まないか」

と、黒い丸薬と飴を、部屋に戻って持ってきてくれたんだ。俺は正直ホッとしてそのインド人にお礼を言ってから、ユタカに、

「隣の部屋の人が腹痛の薬を少しくれたんだけど、飲むかね」

と聞くと、ウンウン唸っているのにユタカは用心深く、イヤイヤするように頭を横に振ったん

だ。俺は折角の薬をユタカが飲まないと言うもんだからホトホト困ってしまい、ない知恵をしぼったあげく、貰った丸薬を潰し、溶かして、ユタカの腹に擦り込んだ。擦り込むと同時にユタカの腹を軽くマッサージしてやった。

そしたらユタカの体から少し汗が出てきた。そのうちユタカは眠たいと言って欠伸をした。そのまま五分ほど軽いマッサージを続けていたら、擦り込んだ薬が効いたのか、それとも出すものを出してしまったので腹痛が治ったのか分からないけれど、運よく腹痛は治まったようなので、俺はユタカに、

「インド人がくれた飴と丸薬をなめるか」

と聞くと、

「ウン」

と言うので、ほんの少し残っていた丸薬を飲ませ、飴をしゃぶらせたんだ。

三十分ほどしたらユタカの顔色もよくなり、俺もホッとしていると、廊下の方が少し騒がしいので顔を出してみると、宿泊客やホテルの従業員が心配そうに、

「大丈夫ですか」

と聞くんだ。ユタカも自分のことを心配して多くの人がガヤガヤやっていると思ったらしく、ベッドから起き上がって廊下に顔を出し、元気な声で、

「心配かけましたがもう大丈夫です。元気になりました。元気になったらおなかが減ったので、ちょうど夕食時ですから、これからミー（タイ語でビーフンのこと）でも食べようかと思っています。よかったら皆さんにもミーを御馳走しますよ」

と言って、二〇人ほどのホテルの宿泊客やホテルの従業員を、ホテルの前の食堂へ連れていき、皆にミーを御馳走した。

その人たちがミーを食べお茶を飲んでから、

「有り難う」

と言ってホテルに戻る時、その人たちにミーとお茶の一〇倍もする二バーツずつをプレゼントしたんだ。俺は目を丸くした。ただ腹痛を心配した人たちに、俺の半月分の収入を平気でくれちまうんだからね。ホテルの従業員たちは大喜びさ。ミーを食べた上に、一日分以上の臨時収入にありついたんだもんね。俺はやはり母が言うように、この人は悪いことをして得たお金なんだろうか、と心の中で思った。

でもその時のお金は俺の思い違いで、ちゃんとしたお金だった。

盗賊の噂

豊の噂はバンプーの村人らにはどのように伝わっていたのであろうか。これについてチェ=カデが当初筆者に語った話は次のようである。

チェ=マの噂は、マレーからナラティワッ辺りを通って流れて来たらしかった。何でも、イギリス人の鉱山の金を取って分けたとかいうような話だった。でもこの辺には、マレーから回ってきたというお尋ね者のポスターなどは貼られてはいなかった。余所でのことは知らないが、バンプーではチェ=マが盗みをしたことはない。彼が警察に捕まったのは、パスポートを持っていなかったからだ。

チェ＝マはマレーの警察に追われて、クアラ＝トレンガヌからコタ＝バル、コタ＝バルからクランタン、クランタンからパタニへ逃げて来た。探偵はナラティワッで生まれたパテ＝ママッという男だったが、チェ＝マは事件を起こさないから捕まえようがなくて帰った。チェ＝マの来歴については、チェ＝マが自分で俺に話してくれた。でもクアラ＝トレンガヌで妹が殺されたことも、女房がいたことも、まるで知らなかった。彼がイギリスを嫌っていたかどうかについても、俺は知らない（平成六〔一九九四〕年一〇月三一日、サイ＝ブリで、筆者への直談）。

回想録に戻ろう。チェ＝カデはまたこう続けている。

でもさ、何か月か後にユタカは俺にこう言った。

「俺は以前は泥棒だった。裕福な中国人の家に忍び込んで、宝石や金を盗んでいた。盗みに入る時は高い建物でも屋根に攀じ登り、屋根を剥がして家の中に忍び込んで、家の人が寝込んでから盗みをした」

と話してくれたことがあった。それを聞いて、やはり噂通りユタカは悪い人だったんだと思ったが、バンプーに来てチェ＝ミノと結婚してからは、悪いことは止めて、その後は魚を採ったり、刃物を作ったりして、細々と収入を得ていたんだ。

その頃に、日本の工場勤めの頃の思い出話をしてくれたこともあった。

「言葉がうまくしゃべれず、馬鹿にされたり怒られたりして、友だちもろくにできなかった。ただ一つの楽しみは、給料日に人を連れて金を使いまくることだった」

と言っていた。

バンプーにおける筆者との会見の後、パタニの日吉亭の家にチェ＝カデが赴いた時の話がある。「日本人は今頃になってどうしてチェ＝マのことでやってくるのか。チェ＝マの評判は、日本ではよいのか。実は今まで日本人には決して言わなかったことだが」と言って日吉に打ち明けた話は、次のようなものであったという。

チェ＝マが盗人だということは、本当は村では皆が知っていた。だからチェ＝マが「ナラティワッへ行こう」と言って俺を誘いに来た時、周りの人たちはみな「あの男は『ジャハ（マレー語で悪い人の意）』だから行くな」と止めたんだ。だから俺は悩んだが、結局一緒に出かけた。チェ＝マは自分でも俺に向かって「俺は盗人だ。中国人の金持の家を荒らし回っていた」と言っていたよ。でもわざわざやって来た日本人の「アチャン（マレー語で学者の意）」に、チェ＝マのことで悪い事は言ってはいけないと思って、今まで黙っていたんだ（平成八〔一九九六〕年四月頃、パタニで、日吉亭への直談）。

チェ＝カデは偶然にも日吉夫人コチ＝ジョ女の父親の旧友であることが判明し、その縁で日吉とも親しくなった。チェ＝カデの死の半年ほど前のことで、彼は自分の死を予知して、日吉にこのような事実を話す気になったらしい。

豊は自分が盗賊であったことを、他にも打ち明けていたらしい。前述のマ＝ダオもその話を聞いた一人である。マ＝ダオの証言。

チェ＝マはナラティワッで、強盗をやってたらしい。バンプーではやったことはないが。こっちに来てすぐヤーリンで捕まったのを、チェ＝ミノが金を払って助けたんだ。チェ＝マは色も白いし、素敵だったから。泥棒は、金も仕事も無くなったから大分やったようだ。仲間はいなくて一人だけでやった。どんな家に入ったのかは知らないが、「泥棒に入ろうとして屋根の樋の溝に這いつくばっていたが、家の者が寝てくれないので動けなくて困った」という話を、チェ＝マの口から聞いたことがある。だから俺はチェ＝マの本職は強盗かと思っていた（平成六〈一九九四〉年一一月一日、バンプーで、筆者への直談）。

ちなみにマ＝ダオによれば、豊が刑務所に入獄した理由は窃盗容疑だったということで、チェ＝カデや後述のラーマンの証言とは食い違っている。

森才太郎とハリマオ

歯科医師森才太郎（明治二八〈一八九五〉年〜昭和五六〈一九八一〉年。岐阜県土岐市住）は、豊・チェ＝カデの二人と不思議な関わりを持った人物である。その頃、森はパタニで医院を開いていた。のちに彼は、当時の自分の暮らしや街のありさまを追憶して、次のように記している。

義兄が、シンガポールで開業していた関係で日本を脱出し、大正十四年ごろ、タイ国で歯科医師免許を取得し、五年ほど義兄と一緒に診察しておりましたが、私は南タイパタニー州パタニー市で開業しました。

パタニー市の人口は、約四万。タイ人、マライ人、中国人などが主な人種で、日本人は数が少なく、市内、近在を合わせても十数名程度だったと思います。日常会話は主にマライ語を使用していました。

近在に住む日本人は、盆や正月には一同集まり遠く離れた故国を思いながら日本語に花を咲かせ楽しんだものです。一日の患者を終え、技工ももちろん自分でやっていました。その当時、臼歯金冠十バーツ、前歯五バーツくらいだったと思います。歯科助手はマライの男の子を雇っていましたが、よく働く子で、カルテの整理からコップ洗いまでよくやってくれました。

ティータイムには、診療所を閉め、彼と二人で近所にある中国人経営のコーヒー屋に行くのを日課とし、こせこせしないのんびりとした一日でした。（「岐歯新報」昭和五四〔一九七九〕年一一月号）。


森はまたゴム園をも経営し、金山掘りをも企画した。持ち山に良質の金が出て、開鑿に大きな夢を膨らませたこともあったが、戦争の勃発で事業は頓挫。爾来終戦までを当地で過ごし、昭和二一〔一九四六〕年に帰国して岐阜県土岐市に永住した。

森は、帰国後に結婚した夫人あさ子（大正二〔一九一三〕年生。岐阜県土岐市在住）に、豊との出会いについて次のような内容の話をしたという。


主人はある時、ハリマオを泊めてやったことがあるそうです。家に目を付けられて、

「泊めてくれ」

と言われたそうで、その時ハリマオは、

「今までわしは大泥棒で、日本人と中国人との混血で……」

と言っていたそうです。それでわざと金庫の前に寝せたら、翌朝、

「わしは一睡もせなんだ」

と言って起きてきた。

「トワン（筆者注：マレー語で「旦那」の意）が

晩年の森才太郎氏
（森あさ子氏提供）

ハリマオのお守り。表と裏。
（森家所蔵。筆者撮影）

金庫の前に寝せたので、もし他の泥棒が入ったら、わしが罪を被るで、寝ないで番しとった」

と言ったそうです。主人は人を疑うことのない人でした。

洒脱な森の人柄を彷彿させる話だが、それが豊の心を動かしたのであろう。話は続く。

そして、

「これはわしが一番大事にしていたお守りで、二つとないものだ。肌身離さず持っとったけれど、トワンに何も上げる物が無いで、これを上げる。これを持っていればどんな危険も大丈夫。鉄砲の弾にも当たらん」

と言って、肌身につけていたお守りをお礼に置いていったそうです。ハリマオは大泥棒だけれども、鼠小僧みたいに盗んだ金を貧乏人に恵んでいた、最後には前線に行って日本のために御奉公をしてくれた、と話しておりました（平成六〔一九九四〕年一一月一四日、岐阜県土岐市で、筆者への直談）。

森が豊に貰ったお守りは、筆者も実見に及んだ。撮った写真を、日吉を通じてチェ＝カデに示したら、イスラム教徒の護符である由。

後年森はマレー・シンガポール作戦の開始とともに、通訳として応召。このお守りを首にかけて出陣した。

田村浩大佐とハリマオ

これらの時よりよほど以前から、バンコクの日本大使館付武官の田村浩大佐（のち中将。明治二七〔一八九四〕年～昭和三七〔一九六二〕年）は豊を捜していた。田村は陸軍大学出身。大学卒業後、フィリピンを始めとしてアジア各国を歴訪し、東南アジアに対する広い知見は陸軍第一と言われた。彼は昭和一一～一二（一九三六～一九三七）年にタイ国駐在武官としてバンコクで過ごしたが、二年後の昭和一四（一九三九）年に、ふたたびこの地に赴任してきたのである。

前述の現タイ日本人会名誉顧問の滝川虎若も、田村とは頻繁に付き合う間柄であった。滝川によれば、田村はガラガラした大雑把な性格だが、またさっぱりしたいい人で、陸軍切っての南方通であったという（平成六〔一九九四〕年一一月五日、バンコクで、筆者への直談）。

また当時参謀本部情報部員であった谷山樹三郎少尉も、仕事がら田村のことは見知っており、大佐は人格者であったと語っている（平成六〔一九九四〕年一二月一八日、福岡市で、筆者への直談）。

マレー・シンガポール作戦開始後に藤原機関員となった國塚一乗《くにつかかずのり》中尉（大正六〔一九一七〕年生。のち大尉。兵庫県神戸市東灘区在住）によれば、田村はスマートな賢い人で、英語が堪能であったという（平成一四〔二〇〇二〕年一月一四日、神戸市で、筆者への直談）。

田村大佐が昭和一一（一九三六）年頃、知人の芝儀一を通じて豊の行状を聞き知っていたことについては、すでに述べた。「豊は日本人社会の面汚しだ」と怒る芝に、「それなら捕まえてバンコクへよこせ。日本へ送り返してやるから」と答えたという。

田村はやがて、豊をマレーでの対英国戦に用いることに思い至るが、当初からそのような目的があったとは信じ難い。日本軍の南方作戦の企画開始の時期について、後に特務機関「岩畔機関」の長と

なった岩畔豪雄《いわぐろたけお》少将は、

> 陸軍がいつから今次大戦のような（中略）南方作戦を企図するようになったかといえば、それは昭和十四年、つまり大戦突発二年前より早くはなかった（「準備されていた秘密戦」「週刊読売」臨時増刊「日本の秘密戦」昭和三一（一九五六）年一二月八日号）。

と記しているが、これに従うなら、田村がハリマオの取込み工作に着手したのは、早くても昭和一四（一九三九）年であったことになる。その頃豊はコタ＝バルに拠点をおいて活動していたが、田村の彼への接近について、鈴木泰輔は次のように記している。

> 北部マライに長年住んで、ドクター瀬戸と呼ばれる一民間人がいた。医薬業を営みながら瀬戸氏は、田村武官あてにひそかに現地情報を入れていたが、この人を通じて武官は奇妙な日本人の存在を知った。その名を谷豊、マライのハリマオ（虎）とあだ名され、マライ中央山脈を足場に荒し回っていた匪賊の頭目である。「こいつは諜報に使える。うまく指導すれば宣伝謀略にも使えるようになるだろう」。話を聞いた武官の頭に、このことがすぐピンときた。武官はハリマオ谷との連絡を瀬戸氏に依頼し、一方、昭和通商の嘱託としてバンコックに来ており、すでに武官の手足となって働いていた神本利夫（ママ）氏に、谷への呼びかけ、教育を一任した。……（「開戦前夜　風雲のバンコック」。前掲同誌）。

マレーやタイで日本人グループが躍起になって豊を捜していたことは、チェ＝カデもよく記憶している。

國塚によれば、田村はこのことを大本営に報告、話が藤原に伝わり、やがて神本利男《かみもととしお》が豊の取り込みに奔走するに至ったのだという。文中のドクター瀬戸について、國塚は次のように話している。

瀬戸さんとはハジャイで会いました。田村大佐の関係で知り合いましたが、敵前上陸のため、海岸で海の深さを計ったりしていたこともあります（平成一四〔二〇〇二〕年一月一四日、神戸市で、筆者への直談）。

田村がこの人物とともに作ったネット＝ワークは、ナラティワッの芝儀一との間に設けたそれと同一である。

こうして豊の知らぬ間に、彼とまったく関わりないところで、彼を身内に取り込もうとする計画が秘密裡に始まっていた。

神本利男の経歴

ここでハリマオの転身に決定的な影響を与えた神本利男（明治三八〔一九〇五〕年～昭和一九〔一九四四〕年。藤原機関員）について、紹介をしておかなければならない。

神本はバンコクで田村大佐に見込まれ、「ハリマオ工作」の当事者として働いた民間人である。『神本利男とマレーのハリマオ』の著者土生《はぶ》良樹（昭和八〔一九三三〕年生。マレーシア農業大学外国語学部日本語学科講師、マレーシア日本文化協会副会長、ラジャー＝ダト＝ノンチック道場会長、クアラ＝ルンプール郊外在住）によれば、神本は北海道十勝国中川郡本別村（現本別町）に生まれ、島根県那賀郡三隅村（現三隅町）の本家の許で、村立三隅小学校高等科を卒業。次いで島根県立浜田中学校（現県立浜田高等学校）卒業の後は、東京に遊学して拓殖大学商学部支那語科（現中国語科）に学んだ。在学中はボート部主将、名コックスとしても活躍。壮士肌・親分肌で、心根の優しい人物として人に頼られていたという。

昭和六（一九三一）年大学卒業後、彼は一旦は病父と暮らすべく警察官となって北海道に勤務したが、翌昭和七（一九三二）年一月満洲へ渡った。同年一一月には満洲国治安部治安公署に配属され、シベリア経由でハルピンに流亡してくる中央アジアのイスラム教徒難民の保護と動向調査とを任された。

さらに翌昭和八（一九三三）年四月、千山に派遣せられて道教と武当派拳法の極意を極め、昭和一一（一九三六）年には図們《ともん》国境警備官琿春《こんしゅん》分遣隊長として赴任。昭和一三（一九三八）年七月一三日、スターリンの粛清を恐れて越境亡命したソ連の極東GPU長官、リュシコフ三等大将を捕縛し、東京でそのリュシコフの護衛の任に当たった。その後昭和一四（一九三九）年には、民間人ではただ一人、陸軍中野学校に特別第二期生として入学している。

また前述の谷山が仄聞したところでは、神本は満洲では「大同学院」にも関与していた。大同学院とは、占領地域の行政を担当する行政官の養成機関であった。教官は内地から逸材が送り込まれていたという。

昭和一四（一九三九）年夏、ハルピンに帰任した神本は、甘粕機関ハルピン分室に所属し、中央アジアのイスラム問題を担当した。

昭和一六（一九四一）年一月、彼は参謀本部第八課門松正一中佐参謀から召還命令を受けて帰京した。ここで彼は藤原岩市大尉に引き合わされた。後の南方総軍参謀、藤原機関長である。藤原は南方政策のために彼を必要とするとの田村大佐の意向を伝え、タイのバンコク潜入を要請した。

池田満洲男「マライのハリマオ（虎）」には、神本は、満洲時代の先輩で、満洲国治安部事務官兼「昭和通商」バンコク駐在社員としてタイに赴任した五島督司郎に従い、同社の嘱託として働くこととなったとある。この五島を中心とする集団は、アジア諸民族の独立を志すアジア主義者たちであった。

彼らは商社を活動拠点とした。当時バンコクには、昭和通商の他に「大安公司」「芝洋行」などが進出し、ハチャイ・ヤラ・パタニ・ナラティワッなど、南タイ一円に支店や出張所を持ち、鉱山・松油・タンニン剤などの買い付けを表看板に、手広く商売を行っていた。その社員の中には、日本軍の特命を受けて情報収集活動に従事する、神本のような青年らも少なくなかった。

神本の直情径行の人柄は人々によく愛された。前述の滝川も、彼についてはよく記憶して、次のように語っている。

神本とは、ナラティワッの芝家で会いました。小柄だが立派で、熱血漢でした。ピチッとしていました。やはり人の上に立っていたからでしょう（平成六〔一九九四〕年一一月五日、バンコクで、筆者への直談）。

また國塚は、次のように語っている。

神本は、見た目は痩せた貧相な人でした。拓大出で、典型的な壮士肌でした。田村大佐の紹介でマレーへ行ったのです（平成一四〔二〇〇二〕年一月一四日、神戸市で、筆者への直談）。

神本はある日五島とともに、バンコク駐在武官の田村大佐を訪ねたが、田村は一目で神本の人物を見抜いた。爾来神本は田村の南方工作遂行のため、有力な片腕となって働くこととなる。田村が神本に「ハリマオ工作」を依頼したのは、このようないきさつがあってのことであった。

神本利男と豊

田村浩大佐の命を受けた神本利男は、商社大南公司のナラティワッ支店に起居しながら、ハリマオとの接触を試み始めた。池田満洲男の一文によれば、神本に情報をもたらしたのは長野正一《まさかず》であった。長野がかつてナラティワッのモー＝チバこと芝儀一に愛され、芝家に寄宿していたことはすでに述べたが、この時彼は儀一の弟の浩（明治三五〔一九〇二〕年〜昭和四八〔一九七三〕年）がパタニで経営する芝洋行に身を置いていたらしい。浩は日本からタイに渡り、バンコクを経て昭和一四、五（一九三九〜一九四〇）年頃パタニに居を構えた。昭和一六（一九四一）年一二月、マレー作戦の開始に際しては、資材調達を任務とする「芝部隊」を編成、マレーのコタ＝バルに転進するまでこの地を拠点として活動した。この頃豊は、再びハチャイの牢に収監されていた。

神本は監獄の看守に裏口から金を握らせて、豊を助け出した。払った金は二五バーツ。かってチェ＝ミノが、彼のために支払った三〇〇バーツに比べれば小額である。二人の初めての出会いの時の模様は、池田によれば次のようであったという。

背丈は五尺四寸もあろうか。やせた体にはパンツとよれよれのシャツ一枚、鋭い目を光らせながらむっつりと黙りこくった谷は、ひとはだ脱いでくれとたのむ神本に「おれは金なんかじゃ動かねえよ」とポツリうそぶいただけだった（「マライのハリマオ（虎）」〔「週刊読売」臨時増刊「日本の秘密戦」昭和三一〔一九五六〕年一二月八日号〕）。

ちなみに池田満洲男とは、読売新聞編集長鈴木敏夫のペン＝ネームで、この話の出所は藤原機関の山口源等《ひとし》中尉（のち少佐。大正四〔一九一五〕〜平成七〔一九九五〕年）であった（平成六〔一九九四〕年一一月一三日、京都市で、山口夫人信子より筆者への直談）。

この邂逅の時期を、池田は昭和一六（一九四一）年一一月とするが、後述するチェ＝カデの証言、また藤原の自著『藤原（F）機関』にあるように、同年四月頃ではなかったかと思われる。豊を牢から出した神本は熱弁を振るって風雲急の時局を説き、豊の転身を勧めた。

池田はその時の二人の様子を次のように記している。

神本は、ちょうど子どもに教えるようにじゅんじゅんと説ききかせていった。

「谷君、君も立派な日本人なのだ。君の祖国である日本のために、一身をささげてくれまいか」つづいて神本は、天皇陛下のありがたさや、日本の象徴である日の丸の旗の美しさ、忠君愛国の尊さなどを懸命に語った。神本独特の熱と誠意の籠もった話しぶりだった。はじめはうわの空だった谷は、やがて神本のまごころに触れた。いつのまにか身をのり出し目を輝かせて彼の話に聞き入っていた。熱心に耳をかたむけていた谷が、急にヒザを正してポツリと口を開いた。

「神本さん、このような私でも、天皇陛下のお役に立つことができるでしょうか」(『マライのハリマオ(虎)』)。

どれほどその当時の実況を活写しているか定かでないが、初めて殉国の思想を説かれた豊の反応は、あるいはこのようでもあったのであろうか。豊の意識の変革の実態がどのようなものであったのか正確に知ることはできないが、ともあれ彼の人生の大転換が、神本の存在なしに語れないことだけは事実であろう。

藤原機関員として、同年一一月頃豊と接触した土持則正大尉(大正五〔一九一六〕~平成六〔一九九四〕年。のち中佐)も、豊についての印象を次のように語っている。

なぜ谷だけが必死になって行動していたか、ですか?……日本のために、少しでも役立とうという意欲だったと思います。私の目にはそういうふうに見えました。忠誠心ですね。私の話を聞く時も真剣でした。当時私は若く、しかも聯隊では〝子供〟と呼ばれていたほどの童顔だったんですが、そんな私の話を三〇歳のかれが、じっと聞いていた。こわいほど真剣な表情で聞いていました（中野不二男『マレーの虎　ハリマオ伝説』）。

開戦前夜の豊の活動

豊は、やがて結成される藤原機関の一員となるが、機関が豊に与えた指令は、対英軍の破壊工作と保守工作、対マレー人の宣撫工作などである。しかしこの時期神本が豊に協力を要請した職務内容は、もっぱら謀略活動と兵站活動とであった。

マレー作戦の開始を間近に控え、当時すでに南タイの各所には日本軍の諜報員が入り込み、謀略活動を行っていた。神本もまた南タイに上陸してシンガポールを目指す日本軍を助けるため、準備に入っていた。彼はこの頃ヤラ（パタニの南四〇キロ）南方のタン＝ガーデン（パタニの南一〇〇キロ）の幹線道路沿いに存する、英国人経営の錫鉱山と精錬工場に従業員として入り込み、密かに工作を行っていた。ここはまた南タイ・マレー国境のベトンにも至近の距離にあったが、彼の目的はマレーからもたらされる英国の情報の収集や、やがてこの地を通過するであろう日本軍の糧食の備蓄にあったらしい。余談ながらこの鉱山は戦後も続けられていたが、現在は廃鉱になっている。

神本と並んで、謀略活動に専念する人物は他にもいた。小野某と呼ばれる人で、豊とも接触することとなる。芝浩一郎によれば、彼は野村貿易と大南公司との社員として、ナラティワッに住んでいた。滝川虎若も、彼がハチャイからナラティワッへ行き、同時に二つの企業に勤めていたと証言している。チェ＝カデによれば、彼はナラティワッのゴム商人であったともいう。ちなみにこの小野某は生年も名も不明。戦後杳として姿が消え、消息を知る術もない。國塚によれば、コロンボに小野商会の一族あり、彼はあるいはその一員かもしれないという（平成一四〔二〇〇二〕年一月一四日、神戸市で、筆者への直談）。

ともかくこうしてタン＝ガーデンの神本利男、ナラティワッの小野某の二人が並立し、バンプーのハリマオを挟んで連絡網を作り上げた。

豊、チェ＝カデを勧誘す

神本の依頼に応えて、豊が活動を開始したのがいつのことか、正確には分からない。しかしそれは、二人が邂逅した昭和一六（一九四一）年四月頃から遠くはなかったであろう。豊とチェ＝カデとの付きあいの発端は同年七月頃と思われるが、その時豊は、チェ＝カデに次のようなことを打ち明けた。チェ＝カデの回想録に戻ろう。


　さて、食堂からホテルの部屋に戻ってから考えた。ユタカが気前よくパッパッとお金を使うもんだから、俺はもうてっきり「このお金は……」と思ったね。それでも俺はそ知らぬ顔でユタカに、

「何でそんなにお金を持っているんだい」

と聞くと、ユタカはこう言った。

「俺の父親が死んで遺産が入り、その遺産をナゴに住むオノという人が預かっているんだ。お金がなくなると貰いにくるんだ」

俺は薄暗い明りの下でユタカの顔を見たんだ。よう見たんだ。ユタカは平然としていた。でも俺はユタカに対して変だなと思った。バンプーの学校の広場で初めて声を掛けられた時など、お茶

一杯飲むぐらいでお金などちっとも使っていないもんね。俺はユタカが嘘を言ってると思った。

そこでまた俺は聞いたんだ。

「遺産のことは、バンプーで他の人たちは知っているかね」

と。ユタカは、

「誰にも話していない」

と言って、その後は黙ってしまったんだ。

俺はユタカが黙ってしまったから、それ以上は聞けない。部屋の空気が少し重苦しくなってきたので、

「疲れたから俺は眠る」

と言ってベッドに横になったんだ。そしたらユタカは俺を見つめて、

「一か月経ったら本当のことを話す」

と言うんだ。そしてベッドに坐ったままユタカは何か考えているようだった。が、腹痛の介抱でユタカは俺を信用したのだろう。俺に、

「じゃあこれから本当のことを話すけど、これから話すことは他の人に絶対に話してはいけない」

と言うんだ。

俺はユタカが何を話すかと少し緊張してベッドから起き上がってベッドに坐ったんだ。そりゃあそうだよ。もし噂の通りユタカが、

「今使ったお金は盗んだお金です」

なんてことを言ったら、俺の方が面食らっちゃうもんね。

ユタカは、

「モスリムはアッラーを恐れる。チェ＝カデがもし、俺の話したことを他の人に話さないと言って話したならば、チェ＝カデはアッラーを恐れないことになる。いいね。約束するね」

俺は
「ウン」

と言った。

筆者へのチェ＝カデの談話によれば、豊はビールを二本注文し（筆者注：イスラム教徒は禁酒）、飲む前にチェ＝カデの手を握り、

「約束を破ったら神様が怒るゾ」

と言ったという（平成六〔一九九四〕年一〇月三一日、サイブリで、筆者への直談）。

チェ＝カデ、豊と協同す

チェ＝カデの回想録を続ける。

「じゃあ話すけど、俺は日本人だ。現在の日本人はマラヤを欲しがっている。日本には戦闘機も軍艦も沢山ある。兵隊も大勢いる。いつでもマラヤを攻めることはできる。でも、ただ戦争を始めればいいというものではない。勝つためには、いろいろとその前に用意をしなければならない。いろいろとマラヤのことを調べておかなければならない。近い将来に、日本の軍隊はマラヤを攻めるだろう。日本の軍隊はマラヤだけではなく、パタニにも入ってくるだろう。けれど日本

はタイは欲しくない。また日本はタイと戦争したくない」

と言った。俺は冗談にこう言った。

「この話を聞いていて、日本の軍隊がマラヤに攻めてきた時に、俺がマラヤにいたら、スパイとして殺されるだろう」

と。続けてユタカは、

「人はよいことをしても、悪いことをしても、死ぬ時が来れば死ぬ。また人は何をしなくとも、一〇〇歳までには大体みな死んでしまう。象が死ねば象牙を残す。虎が死ねば皮を残す。もし俺たちがよいことをして死ねば、後の人たちは俺たちのことをよく話すだろう。どうだい、チェ＝カデは俺の仕事を手伝わないかい。チェ＝カデの一日の収入はいくらかね」

俺は正直に、

「一日働いて三バーツ入る」

と言うとユタカは、

「仕事があってもなくても、俺はチェ＝カデに一日三バーツ払う」

と言うんだ。

ユタカが話し終わってから、俺は正直少し恐くなった。噂ではユタカは悪い人というけれど、今の話では全然違う。ちゃんとした人だ。俺は内心迷った。俺はユタカの仕事を場合によっては手伝ってもいいが、と思うものの、

「俺はタイ人だ。タイのために不利益になるようなことはしたくない。もしマラヤのことを調べてくれと言われても、俺はジャウィ（タイ語・パタニ＝マレー語で「マレー語」のこと）は知

らない。俺は学校にも行っていない。ましてや日本語など全く分からない。俺がユタカの仕事を手伝うにしても何をしたらよいのか、また何ができるのだろう」

と言うと、ユタカは、

「そんなことは気にしなくてもいい。難しいことではない。この手紙をナゴに住むオノさんという人に渡してもらいたい。そしてオノさんからは手紙とお金を受け取ってきてもらいたい」

と言うんだ。

「どうだい。明日はオノさんの所に行ってくれるかね」

と言うんだ。俺は
「ウン」

と言った。俺はベッドに入ってからいろいろ考え事をしたので、よく眠れなかった。

翌朝ユタカに地図を描いてもらい、ホテルからオノさんの家に行った。

チェ＝カデの直談では、豊はチェ＝カデに小野への使いを頼む時、「俺の叔父がナラティワッにいる。日本から沢山金を持ってきてるから、行って金を貰ってきてくれ」と頼まれたという。小野は四〇歳くらいの、背の低い人であった。チェ＝カデはこの人が豊の叔父だとは信じてはいなかった。

彼の回想録は続く。

オノさんはユタカの手紙を渡す時、俺の顔を見もしなかった。オノさんはユタカの手紙を読み終わると、今度はユタカに手紙を書いた。その時オノさん宅には若い日本人が二人いたが、誰かは分からない。手紙をオノさんは書き終わってから、初めて俺の顔をジーッと見つめ、それから鍵を持って二階に上がり、そして下に下りてきた時に、オノさんはお金を持っていた。それから一緒に持ってきた黄色いマークのついた封筒に手紙とお金を入れたあと、糊で封をした。ホテルに戻ってユタカにオノさんの封筒を渡すと、ユタカはすぐ封を切った。手紙と一緒に八〇〇バーツ入っていた。ユタカはすぐその手紙を読み始めた。

一週間に二回、オノさん宅に俺はユタカの手紙を持っていき、そしてオノさんの手紙とお金を受け取ってきた。オノさん宅は毎回俺が出掛けるので、その都度オノさんはユタカに顔を出すように、と俺に言った。俺はいつもオノさんからお金を受け取ってきてユタカに渡す時、ユタカに直接オノさん宅に行くようにと話したが、ユタカは黙って聞いているだけだった。

三か月目に入ってからオノさん宅に数回行った。多分それはユタカも俺が文句を言うので行かせなかったのだろう。その最後の日、オノさんはユタカからの手紙を受け取ってから顔を真っ赤にして怒り出し、

「どうしてユタカが来ないんだ」

と俺に怒鳴った。俺は、

「いつもオノさん宅にユタカが行くようにと話しているけれど、なぜユタカがオノさん宅に来ないのか分からない」

と話した。俺は最後にオノさん宅から帰ってきて、ユタカに、

「ユタカが三か月間オノさん宅に顔を出さないので、オノさんは俺にとても怒っていた。あんなに怒鳴られたのだから、次から俺はオノさん宅に行かないからね」

と言うと、ユタカはただニヤニヤ笑っていた。

豊はナラティワッには行かないで、手紙だけ送って済ましていた。探偵のパテ=ママッがナラティ

ワッに居るから恐かったのだ、とチェ＝カデは言う。

チェ＝カデの仕事は週に二度豊の手紙を小野に届け、そのつど小野が手渡す金を豊に持ち帰って手渡すことだった。当時パタニ・ヤラ間にはバスが、ヤラ・ナラティワッ間には鉄道が通っていた。このメッセンジャーの仕事は三か月間続いた。手紙は日本語であった。小野は実に几帳面な人で、金を丁寧に紙に包み、封をしてチェ＝カデに託した。時に包みの中を開けて見ると一〇〇〇～二〇〇〇バーツが入っていた。またチェ＝カデはこの金受け渡しの他にも、小野・神本・豊の三人に頼まれて、現地の日本人たちに手紙を配って歩いたという。

チェ＝カデの談を続ける。

オノさんもいい人だったがすぐ怒った。一度俺がユタカからお金を貰って、スンガイ＝コロッで自転車を買ったが、それがオノさんに分かってしまい、オノさんは俺に、

「仕事もしないで飲んだり食ったり遊んだりしたその上に、自転車まで買う。今度そんなことをしたら、お前の首をチョン切ってやる」

と脅された。俺は正直言って、何でオノさんは俺たちのことを知っているんだろうと不思議に思った。でもオノさんは一つ勘違いをしている。俺の仕事はオノさんの所へ来るだけのことだ。でもそれを言ってまた怒鳴られてもいけないと思い、俺は黙っていた。

豊は小野の所へ行くのは止めて、だんだんヤラの神本の方へ行くようになった。チェ＝カデも小野が怒るので、それが恐くて神本の方へ行くようになった。豊もそれを勧めた。

チェ＝カデは、パタニからバスを使って初めて神本の家の倉庫を訪れた夜のことをよく覚えている。

それからしばらくしてユタカはチェ＝ミノの姉の夫、ポチ＝オーにも行かないかと言って、三人

でヤラに行った。ヤラから五〇キロ先のタン＝ガーデンには、カミモトさんという人が、俺の父の友人の木造の家を借りて住んでいた。

　カミモトさんの家の前に来てから、俺たち三人は横を見ないで真っ直ぐゆっくり歩いた。カミモトさんの家の玄関の戸は少し開いていた。それから戸が開き、三人は家の中に入った。

かつての神本利男宅（1994 年、筆者撮影）

　神本の家といわれるものはタン＝ガーデンに現存する。錫工場の近く、道路から半キロほど山道を入った山荘地にある大きなイギリス風家屋で、付近に距離をおいて同様の家屋が二、三点在している。当時のイギリス人管理職らの住居であったであろうこの家々には、今はマレー人家族が住まっている。
　チェ＝カデが中に入り、誰がボスだと聞いたら、神本が「俺だヨ」と答えた。なかなか素敵な人であったと、チェ＝カデは追憶する。
　カミモトさんは小柄で、少し髭を生やしていたが、ちょっと見ると二〇歳ぐらいにしか見えなかった。カミモトさんはおとなしく優しい人だった。カミモトさんはタン＝ガーデンにある、英国人の大きな工場の通訳だった。とてもマレー語が上手だった。
　カミモトさんの家の中には、罐詰や米、シャボン等が各部屋に沢山積まれていた。ユタカが全部運んだんだろう。

家の中にあった石鹸には、牛のマークが付いていたという。「牛乳石鹸」のマークであったのか。

今度も一週間に二回、カミモトさんの家に行ったが、オノさんと違って、ユタカの手紙をカミモトさんに渡すと、カミモトさんはその手紙を読んだあと、何も言わずにポケットからお金を出し、一〇〇〇バーツ、時には二〇〇〇バーツと、無造作にそのまま俺に渡した。あんまりあっさりしているので、俺の方が最初戸惑った。

最初の時チェ＝カデが渡されたのは七〇〇〇バーツであった。二回目から神本は「ハリマオに渡せ」と言ってチェ＝カデに三〇〇〇マレードルをことずけた。彼は小野に比べれば、随分大雑把な人だった。金を渡す時も、ポケットから無造作に摑み出したという。

「チェ＝カデ回想録」を続ける。

その頃ユタカは大きなバッグを一つ買った。誰かが借りたいと言っても駄目だった。俺にも貸してくれなかった。俺は何のためにユタカが大きなバッグを使うのか分からなかった。

その頃から俺は少し心配になってきた。俺がオノさんやカミモトさんからお金を受け取ってくるたびに、近所の人を大勢呼んでパーティーを開く。パーティーと言ってもミーとかロッティ、お菓子とかお茶ぐらいで、ユタカにとっては大したお金ではなかったが、俺たちには大金だった。時にはビールを飲んだ。ユタカと俺が家にいる時には、夜ユタカは俺の家に来て、二人でビールを飲んだ。その使い走りをしたのはチェ＝ミノの甥の一四歳の少年だった。

ユタカにしてみれば、俺に逢う前は、バンプーではオノさんから受け取ったお金は自分で自由に使えず、スンガイ＝コロッとか、ナゴや自宅などで以前の仲間に会った時、カミモトさん宅に運ぶ物資の代金や、いろいろとマラヤに関することを調べさせるために、その運動資金を渡すのが精一杯だったようだ。余ったお金を使いたくても、スンガイ＝コロッやナゴで派手にお金を独りで使えば、コタ＝バルのパキスタン系の警官パテ＝ママッに付きまとわれたりしたら厄介だったろう。ユタカは俺と知り合う前は、どこでもお金を自由に使うことができず困っていただろうが、俺と知り合ってからはオノさん、カミモトさんから受け取ったお金を、バンプーだけでも自由に使える。またバンプーの人たちから、お金を使っても疑われることもなく、それどころかバンプーの人たちとも付き合うことができたのだから、内心は喜んでいたろう。

俺はユタカと約束したように、

「お金のことは遺産が入ったので少しずつ受け取っている、死んだら使えないので今使うんだ」と言うと、まあ当時の人たちはあまり利口ではなかったから、俺の言うことを信用した。ユタカにすれば、以前の仲間がマラヤの情報をいろいろとユタカに伝えてくる。その情報をオノさんやカミモトさんに渡し、報酬を貰っていたわけだ。また後から分かったことだが、その一部はカミモトさん宅に運ぶ物資の代金だったのだ。

こんな風にして六か月間、チェ＝カデは豊といつも一緒に仕事をした。しかし二人で遠くへ行ったのは、ハチャイに二度、ベトンへ一度、スンガイ＝コロッへ一度だけであった。ハチャイへ行くにはヤラまでバス、ヤラからは鉄道に乗る。列車の中で日本人にも出会ったこともあったが、話をすることもなかった。着いた先ではただ飲み食いしてた。何しろ金があったから、という。真面目なチェ＝カデはよくハリマオに仕えたが、しかし彼らが扱ったこの金の意味については、終生何も知らされることがなかった。

俺はユタカのやってることには、何も聞きはしなかった。ユタカも万が一何かあった時のことを考えて、俺に迷惑がかかってはいけないと思ってか、俺の仕事はただ手紙をオノさんに、後からカミモトさんに渡し、後は手紙とお金を受け取るだけで、ユタカのやっていることは一切何も知らなかった。また俺はユタカに何も聞かなかった。

ユタカは時々夜になると海岸に行き、小船から運ばれてくる品物を近くに貯蔵し、どこかに運んでいたようだったが、結局それらの品物はカミモトさん宅に運んでいたわけだ。

カミモトさん宅に品物を運ぶドライバーは、パタニからヤラに向かう一〇キロ先のプジュ村のアセーという人だったが、一回カミモトさん宅に荷物を運ぶために、ユタカはアセーに二〇バーツというかなりの大金を払っていたんだ。そこである日俺はユタカに、

「バンプーでは何も仕事をしていないのに、遺産が入ったからといって毎日御馳走を食べていたら、その中警察や役所にしても変に思うだろう。俺に対しても、俺がユタカのスパイの一端を手伝っているとは、今もって誰も知らないけれど、これから先が気掛かりだ。俺はそのことを心配している」

と話すと、ユタカは、

「そうだなあ、では食料品店でも開こうか」

と言った。すぐに五〇キロ入りの米を一〇袋と、干魚、罐詰、シャボン等を沢山仕入れた。そしてその一部をヤラのカミモトさん宅に運んだ。けれどその店を開く計画は、間もなく日本軍がパタニに上陸してきたのでそのままになってしまった。

ある日のことユタカは、俺に八〇〇〇バーツ預かってくれとお金を渡したんだ。その頃、どこに行くのか、ユタカは毎日朝出掛けて昼帰ってきた。俺はユタカがどこに行くのか全然分からな

かった。それから日本軍がやってきたわけだが、ユタカはいつ日本軍が攻めてくるのか、俺にははっきり言わなかった。もうすぐ日本軍がタイに、パタニに攻めてくるとしか言わなかった。

この頃の豊は、神本との連絡に忙殺されていたのであろう。このようにして、彼らは目睫の間に迫ったマレー・シンガポール作戦の幕開けを迎えようとしていた。

ニ゠ジョ女と豊

チェ゠カデはチェ゠カデとして、では当の豊は、どのような行動をしていたのであろうか。

バンプーで、豊の妻チェ゠ミノの家の近所に今も住むニ゠ジョ女は、昔の豊夫婦の生活の一端を、なお鮮明に記憶している。彼女の年齢は不詳だが、豊と同じ頃の生年であろうか。彼女は筆者に次のように語った。

私はチェ゠マとは親しかった。友達でした。まあいい人だったと言えるでしょう。とっても綺麗な人でしたよ。よく一緒に話をしたものです。

チェ゠マは夜になると海辺へ行って何か書いてました。チェ゠ミノが「私も一緒に行く」と言うと、「蚊がいるから来ちゃ駄目だ」と言って、いつも一人で行ってました。昼間も海辺に一人でいました。

チェ゠ミノの家にはチェ゠マの本がありました。チェ゠マの日記もありました。どこの国の言葉かは分かりません。チェ゠ミノが持っていたけれど、家を改築した時なくなってしまいました。

チェ゠マが何の仕事をしていたかは分かりません。何かやらないとタイの警察が怪しむから刀を作ってたけど、それほど沢山作ってたわけじゃありません。

けれども海岸からはいっぱい荷物が入ってきました。缶詰やなんかの小さい物でした。貴金属もありました。日本人が持ってきたんですよ。海から舟で沢山、何度も何度も運んで、チェ＝ミノの家と道路を挟んで向かい側にある、小屋の中に溜めてました。それからヤラへ運んだのよ
（平成六〔一九九四〕年一〇月三一日、バンプーで、筆者への直談）。

バンプーの海岸は、彼らの家から四〇〇メートルほど先にある。海岸というのもおかしいほどマングローブが繁る小さな島々の間を、クリークのような水路が蜘蛛手に走り、沖は島々に遮られて全く見えない。隠密行動にはうってつけの所である。インドシナ半島からでも運ばれてきたのであろうか、それらの膨大な品物は、チェ＝ミノの家が資産家であったために商売ものと思われ、村人に怪しまれることもなかったのだという。

後述する藤原機関員石川義吉《よしきち》によれば、同機関員の宿舎に缶詰や石鹸が見本として置かれ、またヤラという言葉が機関員の会話の中に盛んに出てきたという（平成七〔一九九五〕年五月二二日、東京都港区で、筆者への直談）。

それらの品々は密かにヤラの先、タン＝ガーデンの神本宅に送られ、後日シンガポールを目指して現地を通過する日本軍将兵に配られたらしい。前述のようにチェ＝カデは、神本宅に大量の缶詰や石鹸が山積みされていたのをよく覚えている。豊はその膨大な物資を、チェ＝カデの回想録にあるようにトラックを雇って運搬した。

こうして豊は、極秘裏に兵站活動を行っていた。彼が神本・小野から預かった金の一部は、チェ＝カデの言うごとく、その品物の運搬の代金だったのであろう。チェ＝ミノの家にしばらく保存されて後に煙滅したハリマオの日記とは、その活動の記録であった可能性が強い。

藤原機関（F機関）の結成

ここで藤原機関の紹介をしておかなければならない。藤原機関とは、南方総軍藤原岩市少佐参謀（のち中佐）を長として編成された、秘密工作機関である。

國塚一乗によれば、大本営から南方政策機関の立ち上げ準備を下命せられたが、参考書もなければ、人員もいない。情報収集に困り、神田の一隅に俄仕立ての事務所を設けて、人集め、本集めを始めたのだという。これが同機関の濫觴であった。昭和一五（一九四〇）年のことであるという（平成一四〔二〇〇二〕年一月一四日、神戸市で、筆者への直談）。

藤原の著『藤原（F）機関』によれば、日英戦争を目前に控えた昭和一六（一九四一）年九月、既述のように陸軍きっての南方通であったバンコクの駐在武官、田村浩大佐の方策を基本理念とする機関の編成・担当が、当時陸軍参謀本部第八課所属の藤原少佐参謀（大尉より昇進）に命ぜられた。ビルマ・マレー・蘭印・インド等の民族独立支援と日本軍への協力を志向するもので、柱とする任務は次のようなものであった。

一、インド工作・マレー九〇万のインド人の協力を獲得するとともに、マレー英印軍内インド人将兵を背反投降せしめ、対インド独立施策の基盤を樹立すること。
二、マレー人工作・マレー人の反英協力の獲得、各州スルタンの庇護。
三、ハリマオ（虎の意）工作・マレーのハリマオと呼ばれる日本人谷豊を頭目とするマレー人匪徒の対英闘争操縦。
四、華僑工作・シンガポール華僑の反英サボタージュの指導。
五、スマトラ工作・スマトラ特にアチエ民族運動との協力指導。

國塚によれば、このうちのインド政策について、そもそもＩＮＡ（インド国民軍）創設のヒントを与えたのは、杉山元インド駐在武官であった。この部署は世界におけるインドの政治的・地理的重要性に鑑み、歴代非常に優秀な人材が任ぜられるのが習わしであった。杉山は、英印軍はほとんど現地人だから、切り崩す隙がある、研究せよ、と行った。軽くヒントを与えただけだったが、これが藤原機関の政策となり、インド国民軍を生み出す契機となったという。

機関の略称「Ｆ」は、Freedom（自由）Friendship（友情）Fujiwara（機関長藤原のイニシャル）にちなんだものである。機関の編組を下命された瞬間を、藤原は同書の中で次のように追想している。

あえぐような都の熱気も、九月の声を聞いてから薄皮をはぐように和らいできた。大内山のお堀の彼方から秋風が漂い始めた。三宅坂の青桐が一葉二葉さきがけて秋の到来を報じた。武蔵野に今年もまた清澄な秋が訪れつつあったが、三宅坂の空気はこの秋の気配とは逆に一日一日熱気を帯びつつあった。前古未ぞ有の大戦争準備が進められつつあったからである。九月一〇日の午後、門松中佐（筆者注：大本営陸軍部第八課所属の謀略主任参謀）は私を自分の席に呼び寄せていつになく改まった重い口調で、思いもよらない事を宣告した。いわく「貴官には近日バンコックに行ってもらわねばならぬ。その仕事は田村大佐を補佐してマレイ方面に対する工作の準備に当ってもらうことになる。もしこの情勢が悪化して日英戦争が始まるようなことになれば、貴官は近く編成される南方総軍参謀に補任せられたうえ、もっぱらマレイ方面の工作を担任することとなる予定である。数名の将校をつける予定だ」と。そして彼がバンコックで田村大佐から得た情報の内容をかいつまんで説明してくれた。

藤原岩市機関長。山口源等機関員に贈られたもの。「昭和一七年天長之佳節」と撮影の添え書きがある。
（山口信子氏提供）

数名の将校には中野学校出身の青年将校土持大尉、山口・中宮両中尉、米村・瀬川両少尉と滝村軍曹とが数えられた。そのほかに只今東京外国語学校印度語部に在学中の石川義吉なる青年を採用すべく、学校長と当人に交渉中である旨が付言された。

文中の将校・下士官は、それぞれ土持則正《つちもちのりまさ》大尉、山口源等《ひとし》中尉、中宮悟郎中尉、米村弘少尉、瀬川清少尉、滝村正己軍曹である。文中にある通り、機関は彼ら軍人と石川義吉ら民間人との混成の若干名で編組された。商社員を詐称し、長髪、私服、丸腰の風体であった。

さらにその先メンバーには、マレーやタイの現地で、國塚一乗少尉（インド国民軍司令部との連絡役）らの軍人、また鈴木退三《たいぞう》（マレーで商業に従事。現地事情に精通）、大田黒又男《おおたぐろまたお》（インド独立運動の志士プリタム＝シンらと親交あり）、神本利男、増渕佐平、谷豊らの民間人が加わり、総勢三〇名を数えることとなる。

機関長藤原岩市少佐の軍歴

藤原機関の代表者、藤原岩市少佐とは、どのような人物だったのであろうか。

彼の軍歴とその人となりを、國塚一乗は、その著『インパールを越えて―F機関とチャンドラ・ボースの夢―』で紹介しているが、略述すると次のようである。

藤原は明治四一（一九〇八）年三月一日、兵庫県多可郡黒田庄村（現黒田庄町）に生まれた。同地は豊臣秀吉の謀将、黒田官兵衛の出生地といわれる。

昭和六（一九三一）年七月、陸軍士官学校を卒後、大阪の聯隊に配属されたが、直ちに天下の難関陸軍大学を受験し、一次試験に合格した。

その八月、豊橋陸軍教導学校に転補。中旬、高師原演習場で練習中、下士官の過失で照明弾が藤原の口を直撃した結果、下唇が皮一枚でぶら下がり、上下八本の歯が飛び、歯茎の骨が砕ける重傷を負った。入院した彼はもはや軍籍には耐えられぬと観念したが、しかしいささかも下士官を責めることなくこれを庇い、感泣した下士官は専心彼を介抱した。

二か月の加療後、さらに東京の軍医学校へ赴いて治療を受け、ようやく口が利けるようになった藤原は、陸軍大学の二次試験に合格。三年間の研鑽の末、第二席で準恩賜賞を下賜せられ卒業した。

昭和一三（一九三八）年、第二十一軍広東攻略軍参謀として作戦に従事。

昭和一四（一九三九）年、参謀本部第八課に配属。当時の参謀本部は陸軍最高の人材を集め、中でも作戦課は恩賜賞受賞の逸材を集めていた。藤原も準恩賜賞の受賞者として、この作戦課に配属が内定していたが、広東作戦中罹病したチフスの病歴が祟り、この課に入れなかった。同課に秩父宮と高松宮とが在籍していたためである。

結果、彼は第八課に配属されたが、それが後の藤原機関を誕生させることとなった。

國塚によれば、藤原は性格明朗、斗酒なお辞せぬ酒豪で、情に脆く、すぐ涙ぐむ人であったという。如上の彼の人柄は、爾後の藤原機関の活動に寄与するところが甚だ大きかったといえよう。

民間から藤原機関員に補され、バンコクへ赴任した前述の石川義吉（大正七〔一九一八〕年生。東京都港区在住）は、機関の宿舎で藤原と起居を共にした。石川はその時の藤原の思い出をこう語っている。

藤原さんは三度の食事の時にいっぱい話をする人でした。下らぬものを身につけるな、裸になれ、私が何かの細工をして上げる、と言っていました。こうして若い者を鍛えようとしていたのでしょう。しかし命令をはっきり出さぬ人でした。何をすべきかは自分で考えよ、責任は自分が取る、というのが彼の若い部下への教育でした。

その藤原さんがたった一度、例外的に自分に命令を出したことがあります。クアラ＝ルンプールの一〇〇キロ手前で、藤原さんが書いたものを自分に渡しました。「捕虜のインド兵を、怒らせずに移動させせよ」という内容でした（平成七〔一九九五〕年五月二二日、東京都港区で、筆者への直談）。

後日一〇〇〇人に上るインド人将兵の大集団を石川は引き受けることとなる。

藤原機関とハリマオとの接触

密命を帯びた藤原少佐らが、偽名を使ってバンコクに到着したのは昭和一六（一九四一）年一〇月一日、他の機関の面々もこれに前後してバンコクに潜入し、日本人経営のタイランド＝ホテルを根拠地にして、隠密裏に活動を開始した。

当時のバンコクは、各国の防諜機関がしのぎを削る場所であった。國塚によれば、防諜に特に優れていたのは英国で、長い歴史を持ち、能力も規模も日本を遙かに上回っていたという（平成一四

〔二〇〇二〕年一月一四日、神戸市で、筆者への直談）。

彼らの中で、特にハリマオ工作に従事したのは土持大尉であった。中野不二男の前掲書によれば、土持は一〇月二二、三日頃バンコクに到着、翌日南タイ行きを命ぜられ、大南公司の社員を装ってシンゴラへ赴任したとある。着任は一〇月末頃のことであったろう。

土持はただちに豊との接触を図った。豊との仲介役には、タン゠ガーデンの神本が当たったと考えるのが妥当であろう。やがてハチャイの大南公司の裏口に、初めて訪ねてきた豊との出会いを、土持は筆者に次のように語っている。

マレーに入ってから、ハリマオ関係の全部の人間を扱え、と言われました。南タイではハジャイの大南公司に寝泊まりしていました。身元は隠さにゃいかんし、私のことを支店長が「何もせんで寝てばかりおる」と言ってました。

大南公司では、日本人に床屋をやらせていて、私がその床屋に寝ていたら、突然ハリマオが来た。情報を持ってきたんです。日本人で旅館をしている人がハジャイにいて、「実は特務機関の者だ」と言ったら感激して、「そのような事情なら使って下さい」と言って部屋を貸してくれて、ここでハリマオを説得しました。ハリマオはハジャイで表向き雑貨商をやっていて、あちこちに部下を置いていました。私は警戒していたが、……悪党というつもりで会ったんだが、礼儀正しい人というか、丁寧に応対してくれました。

「ハリマオ」というのは日本軍が作った虚像ではなかったでしょうか。「ハリマオ」という面影はなかった。話をしていると商売が出てくる、すぐ商売人の顔になってしまうんです。難しい話ができる人ではなかったです。日本語はあんまりうまくなかった。福岡弁で「あげんじゃもんが……」なんて言っておりました。(平成六〔一九九四〕年八月二四日、宮崎県都城市で、筆者への直談)。

ハチャイに機関支部がある以上当然のことだが、スパイとしての豊の活動範囲がこの地に及んでいたことが察せられる。「雑貨商」というのは、あるいはバンプーで陸揚げした品物を利用してのことではなかったか。

土持大尉と豊との接触はこのような形で始まった。身近に迫りくる戦雲を肌で感じ、従軍と戦死とを覚悟した豊が、母へ送る形見として記念写真の撮影を土持に頼んだのは、おそらくはこの頃のことであったと思われる。

ハリマオの写真と手紙

中野不二男の書によれば、昭和一六(一九四一)年一〇月末頃、ハチャイの藤原機関で豊との間に交わされた会話の様子を、土持は次のように語っている。

「……もし戦争になったら日本はどうなるか、いまや国際情勢は緊急である、日本にいる家族のことも考えて、いざとなったら軍に協力してくれ、といったんです。(中略)そうしたらかれは、協力します、といいました。それから、『私もお願いしたいことがある、戦争となったら命を賭けることになるんだから、写真を撮って家族に送ってほしい』と私にいうんですね。それで、誰だったかなあ、米村少尉でしたかねえ。写真を写してあげたんです。たしか三枚でした」

豊はすでに神本の説得の工作により、協力することに多少は傾いており、土持との話し合いがそれを決定づけたような印象を受ける。しかし豊が実際に日本軍のために協力を約し諜報活動を開始したのは、前述のように藤原機関の結成以前、神本と接触して間もなくのことであった。

　後日機関員の國塚一乗少尉が神本から聞いた話によれば、彼は藤原機関長の所へ行っては、「谷がやる気をだしました」とか、「谷はだいぶ愛国心が出てきました」とか、「本筋になりました」とか、その都度報告をしたという。

　國塚によれば、日本の戦争が勝つか負けるかも分からぬ時に、藤原機関に入り対英行動を行うのは、豊にしてみれば生死に係わるまさに大博打で、たいそうな覚悟が要ったことであろうという。ものの喩えで言えば、機関の情報を英軍に売ることもしようと思えばできるわけで、もし彼が裏切ったらそれこそ大変なことであった。何と言っても神本が気持ちの良い男で、谷への彼の精神教育がよかったため、谷も心を許し、命がけで働く気になったのであろうという（平成一四〔二〇〇二〕年一月一四日、神戸市で、筆者への直談）。

戰線祕話
輝く戰果の蔭に殊勳の熱血男兒！
「マレーの虎」谷軍屬の活躍
佐山忠雄記
＝寫眞は谷豊氏

「週刊朝日」昭和一七年五月三一日号

　この時の豊の写真は谷家には伝わっていない。しかしこれからほぼ半年後、「週刊朝日」昭和一七（一九四二）年五月三一日号に、マレー民族衣裳で美々しく装った豊の写真が掲載された。晩年の彼を偲ばせる堂々とした貫禄で、あるいはこれが問題の写真かとも憶測される。

　ともあれ、それは神本をはじめとする藤原機関員の説得に応え、日本軍と運命を共にしようとする豊の覚悟を、家族に、また自らに示すものであったことは間違いない。豊が福岡の母トミのもとに手紙を送ったのも、これと同じ頃であったと思われる。その経緯を藤原の書『藤原（F）機関』は、次のように語っている。

そうだ、開戦も間近かの一一月上旬ごろであったろうか、谷君がたどたどしい片仮名文字で綴った一通の手紙をバンコックの田村大佐のもとに託してきたことがあった。この手紙を彼の郷里、九州の飯塚（筆者注：福岡の誤り）にある慈母のもとに、届けてくれという申出であった。神本君が仮名文字を教え、手をとって綴らせた手紙であろう。（中略）田村大佐も私もこの手紙を拝見してもらい泣いた。

その手紙は現存しないが、池田満洲男「マライのハリマオ（虎）」の記事を本に復元を試みると、おおよそ次のようなものではなかったかと思われる。

オカアサン。豊ノナガイアヒダノ、フカウヲオユルシクダサイ。ワタシハアサモバンモ、オカアサンノコトヲワスレタトキハ、アリマセン。日本トイギリストハ、イヨイヨセンサウニナリサウデス。オカアサン、ヨロコンデクダサイ。豊ハ、サンボウホンブノタムラタイサヤ、フヂハラセウサノメイレイデ、オクニノタメニハタラクコトニナリマシタ。豊ハコレカラ、ホントノ日本ダンジニウマレカハリ、マライ人ノミカタヲシテ、ニクイイギリス兵ヲヤッツケ、オモフゾンブンハタラキマス。ダカラ、イキテオメニカカルトキモ、ナイトオモヒマス。オカアサン、豊ノシヌマヘニ、タダ一ツノネガヒヲキイテクダサイ。イママデノオヤフカウヲユルスカラ、オクニノタメニシツカリハタラケ、トイツテクダサイ。オカアサン、ソレガ豊ノ、タツタ一ツノオネガヒデス。オカアサン、オカアサン、ドウカコノネガヒヲキキトドケテクダサイ。オカアサン、ドウゾスヱナガク、オタツシヤデクラシテクダサイ。イモウトニモヨロシク。オカアサンノゴブジノミヲ豊ハイノツテヰマス。

続けて藤原は、

私は早速この手紙を参謀本部に託送して、開戦前に、谷君のお母さんから返信を届けてもらうように手配を依頼した。私もその夜、谷君に片仮名文の手紙を書いて同君を激励した。

と記している。

さて豊の消息については、参謀本部の手を介して故郷の谷家に届けられた。このことに関しては、昭和一七（一九四二）年四月三日、豊の死を報じた新聞に、次のような妹ユキノの談話が掲載されている。

一昨年（筆者注：昭和一五〔一九四〇〕年）部下を連れて泰国へ入つたといふことで母親も姉のみつえも一度くらゐ便りが来さうなものだと案じつゞけてゐましたところ先日参謀本部から兄は現地で働いてゐるから手紙を届けてやらうとの通知があり、夢かとばかり喜んで早速母の名で手紙を認めたのです、兄はもう日本字すらも忘れてゐるだらうとなるべく漢字を避けふり仮名をつけてやりました、（「朝日新聞」西部版、昭和一七〔一九四二〕年四月三日朝刊、版数不明）

ユキノの談話では、参謀本部からの連絡の正確な時日については明らかでないが、藤原の書に、谷家家族からの返信が一月八日にイポーの藤原少佐のもとに届いたとあることから、やはり開戦前の昭和一六（一九四一）年一一月末頃のことではなかったかと思われる。文中の「手紙を届けてやらう」の文言が「豊の手紙を谷家に届けてやろう」というのか、あるいは「谷家の手紙を豊に届けてやろう」というのか判然としない。

同日の新聞はまた、豊の母トミの次のような談話をも掲載している。

昨年の十一月に陸軍省を通じ「豊は軍属としてお国に尽くしてゐます、安心して下さい」との便りがあつて喜んでゐたところでしたが、手柄を樹てゝくれたと聞いて嬉しくてたまりません、(中略)十年間私に一度も便りをしなかつたことを気にしてゐたことを思ふと、(後略)

これによれば、豊の手紙は昭和一六年(一九四一)一一月に谷家に届いていたことになるが、果たしてそれが豊自身のものであったのか、彼の消息を伝えた陸軍省からの通信であったのか、必ずしも明らかでない。

豊の弟繁樹の証言によれば、当の谷家には、豊の手紙と写真は届かなかった。日英開戦が間近に迫った時期に「イギリスとの戦闘云々」のような文言の書かれた手紙が軍の機密に触れるとして、参謀本部に止めおかれた可能性もあったのかもしれない。

繁樹によれば、明確な時日は不明であるが、その頃豊の母、谷トミが突然参謀本部から東京へ来い、と呼び出されたことがあった。「豊が軍に弓を引いたか」と心配して福岡の第二十四聯隊に問い合わせると、「心配ない。今は言えないが、軍に協力して貰っている」との返事を貰い、安心して東京へも行かずにしまった。ユキノが母の代筆で豊に手紙を書いたのはおそらくこの時で、参謀本部に託したものではないか、というのである。

ユキノの返事は、確かに参謀本部の手を経て豊のもとに届けられた。『藤原(F)機関』には、昭和一七(一九四二)年一月六日、藤原がカンパルで豊に会ったその翌々日、イポーにおいて、参謀本部の尾関正璽少佐がはるばる携行してきたものを藤原が受け取った、とある。この二日の遅れが災して、手紙が神本の手を経て豊に届いたのはジョホール=バルの陸軍野戦病院、瀕死の彼の枕元であった。

それはさておき、『藤原（F）機関』によれば、ユキノの手紙の文面には「豊さん、お手紙を拝見してうれし泣きに泣きました。何遍も何遍も拝見致しました。」との文意が盛られていたという。これが真筆であったなら、谷家の人々は間違いなく豊の書簡を読んでいたことになる。この豊の手紙の配達の真否を廻っては、未だに釈然とせぬ謎が残ると言わざるを得ない。

神本利男とラーマン

土生良樹著の『神本利男とマレーのハリマオ』は、これまでほとんど知られていなかった神本利男と豊との関係（二人の邂逅から豊の死に至るまで）を、初めて明らかにした書である。土生は拓殖大学の卒業生神本の後輩に当たる縁で、在学時代から彼とハリマオ及び両者の交友について、長年にわたり調査を行ってきた。土生が神本や盗賊時代の豊の行状について情報を得たのは、タイ国境の南方五キロ、ジェリ山麓のジェリ村に住むイスラムの長老ラーマン（生年不詳。一九九六年逝去）との出会いによるという。

同書によれば、ラーマンと神本との二人は、昭和一六（一九四一）年二月、ジェリ村の山中で偶然に邂逅した。当時まだ少年であったラーマンは、密かにタイ国境を越えて彼の伯父を探しに来た神本と出会ったのだという。伯父を神本に紹介したのは、ナラティワッに住むラーマンの長兄カリムで、神本が伯父を訪ねた目的は、ハリマオこと豊の消息を探してのことであった。

これを契機として、神本はハチャイの牢獄に収監されている豊の消息を聞き、前掲のように二五バーツという破格の安値の賄賂で彼の出牢を成功させた。ラーマンの証言によれば、豊のハチャイ監獄入りも、実は手下の一人の身受けをしようとしたのが契機であったという。

土生の書によれば、バンプーの豊とは別に、マレー以来の豊の手下はやはり彼とともに南タイに逃れ、彼の周辺に潜行していたという。その手下とはハミッド（マレー伝統武術シラットの使い手）、ザカリア（クダ州出身。もと日系鉄鉱石鉱山のダイナマイト係、爆薬扱いの名人）、アリー（半島山岳地帯の原住民アスリ族、吹き矢の射手）、ノール（クダ州出身。マレーの伝統的手斧カパットの投手）、タフィック（木から木への跳躍の名手）、シン（インド人、十人力）、ラザック（植民地政府官庁の元自動車運転手）、ムスタファ（都会の屋台店の皿洗い）その他富豪華僑の下男、マラヤ共産党の連絡係を務めていたタイ人等々。そうして当時のラーマンは、豊の盗賊団の最も若い配下の一人であったという。

牢から出て神本の説得にようやく応じた豊は、昭和一六（一九四一）年四月、ハチャイ近郊の密林で、これら一二人の部下を神本に紹介した。これを契機として、彼らは対日戦準備を行うイギリス軍の妨害工作、すなわちジットラ＝ラインの建設の妨害に向けて出発することとなったという。

ジットラはタイ国境から三〇キロほど南にある集落で、ハチャイとマレーのクダ州の州都アロル＝スタールとを結ぶ幹線上にあり、英軍が鉄とベトンからなる堅固な陣地を構築しようとしている、戦略上の拠点であった。

陸戦史研究普及会編『陸戦史集2　マレー作戦』に、

ジットラ陣地は、英軍がアロルスター飛行場およびその南方の飛行場群を防衛するため、（昭和一六年）七月頃から構築を始めていた。しかし、労力不足から対戦車壕および一部の陣地が構築されていた程度で（後略）

とあることからして、豊らがこの地に潜入して妨害活動を開始したのも、同（一九四一）年七月以降であろうと思われる。

土生の書によれば、クダ州出身のノール・ザカリアの両名は、ひそかに工事現場を監督し、たびたび神本・ラーマンを案内して現場に潜入した。神本の潜入は十数回に及んだ。彼は陣地構築の工事と周辺の地形とを探り、また豊の一党が入手した関連資料・情報を基礎に、詳細な陣地構築図・周辺地形図を作成して、バンコクの田村大佐に送った。さらに豊・ノール・ザカリアはマレー人労働者を煽動してサボタージュを行わせ、セメントを湿地に投棄し、ラザック・タフィックの両名は工事機械を故障させた。

このような彼らの働きの結果、陣地の完成は大幅に遅れ、同陣地は「二か月は持ちこたえる堅塁」との英軍の自信にも係わらず、開戦直後わずか一昼夜で日本軍に突破されることとなった。

土生によれば、彼らはタイ国境のサダオにアジトを持っていた。一方当時バンプーに豊とともにいたチェ゠カデによれば、神本の拠点はヤラの南方タン゠ガーデンにあり、豊の依頼を受けたチェ゠カデにはいつもここで金を渡していたというのだから、神本は少なくともヤラ・サダオの二か所の拠点を頻繁に往復していたと見るべきなのか。とすれば彼はおそらくは自動車を使い、タン゠ガーデン・ブトン・ハチャイ・サダオを結ぶ「L」の字型の道筋を辿って国境を越え、ジットラに道筋を辿ったものとも考えられる。その中間点ハチャイには、藤原機関の活動拠点「大南公司」があった。豊の部下はここにも出入りしていたことが、藤原機関員鈴木退三によって証言せられている。

「手下たちが、F機関の事務所へ来ることがあるんです。『トアンいるか』ってね。それで、『いないよ』っていうと、すぐ帰ります。わりとしっかりしてたし、服装もきちんとしてました。手下の数ですか？　そうですねえ……連れていたのは七人ほどだったけど、全部で五〇人はゆうにいたでしょう」（中野不二男『マレーの虎　ハリマオ伝説』）。
またチェ＝カデの回想録の中には、
豊の妻チェ＝ミノは豊と結婚して（中略）一年ほど経ってから（筆者注：昭和一六〔一九四一〕年後半か）、豊はたびたび外泊するようになり、大金を持ち歩き、同時に家にはマレー人が時々訪ねてくる。中には人相の悪い人もいる。
とある。この来訪者もまた豊の部下であった蓋然性が高い。彼らが国境を挟み、北部マレーから南部タイにかけての広域を自由に活動していたさまを窺うことができる。

マレー上陸作戦―コタ＝バルの状況

昭和一六（一九四一）年一二月八日、風雲急を告げていた日本と米英蘭三国との関係はついに破綻、ハワイ真珠湾とマレー半島とにおいて同日に戦端が開かれた。

マレー作戦は、英領マレーのコタ＝バルで、日本軍第二十五軍（近衛師団・独立混成第二十一旅団基幹）の上陸作戦によって開始された。上陸成功は〇二時一五分、真珠湾攻撃に先立つこと一時間余である。

コタ＝バルには北部マレーでもっとも整備された飛行場があった。これを占拠して制空権を掌握することは、以後の日本軍の作戦進捗を左右する重要な意味合いをもった。この時マレー半島は雨期に入り、東シナ海に面した東岸は波浪が荒く、上陸作戦は当初から困難が予想されていた。『陸軍戦史集2　マレー作戦』は、第三大隊落合軍医大尉の手記を、次のように掲載している。

二三〇〇、一斉に小夜食（握り飯）開始、終って直ちに完全武装を整え救命胴衣をつけて甲板に出る。八日〇三〇〇（?）、舟艇に移乗開始、私は舟艇（七〇人乗）の四〇番目位に移乗したが、舷側におろした縄梯子の中途まで下りると、波高二メートルの海面に浮かんだ舟艇は、木の葉のように舞い上がっては舞い下がり一、五—二メートルの上下運動をしているため、舟艇があがり切って、下り始めるところで手を離して跳び下りた。その瞬間、先に下りた舟艇上の介添者に補助されながら約三メートル位舞い下がる感じだ。直ちに席をつめて、両足を八の字に開き前席者の腰を股で抱えるように座る。やがて次の者がまた私の腰を抱えるように座る。前後左右全くのすし詰めである。艇は絶えず二メートル程の上下運動をしている。さながらエレベーターで二—三階のところを不断に上下運動をしているようなので、処々で吐気を覚える者が生じ、一人が嘔吐すると次々に伝播し、私達の舟艇が移乗完了しても第一回第一次の全舟艇が移乗を完了するまでの約一時間のうちには、私達の舟艇では約半分の者が嘔吐した。しかも身動きができず、船酔いで無我夢中であるから、前席者の装具の上から自分の膝にかけて、嘔吐を吐きかける始末である。

コタ=バル海岸。後方の波打ち際に半ば水没した英軍のトーチカが見える。（1994年、筆者撮影）

　こうして闇夜の中に集合を完了し、岸に向かった上陸用舟艇群は、強風と潮流に木の葉のように翻弄され、兵のあるものは海中に転落して波に浚われ、接岸すれば正面・側面から英軍の銃砲火に晒され、戦列は乱れて凄惨を極めた戦いとなった。輸送船団は飛来した英軍機の爆撃にあって黒煙を上げ、そのうちの一隻、航行不能となった淡路山丸は、やがてオランダ軍潜水艦の攻撃により沈没。綾戸山丸と佐倉丸の両船も、英軍の爆撃を受けながら満身創痍でパタニ・コタ＝バル間を往復、戦死者の遺体を収容しつつまた揚陸作業に従事した。

現地で日本語を教える楠元貴久（昭和三七〔一九六二〕年生。ＪＩＣＡ〔国際協力事業団〕職員）が聞いたコタ＝バル住民の伝承は、次のようである。

その時日本の軍艦（実際は輸送船）は三隻。一隻は沈没して三〇〇人の兵が戦死した。インド兵は勇敢に戦ったが英兵は逃げた（平成五〔一九九三〕年六月三〇日、コタ＝バルで、楠元の筆者への直談）。

また日吉亨が聞いたコタ＝バル住民の伝承は、次のようである。

移乗の時に舷側にかけた網を伝って下りるのだが、海に落ちたらそれっきり。戦死者より溺死者が多かった。チンタイパンタイブラフィの砲台の壕では、銃座のインド兵は鎖に繋がれていた。逃げようとすると、後方から英兵が撃つので逃げられない。そこで英兵に銃を向けたインド兵もいたそうだ（平成九〔一九九七〕年七月一四日、東京で、日吉より筆者への直談）。

日本軍と前線で対峙したマレー戦線の英軍の内実は、その多くが英印軍であったという。ちなみにこのインド兵の繋鎖について前掲の『マレー作戦』は、

最後迄抵抗したトーチカの中には、お互に鎖でつがれた印度兵が、最後の弾薬を撃ちつくし入口に這い寄って戦死していた。

と記している。

作戦部隊は地雷や鉄条網を除去しつつ、橋頭堡を確保、多くの死傷者を出しながらも進撃して、九

日海岸から約二キロ内陸の飛行場を占領した。

この浜辺のほとりの椰子林の村クアラ＝パカマに住むマレー人一女性（性名及び生年不明）は、当時のありさまをこう語る。

日本軍が夜中に目の前の海から上陸してきました。私たちは皆逃げました。翌朝軍隊を見ました。重装備でした。上陸の時沢山の日本兵が死んだそうです。その人たちを埋めた墓標は海岸にたくさん立っていましたが、今はみんな海岸の浸食で海の中に沈んでしまいました。もう五〇年も前のことです（平成五〔一九九三〕年六月三〇日、コタ＝バル近郊クアラ＝パカマで、筆者への直談）。

タイ上陸作戦―パタニの状況

第二十五軍の上陸作戦は、コタ＝バルと期を一にして、南タイのソンクラ・パタニでも行われた。ソンクラ上陸は第五師団主力基幹の右翼隊が、パタニ及びその八キロ西方のタペーの上陸は安藤支隊歩兵第四十二連隊基幹の左翼隊が、それぞれ担当した。

ここでも作戦は困苦の連続であった。前掲書『マレー作戦』は、パタニ上陸時の戦況を次のように記している。

安藤支隊六隻の船団は、（一二月）七日二二〇〇頃シンゴラ船団と別れパタニーに向かって航行し、二四〇〇、さらにタペー上陸船隊二隻はパタニー上陸船隊と別れ、それぞれ上陸海岸に向かって前進した。かくて両船隊ともに八日〇二三〇頃泊地に進入し、直ちに泛水移乗を開始した。当時この方面も他方面と同様に波浪が大で移乗は困難を極めたが、〇三三〇頃移乗を終わり、〇四三〇頃パタニー、タペー両方面ともに敵の抵抗を受けることなく上陸に成功した。しかし、第一大隊は、上陸した正面が遠浅の上に泥土地であつたので、約一、五キロの沖合で舟艇の前進を阻まれ、将兵は泥ねいに足をとられ、半ば泳ぐようにしてようやく上陸した。

支隊長は、とりあえず掌握できた支隊本部と軍旗小隊約五〇名を率いてパタニー市街方向に前進を開始したが、付近一帯が胸を没する水溜まりであったため前進に難渋した。前進すること約二〇分、ようやくパタニーに通ずる本道上に出た頃、突然北方の椰子林と南方の森林の中から猛烈な小銃射撃を受けた。さらに西方から部隊が増援し、軍旗を奉ずる支隊本部は全くの包囲下に陥った。状況は不明であるが、当面の敵は英軍でなく、どうやらタイ軍のようであった。

実はこの日一二月八日正午過ぎ、日本軍上陸作戦開始に遅れること半日にして、日本政府はタイのピブン首相との間に日泰友好条約を批准した。その結果両軍の戦闘は停止し、日本軍はタイ国の友邦の軍として、ようやく国内通過を認められることとなった。

日吉が聞いた現地住民らの回想によれば、パタニにおける戦闘は四時間ほど続いた。警察は逃亡したが、ボーイ=スカウトが銃を持ち出して戦った。日本軍は舟艇で河を遡って銃撃した。戦闘があった街中の橋は、爾来「死の橋」と呼ばれるようになった。日本軍もかなりの数の兵が戦死した。激戦の最中には、遺体の収容もままならなかったらしい。中国人テンチュン（生年不明。一九八七年頃死亡）が日吉に語った話は次のようである。

日本軍の戦死者は、ほったらかされて転がっていた。俺は夜になってから、軍の目を盗んで死体に這い寄って刀を盗んだ（伝承時期不明。パタニで、テンチュンより日吉への直談）。

また日吉にイスラム（生年不明。一九九二、三年頃死亡）なる人物が語った話は、次のようである。

俺はこの年の一二月一日、イェーメンから親戚を頼ってパタニへやって来た。親戚の本屋で手伝いをしてた。一七歳だった。パタニに着いて一週間したら、戦争が始まった。ボンボン大砲の音が物凄い。俺は家の中で震えていた。四、五時間経った頃、家の前で大勢の靴音や剣のガチャガチャいう音が聞こえる。兵隊が駆け足で通っているんだ。戸の隙間からソーッと覗いてみたら、指揮官が刀を振り上げて、部下を率いて通り過ぎていくところだった（伝承時期不明、パタニで、イスラムより日吉への直談）。

また同じく日吉の知己で、後述するドクトル瀬島正比呼のメイドであったタイ人女性イスラム＝ジョ（生年不明。一九九六年死亡）の話は、次のようである。

日本軍が攻めてきた時は、みんなジャングルの中に逃げた。タイ人も中国人も逃げたよ。捕まったら犯されるというので、女はみんな椰子林の中に隠れた。私は生まれて間もない子を毛布にくるんで逃げたのよ（伝承時期不明。パタニで、ジョより日吉への直談）。

住民たちにとって、それはまさに驚天動地の出来事であった。

瀬島正比呼医師の活動

パタニ在住の日吉亨によれば、マレー作戦の開始に先立ち、パタニに潜行して情報活動を行っていたスパイは二名。それは陸軍中野学校の中尉と少尉であったというが、これとは全く別に、開戦前からパタニには若干の日本人が住んでいた。医者・陶器売り・歯科医等々で、前述の歯科医森才太郎もその一人である。歴史の宿命として、これらの人々はさまざまの形でマレー作戦に関わってゆくこととなる。

それらの中にドクター瀬島（明治一〇〔一八七七〕年頃〜昭和三八〔一九六三〕年）と呼ばれる人がいた。名は正《まさ》比《ひ》呼《こ》。内科医でシンガポールで医師免許を取り、当時パタニ中心部の橋の袂に開業していた。

日本軍のパタニ上陸時、日本・タイ両軍の戦いは四時間に及び、タイ側に死傷者が多く出た。この時瀬島は軍服に身を包み、白旗を掲げて舟で河を下り、日本軍艦艇に乗り込んで、指揮官に攻撃中止を懇請した。またタイ軍に対しても、戦闘行為の中止を説得した。その結果戦火は止み、日本軍は上陸。ただちに銀行を接収して司令部を置いた。

瀬島は鹿児島県士族。第二十五軍司令官山下奉文中将とは、鹿児島の学校で上級生・下級生の間柄であった。そのよしみで、開戦後山下の求めに応じてシンガポールへ同行し、さらにクアラ＝ルンプールで、軍通訳として食料調達の援助活動に従事した。後日彼はタイピンで、英国人二人をかくまったことを巡って憲兵と殴り合い、相手の顔を傷だらけにした。「トワン瀬島が憲兵に連行された」と聞いて、殺されるかと近所が噂していたら、翌日釈放された。あるいは山下の縁故であったことが幸いしたものか、あるいは兵站活動の途絶を心配した軍の思惑かという。

瀬島は終戦時に英軍に逮捕され、チャンギー刑務所に送られ、パンツ一つにされていた。死刑を宣告され、死を覚悟していたら、刑の執行当日、取り上げられていた自分の服を返され釈放された。家に出入りしていたマレー人弁護士が大臣になっていて、クアラ＝ルンプールのスルタンを動かし、英軍に助命運動をしたお蔭である。

瀬島は真鶴引き上げ船第一号で帰国。すべて男ばかりの船に、夫人とモチ＝ジョ（家事手伝いの女）ともう一人の手伝い女との三人の女性を乗せ、何俵かの米俵とダイヤモンドとを携えて帰った。長崎の出来大工村（?）に住んだ後、昭和三二（一九五七）年東京に移住、昭和三八（一九六三）年に八六歳で逝去した。ちなみにモチ=ジョは二〇年以上の日本暮らしで日本語がペラペラにうまくなり、昭和四四（一九六九）年コタ=バルへ帰った。

芝浩の活動

ナラティワッのモー=チバこと芝儀一のことについてはすでに述べたが、パタニにはその弟の芝浩（明治三五（一九〇二）～昭和四八（一九七三）年）がいた。浩はバンコクから昭和一四～五（一九三九～四〇）年頃にパタニに入り、市街中央部の映画館の傍らに「芝洋行」を経営していた。浩の長男の浩一郎は、母から伝え聞いた開戦時の様子を次のように語る。

芝部隊の人々。後方左端、芝浩氏
（1943年クランタン州某所にて。芝浩一郎氏提供）

> 何でもタイ人が河で小用を足していたら、日本軍が上陸してきた。それで急いでタイ政府の出先機関に連絡に行ったのだそうです。私がパタニで生まれたのは、昭和一六年の八月三一日でした。一二月八日は私の誕生日からちょうど一〇〇日目で、家ではお祝いに牡丹餅を作っていたところで、それでたくさん牡丹餅を作って日本の兵隊さんに渡した、と母がよく話していました。（平成六（一九九四）年一一月二六日、和歌山県西牟婁郡串本町で、筆者への直談）。

これを機に浩は居をコタ=バルに移し、民間人からなる「芝部隊」を編成。現地の人望家であった日本人長老鮫島ムネスケ（生地及び生没年不詳）や、兄の芝儀一が育てた長野正一らをもメンバーに加えた部隊は、ダム建設の機材調達などを行って、日本軍に協力した。中国人の自転車屋から軍が自転車を調達する時には、浩が中に入ってその支払いを保証したこともあった。

浩はこうして芝部隊を率い、家業を省みる暇もないほど多忙な生活であったが、終戦とともにバン＝バートンの収容所に収容された。昭和二一（一九四六）年に帰国。故郷の紀州串本で余生を過ごした。

開戦時の豊とチェ＝カデ

日本軍上陸のことを豊は当然知っていたが、それをチェ＝カデら腹心に話すことはなかった。開戦の日時は軍の機密中の機密であり、それは豊にも知らされていなかったと見るのが妥当であろう。

一方開戦を直前に控えて神本は、なおマレー・タイ国境近くの英国人鉱山に踏み留まり、活動を続けていたらしいことが窺われる。チェ＝カデの回想を続ける。

　開戦前夜、俺はカミモトさん宅からユタカの家に戻ってきた。カミモトさん宅では、手紙を受け取ると同時にマラヤの三〇〇リンギッを受け取り、一〇リンギッを小さな紙に一枚ずつ包んでからポケットに入れたが、ポケット全部はお金で一杯になってしまった。俺はユタカの家に着いてから、疲れたのか眠くて困った。ユタカに手紙と三〇〇リンギッ渡したあと、俺は横になった。ユタカはカミモトさんの手紙を呼んで聞かせた。今覚えていることは、マラヤに入ったら橋を爆破しろということと、現在バンコクに軍の偉い人が二人来ている、クアラ＝カンサールに行った時、その偉い人に会うように、ということだった。

リンギッ紙幣を小分けにしたのは、いよいよ始まるマレー戦線での活動に際して、現地人工作（心付け）の用意であったかと思われる。「バンコクに来ている軍の偉い人二人」の中の一人は藤原機関長であろうが、残りの一人は誰であったのか分からない。

チェ＝カデの回想録を続ける。

疲れてそのまま俺はユタカの家で横になって寝ていたら、朝の五時頃に俺の兄がすっ飛んできた。彼は別の村に住んでいたが、すぐ近くだった。

「アデマー起きろ！　戦争が始まった」

と怒鳴っていた。途中俺の家に寄り、留守と分かるとジョを連れて一緒にユタカの家に来た。どうしよう、もしかすると俺は死ぬんじゃないかと思った。

近々パタニに日本軍が攻めてくるのはユタカが何回も話していたが、ユタカははっきりとした日は言ってないから何も知らなかった。そう言えば昨夜カミモトさん宅から戻ってきた時に、ユタカは独りで、大きなバッグに衣類やら煙草まで、いろいろの物を詰め込んでいた。俺は勝手に、ユタカと二人でどこか遠出をするんじゃないかなどと考えていたが、翌朝に日本軍が攻めてくるなどとは夢にも思わなかった。

文中の「アデマー」とは、マレー語で弟のことを指す。またジョなる女性とチェ＝ミノとの関係について、チェ＝カデはこうも語っている。

チェ＝ミノは好男子のユタカに惚れていたが、ユタカは年上のチェ＝ミノに強引に結婚させられただけであって、チェ＝ミノを全然愛していなかった。その証拠にタイの国境の町スンガイ＝コロッに俺と二人で遊びに行った時、マラヤ出身ケランタン、パセマスの五歳ほど年上のジョという娼婦に惚れてしまい、ジョをバンプーに連れてきて、俺の家に住ませたんだ。そのジョはやはり小柄だった。チェ＝ミノは年で子供は無理だったけれど、ジョにも子供はできなかった。

ユタカの家と俺の家は、一キロも離れていなかったので、ジョの話はチェ＝ミノの耳に自然に入ってしまったんだ。まあ多少の口喧嘩はあったと思うけど、チェ＝ミノも馬鹿じゃない。このままユタカと喧嘩して別れたら、チェ＝ミノにしても次の夫を見つけることは難しいと思ったんだろう。一種の諦めかも知れないが、そのうちジョとチェ＝ミノは仲良くなって、お互いの家によく行き来したり、買い物にも一緒に出掛ける時もあった。終いには姉妹のように仲良くなってしまった。

開戦の正確な日時は分からぬものの、豊はその準備をそれなりに進めてはいたようだ。チェ＝カデによれば、開戦一〇日前、おびただしいピンポン玉の中に紙片を入れて塞ぎ、近くの海にばらまいた。紙片は付近の地図で、日本軍将兵の上陸の際の便宜に供したものらしい。またチェ＝ミノの従兄弟で、今もバンプーに住むマ＝ダオ（一九三一年生）は、慌ただしかった豊の身辺について、次のように語る。

私の家は広かったもんですから、チェ＝マの品物を預かっていました。釣り竿・物差し・ピストル・刀・お金なんかがありましたが、みんな無くなりました。釣り竿は去年捨ててしまいました。日本のお金も沢山ありましたが、これも私がみんな切り刻んでしまいました。親戚の家には爆弾を溜め込んでました。六〇センチから七〇センチくらいの長さでしたね。開戦の日、チェ＝マがベトンへ出かける前に、ピストルと爆弾は川に捨てました。私とチェ＝マと村長と三人で捨てたんです。長い箱に入ってました。とても重かったですよ。（平成六〔一九九四〕年一〇月三〇日、バンプーで、筆者への直談）。

この記憶には若干の違いがあるとチェ＝カデは指摘している。出来事は開戦当日のことではなく、その三日前のことであったらしい。この日時について、回想録に付した日吉の注記には、次のように記されている。

チェ＝カデはたびたび豊の話をする時に、

「俺は他の老人と違って記憶力がよい。五〇年以上前だが豊の事をよく憶えている」

と言うので、チェ＝ミノの従兄弟のマ＝ダオが開戦当日の朝、豊は村長スカッポと一緒に俺の家に来て、預けておいた細長い重い箱を小船に積んで沖まで出て三人で海に捨てた。ピストルを捨てたのを憶えていると記憶していたので、チェ＝カデにマ＝ダオの話をすると、彼は考えることもなく、

「マ＝ダオは思い違いをしている。多分それは開戦の三日前だろう」

と言うので、

「村長の名は」

と聞いてみると、チェ＝カデは即座に、

「スカッポ」

と答えた。

チェ＝カデがこの回想を語った時は、齢八九歳。タイ人にすれば並外れた長命であったが、しかもなお記憶力はまことに鮮明であった、と日吉は述懐する。この回想録を語っておよそ半年後、チェ＝カデは長逝した。

チェ＝カデの逃避行と逮捕

開戦の報らせは豊にとっても、「寝耳に水」のことであったらしい。日本軍が上陸のあかつき、自分らがどのような運命をたどるかについて、豊とチェ＝カデとが予想をしなかったはずがない。しかし豊がその場合どうするかについて万全の計画を立てていたとは到底思われず、彼らの逃走は、どう見ても水際立ったものとは言えなかった。チェ＝カデの回想録を続ける。

バンプーでは砲撃は聞こえなかったが、パタニには大勢の日本軍が攻めてきたらしい。外を見ると暗くて分からないが、大勢の人が雨の中を外に出て騒いでいた。後から聞くとモスクには大勢の人が集まっていたとのこと。俺は気を取り直して兄に言った。

「ユタカをヤラのカミモトさんまで、無事に行かせなければならない。取り敢えずここから兄が案内しておじの家まで送ってくれ。あとはおじに頼んで豊をカミモトさんまで連れて行ってくれるように話してくれ。おじは山道を通ってヤラまで行く近道を知っている。山に入ってしまえば安心だ」

もちろん車はないので、数百メートル先の海岸から、小舟にユタカはジョを連れて乗り、大きなバッグを俺の兄が運び、小舟に積み込んだ。俺の兄は櫓を漕いだ。チェ＝ミノは心配そうな顔をして、終始黙って皆を目で追っていた。

こうして豊とチェ＝カデとは、別々の道を辿って逃避行を敢行した。その時の状況では、それが二人の永の別れであったはずだが、さりとて、しんみりと別れの言葉を言い交わす暇もなかったであろう。一方で豊を逃がしながら、自身が突然警察のお尋ね者になったことに対するチェ＝カデの狼狽と恐れとが、如何ばかりのものであったかが思いやられる。彼の回想録を続ける。

俺はしばらくして、チェ＝ミノに入り口まで送られて、雨の中を外に出た。俺はユタカのやっていることは何も知らないが、日本の兵隊がパタニに攻めてきたのだから、ユタカとはバンプーで一番親しくしている俺を、警察は捕まえるだろう。家に帰っても駄目だろう。どうしたら捕まらなくて済むだろうか、とあれやこれや考えながら当てもなく逃げ出した。けれど駄目だった。その頃にはこのバンプーでも要所々々警官が警備していて、俺はすぐヤーリンの林の中で捕まってヤーリン警察に連れて行かれた。俺は服もズボンも警察で真っ白なのに着替えさせられた。朝の六時頃だった。一人の警官は俺の頭にピストルを突きつけ、

「お前は日本のスパイだ。日本人をどこに逃がした」

と大声で叫んだ。

「俺は何も知らない」

と言うと、警官はピストルで俺の頭をつっ突きながら、

「夕方までにはもう暑くもない寒くもない所に連れてってやるからな」

と怒鳴っていた。やはり恐れていたことが事実になるのかと思うと、もう駄目だ、殺される、となんでもないことになった、と心臓がドキドキした。もうなるようにしかならないと思ったが、なかなか諦め切れなかった。

タイ警察の日本人殺害

開戦を前にして日本の諜報活動は各地で活発化し、それに対応するタイ警察の態度も緊張の度を加えていた。それを語る次のようなエピソードもある。長谷川美隆（明治四四〔一九一一〕年生。和歌山県

西牟婁郡串本町在住）は昭和一〇（一九三五）年バンコクに渡り、昭和二一（一九四六）年の帰国まで彼地に勤務した。彼は開戦前夜の日本人スパイ殺害のさまを次のように語っている。

日本人が六人殺されました。民間人でした。南タイのナコンシータ村という所でしたが、半島の真中の細い辺りで、ビルマへは一足で行ける所です。開戦前夜、一、二日前に、日本人が五、六人集まって、商売に来たと言って、中国人の家屋でゴソゴソやっている。いかにのんびりしたタイの警察でもおかしいと思ったんでしょう。これがバンコクに聞こえたわけです（平成六〔一九九四〕年一一月二六日。和歌山県西牟婁郡串本町で、筆者への直談）。

また前述のドクター瀬戸の子息の瀬戸正夫（生年不明。朝日新聞社バンコク支局勤務。バンコク在住）が日吉に語ったという話は次のようである。

ナコンツィタマラッタに日本軍が上陸した時、当地に日本人民間人が八人いたが、タイ警察は保護の名目で彼らを逮捕して虐殺した。この街は、昔山田長政が統治した所だ。日本軍は「殺してしまったものは仕方がない」と言って、タイに対して報復しなかった。マレー作戦を控えて一兵も損ないたくなかったのだ（平成六〔一九九四〕年三月、バンコクにて、日吉への直談）。

なおこの事件については『戦史叢書　マレー進攻作戦』にも、田村浩大佐の回想として、次のように記している。

八日未明、宇野支隊の一部が上陸したナコンシーターラントでは、同地在留の日本人六名が、朝食中タイ警官に踏みこまれてつれ去られ、全員虐殺される事件がおこった。この事件は大局上の考慮から一般には報道されずに終った。

日本軍の上陸以来、タイ警察が速やかに日本人逮捕の包囲網を敷いたのは、如上の緊迫した情勢があってのことである。狭い地域社会のことで、チェ＝カデと豊との交友は、地域一帯の警察がすでに把握していたのであろう。警官のチェ＝カデへの捨て科白「暑くもない寒くもない所」とはあの世のこと、彼の処刑を仄めかす脅迫であった。

豊の逃避行と逮捕

チェ＝カデの回顧録を続ける。

ユタカとジョは無事に逃げられただろうかと、心配になってきた。カミモトさんの家まで行けば何とかなるだろう。そうすれば三人で山を越えて、マラヤに出られるだろう。そうすれば日本軍と逢えるだろう。ベトンの山まで行けば、警官は探しはしないだろう、などと取り留めのないことを考えていたら、しばらくして驚いた。びしょ漏れのユタカとジョが、警官に捕まって警察に連れてこられたんだ。大きなバッグを持ってね。

俺はびっくりしたけれど、少し前に俺は何も知らないと警官に言ったばかりだから、ユタカに声をかけられず横を向いたんだ。ユタカも俺の顔を最初ちょっと見たけれど、俺に迷惑がかかってはいけないと思ってか、何も言わず黙っていた。ジョは俯き加減にしていたが、やはり落ち着かずか時々顔を上げ、不安げに目だけを動かしていた。

後から聞いたら、ユタカ一行は海岸沿いに出て、それから歩いて俺のおじの家に行こうとした途中、バンプーから北に九キロほどのタケーという村で、パーム＝コンカークルに捕まった。

このパーム＝コンカークルとは警官の名で、老いの衰えはあるが、現在もなお健在の由。平成八（一九九六）年に彼に対面した日吉から筆者へもたらされた報告には、次のようにある。

タケーで開戦当日、谷豊を捕えた（保護した）警官は当時ヤーリン警察のパーム＝コンカークル（八五歳）です。もしかすると少し発音（筆者注：名前の発音）が違うかもしれません（平成八〔一九九六〕年二月二五日付、筆者宛書簡）。

急転直下の釈放

絶体絶命、風前の灯火であった豊らの命を救ったものは、バンコクからもたらされた「ピブン首相日泰同盟条約締結」の報道であった。チェ＝カデの回顧録を続ける。

　俺が警察に捕まって四時間後の午前一〇時頃に、ヤーリン警察にパタニ市長が来たんだ。そして署長に、
「バンコックから連絡があってピブン首相は日泰友好条約に調印したので、もし収容した日本人がいたらすぐに釈放するように」
と伝えたんだ。

この件に関して、前掲の『戦史叢書　マレー進攻作戦』は次のように述べている。

　一二月八日午前九時（現地時間午前七時）ごろピブン首相は終夜自動車を飛ばしてようやくバンコクに帰った。（筆者注：同首相はタイ外務省官補らを殴打した日本軍近衛師団一将校の蛮行に憤激し、バンコクから一時行方をくらましていた。）
　ピブン首相は帰途最寄りのタイ国軍司令官に対し、日本軍に抵抗しないように命令してきたが、バンコクに帰ってからも、直ちに全軍に対し、無線をもって停戦命令を下達した。

同書によれば、首相が日本大使と条約の交渉に入ったのは、一二月八日九時三〇分。協定が成立し

たのが一二時。協定文をタイプして正式に調印を終わったのが一五時ごろとあるから、豊らの釈放の時には、首相の通達はあったものの、正式にはまだ条約は発効していなかったことが分かる。同書はまた、

そのころ南部タイの各地では、ピブン首相の命令が徹底せず、日タイ両軍間に衝突を起こしたが、正午から午後二時ごろまでには各地ともおおむね停戦することができた。

とも記している。チェ＝カデの記憶を正しいとするなら、パタニ市長の対応はすこぶる迅速であったと言わねばなるまい。チェ＝カデの回想録を続ける。

お蔭で俺は命拾いしたから、俺はホッとしたね。ニコニコしながら警察を出ようとしたら警官が打って変わって、

「日本とタイは友達だ」

と言って、一人々々が俺たちに握手するんだ。しかもお茶を出したり、お菓子を出したり、それは大変な騒ぎになった。中には煙草を吸えと出してくれる人もいるんだ。家に帰ろうとすると、

「まああおなかが減ったろう」

と、昼飯まで出すんだ。結局ジョだけ先に帰して、俺たちは警察官の相手をしていたんだ。午後になったら警官は枕を持ってきて昼寝をしろというんだ。何のことはない、二人とも一晩警察に泊まってしまったんだ。

掌を返したような警察官らの豹変ぶりは、ほとんど愛嬌とも滑稽とも言えるが、ピブン首相のこの通達がなかったら、豊とチェ＝カデとが処刑されていた可能性は高く、以後の彼らの活動もなかったこととなる。まさに九死に一生を得たの類であったろうか。

藤原機関、実働に入る

藤原岩市少佐を長とする藤原機関は、昭和一六（一九四一）年一〇月、バンコクの田村浩大佐のもとでマレー工作の準備を開始、その尖兵の土持則正大尉らは、南タイのハチャイその他に潜行して活動に従事していた。この開戦を機として、機関員は南方総軍の幕下に入り、英印軍を対象とした所定の工作に従事することとなる。藤原の著『藤原（F）機関』は、開戦とそれに伴う機関の所属の変動、実働の開始など、この間の変動について次のように記している。

この日（筆者注：一二月八日）、相次いで受領した大本営命令によって、かねて内示されていた通りに、田村大佐が担任して私がその衝に当っている諸工作（マレイ工作という名で呼ばれていた）は南方総軍総司令官寺内（筆者注：寺内寿一《ひさいち》）大将の手に移った。寺内大将はこの仕事をマレイ方面の作戦を担任する第二五軍司令官山下奉文中将にその区署を命じた。私は南方総軍総司令部の参謀に、私のメンバーはそれぞれ南方総軍総司令部の一員に転補された。南方総軍総司令官は私および私のメンバーを第二五軍司令官のもとに派遣した。そしてマレイ工作に関して、山下中将に私たちを区署する権限を与えた。私たちの仕事は開戦決意と以上の電報（筆者注：開戦決定を告知する大本営からの電報。一二月四日打電）とによって、短い準備段階から一転実働の段階に入ったのである。

私は南泰に展開している私のメンバーに大本営のこの重大なる決意を伝えて、まづ密林伝いにマレイ国境内に潜入させたいと思ったが、大事を取って差控えた。万一企図がばれたら大変だし、また中止ということが万一ないともいえないからである。丁度南泰に向う椎葉《しいば》（筆者注：椎葉佐平民間人から抜擢された藤原機関員。マレーのクダ州に雑貨商として永く居住し、スルタンにも信用を博していた）に密使として開戦の時期が切迫しつつあること、開戦の報と共にハリマオ一派は直ちにマレイ国境内に潜入し得るように準備するよう私の指令を持たせてやった。

このように、開戦と同時に藤原機関員は各自の任務に精励することになるが、豊に対しても、藤原から特別の指令が出ていたことは注目される。しかしこの藤原の命令に先立ち、マレーで豊が遂行すべき仕事の指示は、すでに土持大尉により、土持独自の判断で発せられていた。その使命とは「ペラッ河上流ダムの英軍の爆破からの防衛」及び「同河に架かる諸橋梁の爆破」（後に「英軍の爆破からの防衛」に転ず）であった。その時期について土持は、

「もう十二月になったら、いつ戦争やるか分からない状態でした。そうなっては動けないから、事前に指示しておいたんです。機関では相互の連絡はありませんでしたからねえ。そうですねえ、十一月のなかばころだったでしょうね」（中野不二男『マレーの虎　ハリマオ伝説』）

と語っている。通信手段の乏しい当時の、機関と豊とのネットワークの実態を窺わせる話である。豊は神本との接触こそありはしたものの、開戦を目前に控えたほぼ三週間、ハチャイの藤原機関とは無音のままであった。機関は激務に忙殺され、まして開戦後は混乱の中で緊密な連携を取れる暇もない。まずは開戦の暁には豊はヤラを経てタイ・マレー国境を目指す、という手筈が出来上がっていたのではなかろうか。彼の部下らとは神本利男のいるヤラか、その先のマレー国境付近で集結する段取りになっていたのであろう。開戦の報を聞いた豊が、神本のいるヤラへ脱出しようとしたのは、おそらく如上の理由によるのであろう。

豊の腹心の手下らが、この開戦前夜にどこで何をしていたのかはよく分からない。神本利男の研究者土生良樹によれば、当時豊の一党は余程のことがない限り、二人一組まとまって行動することはほ

とんどなかったという（平成九〔一九九七〕年九月二一日、東京で、筆者への直談）。おそらくは神本の指令に従い、豊とは隔絶しつつ各自が別行動を取っていたものであろう。

豊、日本軍に合流す

さて、警察からの解放後、豊とチェ＝カデとのその後の行動について、チェ＝カデの回想録は次のように語っている。

翌朝（筆者注：一二月九日）八時頃警察を出てそれぞれの家に帰ったのだが、家では母親が大喜び。昨日の朝、俺が警察に連れて行かれたと近所の人が母に伝えたので、心配していたら、昼頃にジョが戻り、チェ＝カデもすぐ警察から戻ってくると言うので探したんだが、いつまでたっても戻ってこない。俺の話を母は聞いて、驚いたり喜んだりして大変だった。

朝飯を済ませて九時頃に一眠りしようと思っていると、日本兵の乗った車が一台、俺の家の前に止まったんだ。そして兵隊は、日本人の家はどこかと聞くんだ。近所の人が日本兵の乗った車を俺の家まで案内したんだ。俺は、

「知っている」

と言うと、兵隊は俺を車に乗せ、ユタカの家に行った。近くに立っていた警官はキョトンとして見ていた。ユタカの家に着くと、ユタカは半ズボン、半袖シャツに着替えてサロンを肩から掛けていた。

「この中にお金とか大事なものが入っているから」

その時ユタカは愛用の黒眼鏡を懸けていなかったので、サロンの中に入れていたのだろう。

警察から帰宅した豊は、すでに所期の目的のために出発の準備にかかっていた。軍が迎えに来る来ないには関係なく、彼は作戦命令によってヤラを目指していたと考えられる。チェ＝カデはこの様子を見て彼との別離を悟ったが、実はこの時の道案内が、チェ＝カデをとんでもない運命に引き込むこととなった。彼の回想録は続く。

俺は兵士をユタカの家に案内したらすぐ家に帰るつもりだった。そして早く寝たかった。ユタカにしても、警察を出る時は目が赤かった。昨日のことを思い出してよく眠れなかったのだろう。俺はこれでもうユタカに会うことは難しいな、と胸が詰まる感じだった。預かっていた八〇〇〇バーツを返し、

「気をつけて行って下さい」

と別れの挨拶をしようとして手を差し出したんだ。そしたらユタカは、

「俺と一緒にマラヤまで来い。車に乗れ」

と言うんだ。俺は驚いた。

切迫した状況の中で、豊には急拵えであれ、同行の部下が必要だったのであろう。豊の誘いを受け、チェ＝カデの心は揺れ動く。二人の間には次のような問答が交わされた。

「ただユタカの家まで日本の兵隊を連れてきたんで、俺は着の身着のままだよ」

また突然ユタカと一緒に出掛けたら、母は心配するだろう。ましてや昨日危うく死にかかって助かった命、何も今更好き好んでドンドンパチパチの戦争に行くなんて、この年になるまで考えたこともなかった。ようやく助かった命、生きていたいと思った。

「俺は戦争に行くなんて嫌だ。死にたくない」

と言うとユタカは、

「俺が付いているんだから大丈夫、何も恐がることはない。心配ないから俺と一緒に来い」と言うんだ。あんまり何回も言われると、「ユタカと一緒なら大丈夫」という気になって、俺も頭を上下に振った。確かにユタカの言う通りだ。ユタカは兵隊ではない。またこんなチャンスは二度ともうないだろうと考えたんだ。そこで母に伝えてくれと、チェ＝ミノに俺は言づけを頼んだ。ユタカと一緒に出掛けるけれど、心配することはないと。

いかにも乱暴な話に見えるが、人を取り込む豊の才、あるいは彼の人間的魅力の所為であろうか。火事場騒ぎのような混乱の中で、自分でもよく分からぬ間に、チェ＝カデのマレー行きは決まってしまったようだ。

チェ＝ミノとの別離

こうしてチェ＝カデは豊とともに日本軍の進軍に参加することとなったが、一方傍らで事の成り行きを見守っていた豊の妻、チェ＝ミノの心は察するに余りある。彼女と豊との結婚生活はわずか一年半ほどで、その終局はまったく彼女の予期せぬ日に、予期せぬ形で突如として到来した。常にどことなくきな臭い豊の身辺。愛人のジョをチェ＝カデの家に住まわせる夫の不実。それらに対する彼女の心細さは推して知るべしで、それは周囲も察していたようだ。豊を見つめるチェ＝ミノの心の不安を、回想録は、隣人ニ＝ジョ女の口を借りて次のように語っている。

そのうちチェ＝カデとユタカが仲良くなり、どうもチェ＝カデがユタカの走り使いをしている様子。チェ＝カデがユタカと会った日は必ず近所の人と飲んだり食べたり。どうもチェ＝カデはユタカにお金を渡している様子。チェ＝カデにそれを聞くとチェ＝カデはユタカのお父さんの遺産云々とのこと。ホッとするのも束の間、その頃にはこの辺鄙な土地にも、日本軍がマラヤに攻めてくるらしい、との噂。ただの噂と違って、時にはシンガポールからタイに移住する日本人や貿易商の話は真実性があり、その噂とユタカの行動で、チェ＝ミノはユタカが日本人であるだけにうすうすユタカとの別れを本能的に肌で感じていた様子。そして今、今度は堂々と自分から去り行こうとする夫。自分を愛していなかったその夫に、チェ＝ミノは、

「貴方は私から去っていく。もう二度と私のもとには戻ってこないでしょう。でもそれは貴方にとってよいことかもしれない」

と涙を流しながら話していた。

強引に結婚させられた愛していないチェ＝ミノ、一方で愛していながら別れなければならないジョ、二人の妻と近所の人たちに見送られて、日本軍の車に乗ったユタカの気持ちは複雑だったろう。

こうして豊はバンプーの家を出た。短い間ながら豊が生活を共にした家族や隣人らとの、これが永遠の別れとなった。チェ＝ミノの予感通り、爾来彼女が豊と生きてまみえることは二度となかった。

戦線へ

豊とチェ＝カデとを乗せた車は、バンプーからパタニへ向かった。この時の自動車は無蓋のトラックであったであろうか。雨期の始まりで、ずぶ濡れになりながらの道程であった。河川の護岸工事を十分に施していない南タイの町や村落は筆者も実見しているが、大雨が降れば忽ち濁流が溢れ、道路

や家々に水がなだれ込む。建物の冠水を恐れ、人々は家の二階に家具を移し、避難するなどの騒ぎになる。現在でも変わらぬ当地の風景で、ここに在住する日吉亭によれば、家の裏のパタニ河の上流からは年に一、二度は人の死体も流れてくるという。

この雨中のパタニ行きをチェ＝カデは鮮明に覚えていて、次のように話している。

　我々を乗せた日本軍の車は、雨の中をパタニ市内に向かったが、あちこちで河の水は溢れるほど増水していた。道々にはポツリポツリ警官が立っていて、時には俺の方を睨む警官もいた。途中二人の警官に逢った。その一人は昨日俺を捕らえてから、俺のことを日本人の友人だからお前はスパイだ、殺してやる、と言って、

「ロンジンタイハー（タイ語で「ぶっ殺すぞ」の意）」

という悪い言葉を使っていた。一人は若い警官だった。ゆっくり走る車に近づいてきたので、車はストップした。俺は少し怖かったが、そうではなかった。若い警官はびしょ濡れの俺の頭にその警官の帽子を被せてくれたのだった。親切な警官だった。

　パタニ市内に着くと、あちこちで水が上がっていた。家々の戸が閉められて町の人々の姿はなく、ただもう日本の兵隊だけだった。あとから聞くと、大半の人たちは家の中から恐る恐る外を窺っていたとのこと。兵隊たちは忙しく動き回っていた。

　トラックが、乗用車があちこちから集められてきた。日本軍によって接収されたそれらの車に日本の兵隊たちは乗り、四時頃にヤラに向かって出発した。

パタニにおける安藤支隊とタイ国軍との戦闘は、チェ＝カデが着いた頃にはすでに終わり、同市を確保した支隊の先陣は、すでにマレーへ向かって出発していた。これに続く諸隊も次々に先遣隊を追

尾していた。チェ＝カデが見たのは、その後続の隊であったのだろう。タイ・マレー国境に通ずる道路は、日本軍将兵と車輌とが続々と連なっていたと思われるが、この道路は現在ヤラ市辺までは立派に舗装されていて、道幅もかなり広く、幹線道路としての交通量が確保されている。

マレー半島を南下してシンガポールを目指す日本軍の進撃がいかに急であったかは、各戦史が常に語るところであるが、それはこの安藤支隊の行動にも如実に現れている。ただその急進の意図に反し、雨期の行軍は膝を没する泥濘に妨げられて、難渋を極めることとなった。

前進する銀輪部隊
(撮影日時・撮影地不詳。荒金義博氏提供)

ちなみにこのタイ・マレーの戦場で、日本軍を前線に運ぶ交通機関として最も有効であったのは自転車であった。これを駆使した自転車隊は「銀輪部隊」の名で名高い。鉄兜を被り銃剣や背嚢を背にペダルを踏み行く兵士らの姿は、今でも当時の記録映画などで偲ぶことができるが、南国の暑熱に焼けたアスファルトの上を走るタイヤは、長駆すればパンクし、兵士らは破れた車輪の上に縄を巻きつけて前線を目指した。その縄タイヤが地面をカタカタと回る音が、沿道の住民の眠りをおどろかしたものだという。

これら自転車は、現地人から軍が買い受け調達した。その下検分には、既述の民間人出身の藤原機関員鈴木退三も従事した。大南公司の商売人を装いながら現地各地を巡歴し、「この町には何台自転車がある、あの町には使えそうなのが何台ある」と、密かに調査した（中野不二男『マレーの虎　ハリマオ伝説』）。自動車の徴用も、おそらく同様の仕方でなされたものではなかろうか。チェ＝ミノの父はトラック数台を持っていたが、すべてが日本軍に徴用されたという。

ヤラでの再会、新しい部下

こうして豊とチェ＝カデとは、やがてヤラに着いた。ここで豊は藤原機関の面々と合流した。前掲の記事といささか内容が重複するが、『陸戦史集2　マレー作戦』には次のように記されている。

パタニー、タペーを占領した安藤支隊長（安藤大佐、歩兵第四二聯隊基幹）は、全般の情勢を判断して、速やかに一部を国境付近に突進させることに決し、八日一五〇〇頃、第一大隊主力をヤラーを経てベトン付近に向かって急進させた。九日一五〇〇頃、支隊長は、第一大隊とともにヤラー部落に入ったが、この時、予め潜入していた藤原機関の少尉三名、石原産業社員二名およびハリマオこと〝マレーの虎〟と通称されていた谷豊ら六名に会い、これらを各大隊に配当して協力させることにした。

同書によれば、安藤大佐がヤラに入って豊らと会ったのは、一二月九日一五時以前であったという。これは同日一六時頃にパタニを出発したという、チェ＝カデの記憶と矛盾する。豊らを乗せた車が仮に一〇時頃バンプーを出発したとして、雨中でも正午前にはパタニに着くであろうし、先を急ぐ一行がそれから四時間も同市に留まっていたとは考えにくい。これはやはりチェ＝カデの記憶違いで、『マレー作戦』の記述の方を正しいとすべきであろう。

ここに記された少尉三名の中、一名はおそらく米村弘。以後シンガポールに向けて豊と共にジャングルを踏破する藤原機関員である。

豊はヤラで神本には会えなかった。神本は将兵への兵站物資供与に奔走した後、本務遂行のために前線へと赴いていったのであろう。土生の書にあるラーマンもまた、これに従っていたらしい。

新たな部下の参加

ヤラに赴いた豊について、前掲『マレー作戦』は引続き次のように記している。

谷豊なる人物は三〇才に満たない日本青年であった。彼の一家はコタバルに居住していたが、日支事変の当初、華僑の排日運動が激しかった頃、その襲撃を受けて妹が虐殺されるに及び憤然として匪賊となり、巧妙な行動と義侠的態度によってその頭目となり、当時コタバルを根拠とするマレー地方匪賊の巨頭であった。最盛時には現地人約三千人を擁しマレー人の間に相当な信望を集めていたが、英官憲に追われて南部タイに潜伏し、当時駐タイ国田村武官を頼ってきたものである。

豊の故郷をコタ゠バルとしている点、彼が自ら田村武官を頼ったとしている点など、記事に若干の誤謬がある。三〇〇〇人という部下の数も、噂の域を出るものではない。反英匪賊に関して付言すれば、かつて筆者の大学に留学していたマレーシア人の女子学生の曾祖父は、ヌグリ゠スンビラン州の山中で、やはり匪賊の頭目として反英活動に従事していた由。貧しいマレーの民衆が反英国の旗幟のもとに大同団結することはしばしばで、決して豊だけの特例ではなかったようである。かつ又その傘下に参集する者が、必ずしも筋金入りの強者ではなく、その理想も高邁なものばかりでなかったことは、豊らがヤラで行った部下の急募のさまを見れば明らかであろう。チェ゠カデの回想録は、その実態を次のように語っている。

ヤラに着いて、俺はたった一人のタイ人だから、ユタカが一緒でも心細かったので、ヤラ＝コタバル（筆者注：ヤラの一地区の名）に着いた時、俺は四人の金細工師の友人に、

「一緒にマラヤまで行かないか」

と声を掛けた。ウェ＝ダラメ、ウェ＝サホル、兄弟のウェ＝フセイン、ウェ＝ハッサンだった。四人は俺と同じように、日本軍についていって戦争をするのは嫌だというので、俺は、

「日本の兵隊は強いから大丈夫だ。心配ない」

と言うと、四人は戦争で死にたくないと言うんだ。俺は必死になって、

「それじゃケダに入ったら、日本の兵隊の後についていって、金持ちの家から金目のものを盗もうじゃないか」

と言うと、四人も納得して、

「そうだな、それなら弾丸に当たって死ぬこともない。タイに戻った時は金持だ」

と言って大喜びでついてきたんだ。

彼らはチェ＝カデと同年齢、全員がほぼ一〜二歳の違いしかなかったという。以上から分かることであるが、彼らにマレー行きを勧めたのは、豊ではなくチェ＝カデであった。チェ＝カデはバンプーへ行って豊と邂逅する以前、この街で金細工を生業としていたことはすでに述べた。この友人らの参加の動機が、別段民族の大義のためでもなく、火事場泥棒もどきの荒稼ぎにあったというのは、儲け話に熟慮なく飛びつく庶民感情を窺わせて奇妙なリアリティがある。

しかし確固たる理想も信念もなく戦に参加した者たちが、戦線の労苦に耐えられるはずもなく、ウ

エ＝サホル、ウェ＝フセイン、ウェ＝ハッサンの三人は、クダに入るや病と称してたちまち脱落した。マレーの華僑らはすでに逃散し、彼らが当てにした財宝など何も残っていなかったらしい。かつまたウェ＝フセイン、ウェ＝ハッサンの兄弟二人には、タイ国法により国内帰還を拒否されるという悲劇が待ち受けていた。そうして後述するように、独りウェ＝ダラメという律儀な男だけが、まさに運命的に豊と行を共にすることとなったのである。

マレー国境へ

こうしていささか頼りない部下を獲得した豊らは、彼らを率いて軍用トラックに乗り、ヤラの街を経て、神本の家があるタン＝ガーデンを目指した。兵站基地としての神本宅には、日本軍将兵がすでに充満していた。彼ら人員のほとんどは上陸以来、徒歩行軍によってここまで辿り着いたもののようであった。一兵士が神本宅の庭先の木の果実をもぎって口に入れたが、それには独特の食べ方があるのを知らず、「渋い」と怒って投げ出した、とは現地訪問の際に筆者が同行のタイ人マノチ＝ラーマンから聞かされたエピソードである。ちなみにこの大樹は、今もその庭に果実を実らせつつ、そのままの姿で残っている。

豊らの到着を待たず、神本は任務のためにすでにこの地を離脱していた。この間の事情を、チェ＝カデの回想録は次のように語っている。

それからは日本軍の車は、深夜カミモトさんのいるタン＝ガーデンに着いてストップした。俺たちはカミモトさんを探したが、暗い上に大勢の兵隊がいるから、カミモトさんを見つけるのは無理だった。カミモトさんの家の前で、小雨の中、白人の工場から持ってきた沢山のドラム罐で飯が炊かれた。そして飯が炊き上がると、手で押さえられ丸くなった御飯（筆者注：握り飯の意）、カミモトさんの家にあった魚の罐詰が一人々々に配られた。そして夜中の一二時頃になって食事が始まった。俺はカミモトさんの家に、豊によって運びこまれた沢山の罐詰や米などがあったのは知っているけれど、この有様を見て、俺はつくづく日本の軍隊は頭がよいと思った。戦争が始まる前から、何から何まで用意されていたんだから。その間に日本軍の車に、カミモトさんの家にあった食料品などが積み込まれ、食事が終わるとそれぞれの車はベトンに向かって出発した。

チェ＝カデが記憶する日本軍兵士の食料が、かつてバンプーに密かに陸揚げされ、豊の手を経てヤラの神本宅に備蓄されていたものであったことは、すでに述べた。

ちなみに『マレー作戦』によれば、同作戦の補給品および作戦用資材は、主として南部仏印サン＝ジャック（サイゴン南方）に集積されていた。作戦初期の兵站上の問題点は、これら多量の物資をいかに迅速にマレー半島に輸送するかということであり、その方法として、カンボジアのプノンペンまで自動車で輸送し、以後タイ鉄道によってバンコク、チュンポン、ソンクラを経由するものと、「海上トラック」と称する五〇〇〜一〇〇〇トンの徴用船によって直接ソンクラ、コタ＝バルなどに陸揚げするものとが考えられた。しかし開戦前においては、そのいずれをも確実に期待することが困難であったので、軍は各作戦部隊に一週間分の補給品を携帯させたという。神本宅の備蓄の品々は、チェ＝カデが驚いたように、まさにこの非常時に備えての日本軍の知恵の結果であった。

さはあれ神本宅の物品は、需要の全体から見れば微々たるものであった。日本軍にとっては、ヤラを経てマレー国境を越え、シンガポールに通ずるマレー鉄道の利用は、兵站物資の前線輸送のために必要不可欠のものであった。工兵隊は破壊された鉄道の復旧に全力を投入した。前述のドクトル滝川虎若夫人が、夫の留守中（筆者注：滝川は開戦後即時ハチャイで応召。ハチャイ司令部に勤務後、通訳としてシンガポールへ赴く）ヤラからコタ＝バルへ向けての物資の汽車輸送のため、多大の協力を惜しまなかったというのも、戦中の現地邦人の姿を彷彿とさせる話である。

タイ・マレー国境を目指す日本軍の行軍は、難渋を極めた。一二月頃からこの地帯は雨期に入る。筆者も平成六（一九九四）年一二月初め、当時の日本軍や豊らの追体験をしようと、パタニ・ヤラを経て国境を目指したが、幅広く快適な幹線道路は、ヤラから山地に近づくにつれて狭隘となり、折からの雷鳴と激しい雨の中、車は舗装もない道の泥に車輪を取られ、激しい上下動を繰り返した。タン＝ガーデンを過ぎた辺りで、「これではとても無理です。またの機会に出直しましょう」と同行のマノチ＝ラーマンに止められ、国境の方角を空しく遠望したことを思い出す。

タン=ガーデンからタイ・マレー国境を望む
(1994年12月、筆者撮影)

開戦当時の雨中の強行軍の思い出を、回想録は次のように綴っている。

けれどだんだん山に近づいてくると、道はどんどん悪く、泥沼のようになってしまい、車はまったく進まなくなってしまった。そりゃもう大変だった。兵隊全員が、歩いていった方が早いんじゃないかと思ったほどだった。

その中兵隊たちは、乗っている車から何時積み込んだのか鋸を持ち出し、山に入ってラタン（筆者注：同地方に生える樹木の名）を伐ってきて、それを車の前に敷き、車が動きだすとまたその前にラタンを敷くという方法で車を動かすのだけど、これには二度びっくりした。日本の軍隊は何でも用意している。この様子では、日本の兵隊たちは家の一軒や二軒、朝飯前に建ててしまう。

後年語り草となった、工兵隊の働きぶりを窺わせる話ではある。如上の状況下で、安藤支隊は国境を越え侵入し来った英軍と戦闘を交え、これを撃退しつつ一二月一四日に国境の街ベトンに到着した。大戦後には、マラヤ共産党の拠点として有名になった所である。

チェ＝カデによれば、軍のトラックは雨期の凸凹の悪路のために止まり止まりし、パタニからこのベトンまで二日一晩かかったという（平成六〔一九九四〕年一〇月三一日、サイブリで、筆者への直談）。また『マレー戦記』によれば、支隊はこのベトンに包帯所を開設。開戦以来の重軽傷者約八〇名と軍医一名とを残置して、さらに国境を目指し、一二月一五日ついにタイ・マレー国境を突破して、マレー側の英軍駐屯地クローに進入した。パタニ上陸以来、実に一週間を費した難行軍であった。クローはマレー・タイ国境に近く、クダ州の中に楔状に突出したクランタン州末端の都市である。

豊ら別働開始、山岳に入る

軍用トラックの進行のあまりの遅滞に業を煮やした豊らの一行は、ベトンの手前で軍と行路を分けて別行動をとることに決した。もともと彼らには軍に先行し、マレー国内の英軍を相手にゲリラ活動を行うべく指令が下っていた。この間の事情を、チェ＝カデの回想録は次のように記している。

翌朝（筆者注：一二月一〇日朝）ユタカは、亀が歩くような車の進み具合に、ジャラン＝アル

ノリカンという村に着いてから、俺たちに、
「この状態では、兵隊たちと一緒にマラヤに行くのはとても無理だから、歩いて行こう」
と言うんだ。そこでいくばくかの食料を貰い、各自がサロン等に包んで、ユタカの真似をして肩から懸けて（筆者注：襷がけの意か）車から下りた。

チェ＝カデがパタニの日吉亭に語った直談（平成六〔一九九四〕年一〇月頃、パタニで）によれば、この時豊は民族服に身を包み、腰にはピストルをぶち込み、ソーセージ状にくびれを入れた細長い米袋を襷にして肩に懸け、竹筒の水筒を下げていた（筆者注：この米袋は豊の死後、遺品として他の物品とともに故郷福岡の谷家に届けられた）。ピストルはチェ＝カデにも貸与された。

回想録中の、ジャラン＝アルノリカンという村の詳しい位置については、よく分からない（筆者注：ベトン出身、プリンス＝オヴ＝ソンクラ大学のアルニー＝チェンスリヴィロート教官に訊ねたが、判然せぬ由）。従って、後述のようにクダを目指したという豊らの道筋は明らかでないが、この幹線道路と平行して歩いたにしても、その左側を行けばペラッ州、右側を行けばペラッ州をすぐに通り越してクダ州に出るから、あるいはクローを目指して幹線右側の山道を選んだのではなかろうかとも憶測される。

この時を境に、彼らは軍の別働隊となってほとんど正規の道路を行かず、ジャングルに分け入り、道無き道を跋渉し、英軍を相手にゲリラ活動を行いながら遥かなシンガポールを目指すこととなる。

彼らがマレー側のどの地点に出たかについても、それを証する記録はない。パタニの近郊クルセッに住むイブラヒム＝ハジ＝ハジャ＝アワン（一九二八年頃生？）は、筆者が提示した豊の写真を見、彼をベトンとベリンで目撃した、とその記憶を次のように語った。

この日本人は戦前よく見掛けたよ。顔はよく覚えてる。住処がどこにあったかは分からない。クルセッに長くいたことはなかったね。来てはどこかへ行き、来てはどこかへ行き、それをを繰り返していた。いつも一人でやって来た。この辺には日本人の医者が三人いたが、その医者の家に泊まってた。医者の一人はムスリムで、パタニに住んでいた。

この男はマレー人の着物を着て、ごく普通の生活をしていた。格別のことは何もしていなかった。たぶん情報を集めていたんだろう。戦争の時からタハン（筆者注：兵隊のこと）になったんだ。ムスリムで良い人間だったから、村の人間は彼を愛していた。ギャングのリーダーだったことも知らなかった。

戦争が始まって、俺は日本軍が借り上げた自動車の運転手に雇われて国境へ行ったけれど、その時ベトンとベリンでこの男を見た。その時には軍服を着ていたね。

この辺にはこの男の他にも、陶器売りなんかも来た。その陶器売りもここに住んでいたのではなくて、他の日本人と一緒にいた。サイボリング＝タイヤを扱う日本人もいた。ほとんどが情報スパイだった。よく地図を持って歩いていたね（平成六〔一九九四〕年九月五日、クルセッで、筆者への直談）。

イブラヒムが見たのが本当の豊だったとすれば、遠からず彼はベトンに出、さらに国境を越えてマレー側のベリンを通過したことになる。彼が医者の家に宿泊していたというのは、前掲の歯科医師、森才太郎の体験とも照らして興味深い話である。

ただ、当時一四歳程度だったであろうイブラヒムに自動車の運転ができたかどうかについては、一点の疑念が残る。またこの時に豊が軍服を着ていたという話も、よく理解できない。彼が出発に際して半ズボンの出で立ちであったとの話は、チェ＝カデも語っているが、あるいは日本軍の軍装を見慣れぬイブラヒムが、豊の服装を軍服と見誤ったものか。またこれはそもそも豊本人ではなく、例えばナラティワッの芝儀一に寄宿し、軍に協力していた例えば長野正一のような民間人の誰かを見誤ったものか、その辺の事情は誰にも分からない。

ふたたびチェ＝カデの回想録を続ける。

さて六人とも車から下りたのはよいけれど、誰もケダに出る道を知らない。迷子同然、ただ道を歩くだけだった。大分経って横道があった。この方向がケダだろうと思い、入ったものの、もっと酷い泥道だった。とてもじゃないけど、案内人がいなければケダまで行くのは無理と、我々は案内人を探したが、山の中は人っ子一人歩いていない。どこがどこやらさっぱり分からず、ただ当てもなく歩く始末。腹が減って生米を齧りながらフラフラ歩いていたら、小さな村に着いた。大きな竹を伐って井戸の水を入れ、それを各自腰にぶら下げて歩いていたら、二人の若い男に逢ったので、

「ケダまで道案内してくれ」

と聞くと、二人の男は、

「とんでもない」

と言って手を振った。

「何とか一緒に」

と言うと、二人は、

「ケダまでとても遠いし山も谷もある。川は一〇〇ぐらいある。雨で増水していてとても無理」

と断った。俺たちは途方にくれた。そこで俺は少し無茶だけど、最後の手段でユタカから預かっていたピストルを突きつけ、
「もしあんたたちが道案内を断れば、この日本人はあんたたちを射殺するだろう」
と脅した。ユタカは一人三〇〇バーツ出すというと、二人は顔を見合わせていたが、殺されるよりもお金を貰った方がよいと考えたのか、道案内を承諾した。そしてケダに向かって出発した。

チェ=カデ、豊と訣別す

もしこのままの状態であったなら、チェ=カデは当然ゲリラ部隊の中軸メンバーとして豊に従い、国境を越え密林を踏破し、やがてはシンガポールに到達したのかもしれない。しかし突然予期せぬ事態が出来した。チェ=カデの発病である。

俺たちはホッとして歩き出したのだが、途中で俺は股の付け根がマンゴーのように腫れ上がり、熱も出てきて、もう一歩も泥沼のような道を歩くことができなくなってしまった。

おそらく持病が、行軍の過労によって再発したのであろう。この病について、あるいは第四性病ではなかろうか、と日吉亨は推理している。第四性病とは梅毒、淋病、軟性下疳に次ぐ第四番目の性病の意で、鼠蹊リンパ肉芽腫症のこと。鼠蹊部のリンパ腺が異常に腫れ上がるのが主症状である。あるいは豊らとともに売春窟に出入りする中に、罹病したものであろうか。衛生状態がよくなかったかつてのタイでは、珍しい病ではなかった。

このため彼は国境を目前にして豊らと訣別することになるが、「幸と不幸とはあざなへる縄の如し」の喩えの通り、この病がなければ、あるいは彼はマレーの戦場に命を落としていたかもしれない。

藤原（F）機関の腕章
（豊の遺品。谷家所蔵。1994 年、筆者撮影）

たしかアンカ（筆者注：位置未詳）という村だったろうか。

この村に着いた時にはユタカも、

「チェ＝カデは我々と一緒にはとても無理だから、バンプーに帰れ」

と言うんだ。確かにこのままでは皆の足手纏いになる。俺は残念だったが家に帰ることにして、ユタカから借りていたネックレス（筆者注：金のネックレス。護符の類か）とピストルを返した。

ユタカは別れる時に俺に三〇バーツをよこした。そして手紙を書き、

「もし日本の兵隊に逢ったらこの手紙を渡すように」

と言った。書き終わって、ユタカは手紙の内容を話してくれた。このチェ＝カデは、これまで日本軍のためにいろいろ協力してくれた。一緒にマラヤまで行こうとしたが、体の具合が悪くなり、パタニに戻るので、ぜひ面倒を見てやってもらいたい、というものだった。また何か兵隊に疑われてもいけないからと、小さな布（筆者注：藤原機関の腕章の類と思われる。白地に赤く「F」と記す）をよこした。俺はそれを腕に付けた。


こうしてチェ＝カデは豊らと別れた。それが彼らの永訣となった。

チェ＝カデはバンプーを目指して帰途についた。

チェ＝カデ、バンプーに帰還す

山巓を攀じながらマレー国境へ向かった豊の一行と別れ、チェ＝カデはバンプーへと引き返した。病躯に鞭打ち、ただ独り見知らぬ泥濘の悪路を辿った彼の心情は察するに余りある。その彼を危険から護ってくれたものは、警官が呉れた帽子、豊から貰った金子三〇バーツ、同じく豊が彼の身元を保証した書き付けと布切だけであった。彼の回想録はさらに続く。

一行と別れて痛む足を引きずり、今来た道を戻り、夕方（筆者注：一二月一〇日か）一つの村に着いた。警官の帽子を被り、そしてびしょ濡れになりながら跛を引き歩く俺を見て、村人はどうしたのかと訊ねた。俺は用事があってこの近くまで来たけれど、体の調子が悪くなったので戻るところだと言うと、村人は一枚の古いサロンを呉れて、一つの小屋に案内してくれた。平和な時なら夜、唄や踊りで賑やかな市場も、戦争が始まってから小屋はひっそりとしていたので、その小屋に入り、濡れた衣類を干し、村人から貰ったサロンを付けて寝た。

翌日（筆者注：一二月一一日か）ヤラ、アンパー、バランスターに着くと、日本の兵隊たちに遭った。赤布のためか、なぜ戻るのかと聞かれた。俺は、

「体の具合が悪くなったのでパタニに戻る」

と言って手紙を見せると、兵隊は手紙を読み始めた。俺はその間、靴の中の泥を水で洗っていると、別の兵隊が車に乗れと言った。俺が車に乗ると、兵隊は煙草を一本呉れた。道路は洪水になっていたが、車はそのままパタニに向かって走った。

翌朝（筆者注：一二月一二日か）日本軍の飛行機が、何機も轟音を立てながらマラヤに向かって飛んでいった。

家まで送ってもらうと、母は、チェ＝ミノからチェ＝カデがユタカと一緒に兵隊の車でマレーに向かったと聞いて、何で息子は親の心配など気にしないで出掛けるのだろう、もう戦死でもしたのだろうかなどと、イマム（筆者注：イスラム教の導師の意）に相談に行ったりしていた。息子の出奔を知った母親の怒りと不安、その息子の突然の帰宅を見た彼女の驚きと喜びも推して知るべしであろう。

チェ＝カデと豊との協同生活は、こうして終わった。それは同時にチェ＝カデにとって、日本軍やそれに纏わる諜報活動など、当時の日本の一切との関係の終焉でもあった。豊によって作られた彼の幸不幸は別として、それは彼の八〇余歳の人生、ほとんどが平穏で平板な彼の人生の中で、青春の一時に前触れもなく忽然と襲来し、去っていった、まことに不思議な事件であった。

付言すればさらにそれから半世紀の後、豊の弟谷繁樹や、筆者や、その他豊の生涯を追跡する日本人らが、目の前に突然現れ出て来たこともまた、晩年の彼にとっては驚愕の出来事であったろう。

チェ＝カデはこの行軍のあと、薬を飲んだりして静養しながら徐々に回復し、やがて少しずつ仕事にも就くことができるようになった。彼が豊のその後の運命を知ったのは、軍とともにシンガポールへ進軍し、ウェ＝ダラメを伴って帰還したパタニの歯科医師、森才太郎の口を通してのことであった。

第三章　マレー・シンガポール作戦

佐伯部隊、英軍ジットラ陣地を抜く

昭和一六（一九四一）年一二月八日払暁、タイのソンクラ・パタニの二方面に上陸した日本軍は、マレー国境を越え、シンガポールを目指した。

マレー・シンガポール作戦の緒戦においては、タイ・マレーの国境に近いジットラの攻防戦について特記する必要がある。

ジットラ陣地はマレー北部最大の軍事拠点であった。この陣地は、土生良樹の書によれば、かつて神本利男や豊らがサダオにアジトを置き、諜報工作・妨害工作に従事した所であった。神本に兄事したラーマンが土生に語ったところによれば、この作戦に役立てたジットラ陣地の地図は盗品ではなく、神本自身が発案し潜行・偵察して自ら作り上げたものであった。すべてを鵜呑みにせず、自分で確かめるのが神本の信条であった。マレーの貧しい民のように裸足で足を血だらけにしながら、苦痛を訴えることもなく工事現場を細かく検分する神本の姿を見て、豊は神本に初めて心服したのだという（平成九〔一九九七〕年九月二一日、東京で、土生の筆者への直談）。

神本らの工作が功を奏してジットラ陣地は労力が確保できず、構築未了であったが、数線のトーチカと屋根型の鉄条網とで武装され、対戦車地雷、通信線が敷設されていた。

『マレー進攻作戦』によれば、これを守備するのは印度歩兵第十一師団の二個旅団（第十五旅団・第六旅団）、兵員はおよそ五四〇〇名で、これに拠った英軍は、少なくとも二か月は日本軍を持ち堪えるとしていたが、この堅塁を佐伯挺身隊（捜索第五聯隊基幹。長 佐伯静夫中佐）はわずか一昼夜で突破した。

第五師団主力は、さらに一三日にアロル＝スタールを、一九日にペナン島を、二三日にタイピンを占領。二八日にはイポーに進出して占領することとなる。

藤原機関・IILの活動

藤原機関は、かねてから秘密裡に接触していたインド独立連盟（IIL）と呼応し、開戦と同時に最前線での活動を開始した。開戦に先立ちバンコクにおいて、田村浩大佐と、同地に潜伏中のIIL書記長プリタム＝シンとの間には、すでに活動の覚書も交わされていた。藤原は一二月一〇日、盟友プリタム＝シンを伴い、バンコクから飛行機でソンクラへ出発。第二十五軍司令部で、参謀長鈴木宗作中将から命令を受けた。その指令内容がいかに膨大な内容であったかを、藤原は書中で次のように記している。

参謀長は藤原機関を編成し直ちに行動を開始すべきことを命じた。その任務は、私が前に山口中尉を派遣して報告させておいた田村、プリタム＝シン覚書の趣旨に基いてIILの運動を支援することを藤原機関の任務の重点として指示した。（各作戦軍縦隊に連絡班を派遣して作戦部隊より印度兵捕虜を接収し、IILの工作を容易にすべきことを付言した）そのほかマレイ青年同盟およびハリマオを通ずるマレイ人に対する宣伝や田代氏の担任する華僑工作を並行するように要求した。これらの仕事のほかに、参謀長は英軍が退却に当って各州のサルタンを連行する恐れあることを指摘し、その救出保護にも努力すべきことを要請した。なおその上に、将来、軍はスマトラに作戦するようになるだろうから、スマトラ住民を日本軍に協力させる工作ができないものであろうかと尋ねた。（中略）僅か一一名のメンバーしかもたない私に与えられた任務は、以上のごとく際限のない広汎な仕事であった。

任務の重点とされた「IILの工作」とは、英軍中のインド人将兵を投降せしめ、これをもってインド独立のためのインド国民軍INAに参加せしめようというものであった。

軍司令部からは一名の兵も、一台の自動車も与えられぬまま、藤原機関は徒手空拳で活動を開始した。藤原はまずハチャイに進出して大南公司に機関本部を設置。プリタム＝シンもまた一二月一〇日ハチャイにIIL本部を設置し、三色地に紡錘車を配したインドの国旗を掲げた。爾後藤原機関員とIIL宣撫班員とは、相携えて前線各方面に向かい、インド国民軍設立のため、英印軍への宣伝・宣撫活動に挺身することとなる。

一二月一三日には陥落したアロル＝スタールに藤原機関とIILとの本部を開設、藤原とプリタム＝シンとが民衆に向かい活動の趣旨を訴えた。

さらに一二月一四日、二人はジットラの戦闘で敗れアロル＝スタール東方のタニンコまで敗走し来たった英印軍一大隊に対し、無武装で投降の説得に赴き、これを帰順させた。

豊、英軍の貯水池ダム爆破を阻む

さてマレーに進入した豊は、どのような行程を辿ったのであろうか。

豊には数人の部下と、藤原機関員米村弘少尉とが同行していた。残念ながら、これからシンガポールに至るまでの彼らの足取りについては、所々の点が確認できるだけで、それを結ぶ線については詳細が判明していない。日本軍と関わりながら豊がどのように行動したかについても、資料は多くは残っていない。

前掲諸書によれば、安藤支隊（第四十二聯隊基幹。長　安東忠雄大佐）は一二月一五日タイ・マレー国境を突破し、国境守備隊の駐屯地クローに進入した。クローからグリクに至る約六〇キロは、ペラッ河上流に沿うジャングル地帯であった。道は雨によって泥濘に変わり、断崖絶壁は前進を妨げ、橋は補強なしでは渡れず、自転車を担い、重火器・山砲を曳いて前進する兵士の労苦は言語を絶したという。

一二月一八日、支隊先頭はグリクに到着。道はここから自動車道になったが、この頃偵察飛行機の通報により、朝以来クアラ＝カンサールを経てレンゴンに向かう英軍部隊、また別途イポーからクアラ＝カンサールに向かい北上する英軍部隊があることが捕捉された。この部隊は、ペラッ河上流のチェンドロー（貯水池）＝ダム北方で安藤支隊を邀撃すべく北進中であると思われた。安藤支隊長はこの敵を撃破して可及的速やかにクアラ＝カンサールに進出すべきことを決断、自ら自転車に乗って南進を開始、ジャングルの中を砲火を浴びつつ前進を続けた。豊がチェンドロー＝ダムやペラッ河の大橋梁を英軍の破壊から守るべく、全力を上げたのはこの時のことである。『マレー作戦』は次のように記している。

この頃、支隊長は、谷豊をクワラカンサルに先遣してペラク河橋梁の破壊防止にあたらせた。谷豊は異郷の地に日本人として日本軍に協力できる喜びと誇りに感激し、勇躍して出発した。

藤原機関の土持則正大尉の証言にも明らかなように、橋梁に関するこの種の命令は、もとより安藤支隊長により初めて発せられたものではなく、すでにヤラで豊に邂逅した土持によって出されていた。土持は次のように語っている。

「発電所も刑務所も、橋梁も爆破してくれ、とたのみました。いや、発電所は……、あれは壊すな、確保してくれといったような気がするんです。橋梁は爆破してくれ、イギリス兵の脱出を

ペラッ河を堰き止めたチェンドロー=ダム
(1994年、筆者撮影)

阻止するために爆破してくれと。……」（中野不二男『マレーの虎　ハリマオ伝説』）。

英軍退却の速度が早く、追撃する日本軍の進路を阻止するために施設を破壊してゆくので、一転これを確保すべく命令が変更されたもののようである。

豊がチェンドロー=ダム発電所の起爆装置を止めるに際し、どの程度の事を行ったのか、つまりは彼にどの程度の知識があったのかは明らかでないが、彼はとにかくこの仕事に成功した。安藤支隊長は歩兵一個中隊基幹の部隊を当所に残置し、自らはクアラ=カンサールに向けて前進を続けた。

この発電所は、クアラ=カンサールから直線距離にして三〇キロほど北方、ペラッ河を堰き止めたダムに付設されている。イポーから自動車で出発した筆者らが、中国系マレー人二人の案内で同所を訪れたのは、平成六〔一九九四〕年九月一日のことであった。日盛りのジャングルの道をひた走り、突然眼前に開けたダムの威容と、烈日の下に白み渡っていた発電所の光景とは今でも忘れ難い。当時この発電所を管理していたのはハジ=ノール=アズミ=B=ハジ=ラムリ所長、K=バスカランオフィス=マネージャーら、ともにインド系マレー人の職員であったが、筆者らの突然の往訪をこの人々は親切に迎え、発電所の内部を隈無く案内してくれた。

彼らの説明によれば、このダムは東南アジア初めてのものである由。一九二六年頃イギリスによって建設のプロジェクトが組まれ、爾来四年をかけ、一九三〇年に完成した。日本軍が占拠の時、ダムの堰堤に三フィートを足し、戦後何者かがさらにボードを渡して高くした。堰堤には日本軍が継ぎ足したセメントの跡が、一条の線となってくっきりと残っている。河中のわずか下流には、鉄橋の残骸が水中に錆びた姿を曝していた。かつて堰堤上に架かっていたのが、日本軍の進攻に際し、河中に落とされたものという。

このダムはまた、昭和一八（一九四三）年の大映映画『マライの虎』（古賀聖人監督）において、ハリマオと英軍との死闘の舞台として設定せられたモデルでもある。ダムに設置された爆薬が爆破されればペラッ河は氾濫し、日本軍の渡河に重大な支障を来す。地下水が流れる洞窟めいたダムの内部に奥深く潜入したハリマオが、次々に来襲する英軍兵士らとピストルで渡り合い、ついに爆破装置を止め、壮絶な戦死を遂げる、というシナリオである。当時島耕二監督の大作『シンガポール総攻撃』の応援のため、マレーに赴いていた古賀監督が担当。主演は中田弘二。若き日の小林桂樹も部下のマレー人少年役を演じている。『シンガポール総攻撃』の主要のキャストをそのまま用い、これに併行して撮影された、いわば「おまけ」ともいうべきこの映画は、前評判でその粗製ぶりを酷評されたりもしたが、蓋を開けてみると大盛況で、『シンガポール総攻撃』を凌ぐ観客動員数を獲得した。その主題歌「マライの虎」は、

南の天地　股にかけ
率ゐる部下は　三千人
ハリマオ　ハリマオ　マライのハリマオ

の歌詞で当時の人々に愛唱された。

豊、ペラッ河大鉄道橋を目指す

ペラッ河の大鉄道橋に話を移そう。『マレー作戦』によれば、ペラッ河はクアラ=カンサール付近においては河幅約三〇〇メートル、流速三〜四メートル、水深四メートル。濁流が渦巻き流れるマレー西岸最大の河である。両岸は懸崖で、橋梁は水面上一七メートルに架かり、一旦破壊されれば修理には大作業を必要とし、以後の作戦に多大の影響を及ぼすとされた。このため技術本部では、ペラッ河のために特殊架橋を開発したほどであったが、建材は輸送中撃沈され、実現には至らなかった。

土生によれば、神本もラーマンも誰も彼も、この時全員がペラッ河上流に集合せよ、というのが当時の指令であった。英軍は無数の橋梁の全ての爆破を志し、一方その一つでも防衛したいというのが日本軍の悲願であった。すなわち豊に対する開戦後の正規の指令はこの「橋梁の爆破防止」の一語に尽き、電話線切断・武器庫爆破などの仕事は付随的なものに過ぎなかったという。そうして豊は無数の橋の爆破防止にほとんど成功、ただ一つこのペラッ河の大鉄橋だけに失敗した。ラーマンによれば、この頃のハリマオはまことに勇敢で、「自分が一緒に爆破されてもかまわん」と部下に言っては工作に出て行ったという(平成九〔一九九七〕年九月二一日、東京で、土生より筆者への直談)。

しかし豊は、集合地点ですでにマラリアに罹っていた。開戦以来、わずか一〇日ほどを経たにすぎない。病は再発のものであったようだ。土生の著『神本利男とマレーのハリマオ』で、ラーマンはジャングルの中での、このような豊との邂逅を、次のように語っている。

「ペラ河の大鉄橋へ向かって南下していたジャングルの中で、偶然にハリマオの班と出会いました。彼らも大鉄橋へ向かっていたんです。あの時、ハリマオは再発したマラリア熱で、ジャングル歩きができない状態でしたが、苦しさを隠して、わたしに『トシさん(筆者注・神本)を守れ』と言うのです。近くにいたトシさんが、ハリマオの額にさわって『こんな高熱でジャングル歩きは無理だ。しばらく休め、無理したら死ぬぞ』と、マラリア特効薬のキニーネ剤を飲ませようとしました。でもハリマオは『犀の角を持っているから……』と言って、どうしても飲みませんでした」

当時抗マラリアの薬はキニーネがあり、日本軍英軍ともにこれを用いたが、日本軍の薬は睡眠薬でも混ざっているのか、飲むと猛烈に眠くなり、英軍のそれは強く胃腸を害し、ともに戦闘中の者が飲むには辛い薬であった。マレーの農村社会には、マラリアに対し、犀の角を削って飲む民間医療があり、ハリマオはマレー人らしくありたいという願望と意地を持っていたのだろう、とラーマンは推理する。ちなみにこの犀の角は、豊の臨終の際まで彼とともにあり、遺言によって藤原機関長に遺贈された。

ペラッ河にかかる大鉄道橋（2002年、筆者撮影）

ペラッ河橋梁の攻防に話を戻そう。前掲書はラーマンの言葉をこう続ける。

「ハリマオが『橋を爆破しろという命令なら、オレの本業だから慣れているが、仕掛けた爆薬や爆破装置を除去せよという命令には参った』とハリマオには珍しく、トシさんにグチをこぼしていましたが、わたしも同感でした」

「爆破除去で一番大変だったのが、ペラ州のクワラ・カンサルのペラ河大鉄橋でした。上流のダムと二つの橋の爆薬除去は成功しましたが、肝心の大鉄橋を見おろす丘に到達した時に、ハリマオが発熱で動けなったので担架で運ぶことになりました。ハリマオは、自分をここに捨てて、大鉄橋へ行けと言うんです。トシさんが、一つや二つの橋の爆破防止ができなくて、日本軍の進撃が数日おくれても、そんなことは大勢に影響ないと言ってね、捨てて行けと言うハリマオを無理に担架に乗せて運びましたが、結局一日のおくれで、大鉄橋は爆破されました」

クアラ゠カンサールに向かって前進中の安藤支隊長は、一二月二三日朝、カンポン゠ルボクメルバウ付近で東方に大爆発音を聞いた。ペラッ河の鉄橋が爆破されたのである。安藤支隊到着まで自転車で一時間、距離にして八キロ、まさに確保寸前の出来事であった。

ジットラを抜いた第五師団主力は、この頃タイピンを前進中であった。安藤支隊長は破壊された大鉄橋付近を占領、軍主力の渡河準備に当たり、同支隊は第五師団主力の到着を待って、ふたたびその指揮下に編入せられた。当時の模様を、藤原は『藤原（F）機関』の中で次のように語っている。

この日（筆者注：一二月二五日）パタニ・ヤラ・ベトン道を前進中の安藤支隊方面に活動しつつあった米村少尉が、久し振りに連絡に帰ってきた。彼が指導したハリマオは、ペラク河上流のダムに英軍が装置していた爆破装置の除去に成功した。しかし、英軍のペラク河の橋梁爆破装置を撤収する仕事は失敗に終ったことを報告し無念がった。マレイ人に扮していた少尉の面は、疲労の影が深かった。ハリマオはこの失敗に切歯し、更に引き続き敵線内に潜入していったことを知った。この日、山下将軍はマレイの都クアラルンプールの占領を目指し、第五師団と新たに追及した近衛師団に対して、ペラク河渡河の進撃命令を出した。

インド人将兵とモーン＝シン大尉

藤原の書『藤原（F）機関』によれば、タニンコにおける英印軍の投降に際し、藤原は、一隊の中に挙動が一際目立つ若手のインド人将校を見出した。彼は勇猛をもって鳴るシーク教徒で、モーン＝シンと名乗る大尉であった。後にインド国民軍の代表者となる逸材である。

折から無政府状態のアロル＝スタールには略奪が横行していた。モーン＝シン大尉らが降伏の同日、藤原は投降したばかりの同大尉に、インド人部隊による治安維持を委嘱した。モーン＝シンはこれを受け、極度の混乱にあったアロル＝スタールは、インド人将兵によって秩序が回復した。

その喜びのかたわら、クダ州スルタンの屋敷から金品を強奪した日本兵二名を見つけて叱責し、所属の部隊長への自首を命じたこと、その結果二名が罪を詫び自決したことを、藤原は悲しみを込めて記している。

モーン＝シンは藤原機関近くにインド兵の宿営施設と給養の設営とを指揮し、藤原やプリタム＝シンとともにインド独立運動の将来について、徹宵の議論を続けた。彼は藤原の好意に謝しつつも、日本の台湾・朝鮮統治、満州・中国における政策及び軍事行動がインド人に与えた悪印象につき、忌憚ない意見を述べた。藤原は認めるべき非を率直に認める一方、日本の理についても力説した。

開戦以来IILの宣伝工作に伴い、インド兵の帰順者も次第に数を増した。藤原機関には一二月一六日、新たに國塚一乗新任少尉（第五師団通訳将校）と伊藤啓介（大川周明塾出身者）とが加わった。藤原は彼らに、アロル＝スタール・スンガイ＝パタニに集結するインド兵捕虜の世話と、モーン＝シン大尉と藤原機関との間の連絡係とを命じた。両名はモーン＝シン大尉を助けて、インド兵と起居・食事を共にし、インド将兵の信望を集めることとなる。

翌一七日、藤原の発案で行われたインド人将校下士官との会食は、如上の習慣がインド人軍人と英人将校との間では皆無であったため、彼らを感激させた。インド兵捕虜に対する如上の待遇は、爾後の両者の友好的関係を大いに深める事となった。

モーン＝シン大尉は藤原の勧めにより、スンガイ＝パタニの英軍倉庫に残置された物資をインド将兵に給与して生活安定の管理を行い、また同僚インド人将校及びプリタム＝シンらとの討議を精力的にこなした。藤原はモーン＝シンと連日討議を重ねる傍ら、彼らインド人将兵を、二〇日に軍司令官山下奉文《ともゆき》中将に引き合わせもしている。

他の機関員の活動も多忙を極めた。土持大尉の連絡班は、タイピン方面で敗走するインド人将兵への宣伝工作に従事し、投降者をスンガイ＝パタニに送り届け、中宮中尉はスンガイ＝パタニの片田舎に逃避中のクダ州のスルタンを保護し、山口中尉は開戦直後にコタ＝バルで宣撫活動中戦死した瀬川少尉に代わり、コタ＝バルに赴いた、等々である。

國塚一乗少尉、藤原機関に入る

國塚一乗少尉（大正六〔一九一七〕生。神戸市在住）は、マレー作戦開始後に藤原機関員となった人である。その書『インパールを越えて―F機関とチャンドラ・ボースの夢―』によれば、彼が機関員となるまでのいきさつは、次のようなものであった。

國塚は大阪市生まれ。山口高等商業学校を卒業後、昭和一四（一九三九）年一月、広島電信第二聯隊に入営。幹部候補生甲種に合格し、東京府南多摩郡町田町（現町田市）原町田の陸軍通信学校幹部候補生隊に入学。卒業後、広島の原隊に復帰し、無線第五小隊長として昭和一六（一九四一）年一〇月、台北へ向かった。フィリピン上陸の予定のところが、上海の第五師団司令部付に転補された。英語が堪能であったことを認められたのである。

同年一一月、第五師団はマレー作戦に出陣。一二月八日ソンクラに上陸した。

國塚は第五師団司令部付の少尉として、インド兵俘虜係を下命された。彼はジットラ戦で、初めて捕虜となった英印軍グルカ連隊のパトナイク軍医なる人物の尋問を命ぜられたが、その時のヒューマンな接触を通じ、同軍医と肝胆相照らす仲となり、それが機縁となって、國塚は人数を増すインド兵捕虜らとすこぶる親密な関係を結ぶに至った。

ある日國塚は、二〇〇名のインド兵集団を指揮してケパラパタス飛行場の修理を行っていたが、その見事な統率ぶりがたまたま第二十五軍杉田一次中佐参謀の目にとまり、ただちに藤原機関入りを命ぜられた。

一二月一五日、杉田の紹介により、アロル=スタールの藤原機関の建物で初めて藤原に会った時の思い出を、國塚は前掲書で次のように記している。

中央になんの飾りもない大きな机に、ひとりの参謀肩章をつけた男が坐っている。軍人のくせに短髪にせず、長髪をなでつけている。

この人が、藤原岩市少佐であった。私は口では偉そうなことをいっていても、はじめて会う大本営参謀、藤原機関長という重々しい肩書きをもった人物の前に立ちつくし、相手の目を見ることもできず、おそるおそる敬礼した。

彼は、大きな特徴ある目をしていた。その大きな目をカッと開いて、私をにらみつけた。なにものをも見通してやまぬような視線である。背丈は高く、ガッチリとしている。唇の右下に大きな傷痕があり、武士の向こう傷というべきか、重厚な感じをあたえて人を近より難くしている。風雨にさらされたような軍服、時代色のついた参謀肩章。年齢はわからない。あとからきくと、当時三十四歳だったそうだが、ずっと老成してみえた。私とは十歳しかちがわない。仕事のもつ貫禄が、私と彼とをこんなにちがって見せるのであろうか。少佐は、

「まあ坐れ。君のことは杉田参謀から聞いている」

といったまま、じっと私の目をのぞきこんだ。しばらくたって、

「君は、皇軍のおこなう謀略とは、なにか知っているか」

私は電信隊育ちで、「われらは皇軍の神経なり」といううたい文句を毎日お題目のようにくり返す以外、こんな謀略などというだいそれた言葉など聞いたことがない。

「わかりません」

「そうか。皇軍の行う謀略は、誠の一字あるのみだ。至誠、仁愛、情熱をもって任務を遂行しなくてはならぬ。広大な陛下の大御心を、身をもって戦地の住民と敵とに伝えることだ」

――いまになってみると、日本のやった謀略とは、国家としてのむきだしのエゴであり、いかにして敵をだまし、味方を有利とするかの一言でつき、誠も仁愛もあったものではない。ただ全日本軍のなかでこの人、藤原少佐のみは衷心から誠の謀略を信じ、全身全霊をもってこれを実行して、世界史上不滅の功績をのこした希有なる人物である。

國塚によれば、彼は陸軍中野学校を卒業していないただ一人の機関員となったが、そのために疎外感を持ったようなことはまったくなかった。藤原が大事に、分け隔て無く扱ってくれたからである。藤原は、相手がたとえどのような職種の人間でも、皆応対が同じ、誠心誠意の固まりの人であった。

真面目で、純粋で、それだけにえげつない人からいじめられ、損をしたこともあるという。

藤原の人柄を示す次のような話がある。國塚が藤原機関員となったその夜、彼は機関本部に宿泊した。すると夜中に隣でオイオイと泣く声がする。訝しみ見ると、藤原機関長がコタ＝バル上陸作戦で戦死した瀬川少尉の遺骨を腕に抱いて慟哭していた。その藤原の声が今もなお耳から離れぬという（平成一四〔二〇〇二〕年一月一四日、神戸市で、筆者への直談）。藤原は瀬川の早すぎた死を悼み、白布で覆われた遺骨箱を枕頭に飾り、毎夜蠟燭の光のもと、コップにウィスキーを入れて彼の霊を祀った。この弔いはマレー作戦中続けられたという（『インパールを越えて―F機関とチャンドラ・ボースの夢―』）。

日本軍ペラッ河を渡る

『マレー進攻作戦』によれば、タイのソンクラに上陸した日本軍第二十五軍の主力及びパタニに上陸した第五師団安藤支隊は、ともどもにタイ・マレー国境を越えて南下、ペラッ州のクアラ＝カンサールで合流すべく前進を続けた。同地のペラッ河の橋梁確保は初期作戦の大目標であり、豊もこのために努力したのである。

一二月二六日夜、河村部隊（歩兵第九旅団。長 河村参郎少将）の先遣大隊は、砲火の中をペラッ河渡河に成功し、東部ブランジャに進出。師団主力は二六日以降、これに従って渡河を続行した。

一方、安藤支隊（パタニ上陸）を追尾し、のちこれと別れて西進し、第五師団主力（ソンクラ上陸）の指揮下にいた正木支隊など近衛師団の諸部隊は、同師団長西村琢磨中将の一二月二三日アロル＝スタール進出を機に、その指揮下に復帰し、クアラ＝カンサールでペラッ河を渡河した。破壊された鉄道橋は大修理が必要であったが、鉄道第五連隊は、昼夜兼行の作業でこれを一〇日間で修復、列車の通行を可能とした。また人道橋上には板を敷き詰め、自動車の通行を可能ならしめた。このように次々に破壊されてゆく橋梁を修復し、時には自らが人体の橋桁となって橋板を担ぎ将兵を渡すなど、作戦中の工兵隊の労苦は言語に絶した。

カンパルの戦闘

ペラッ河渡河に続く、日本軍の南進について略述する。

『マレー進攻作戦』によれば、第二十五軍司令官山下奉文中将は、前掲のように連戦の第五師団と、後れて一二月二二日タイピンに到着した近衛師団とに対し、一二月二六日ペラッ河渡河を開始すべき旨の命令を下した。

両師団は競って渡河作戦を敢行、近衛師団は大した邀撃も受けぬまま、同日夜半クアラ＝カンサール付近で渡河に成功。一二月二八日イポー入城。一方の第五師団は頑強な抵抗を跳ね返しながら、これも一二月二六日夜半ブランジャ付近で渡河に成功。連邦首都クアラ＝ルンプールに向けて進撃を開始した。軍は可及的速やかにシンガポールを攻略する戦略として、近衛師団をイポーに留め置き、第五師団は英軍に反撃の暇を与えず遮二無二前進し、その第五師団の戦力が消耗した時点で、近衛師団にこれを超越追撃すべく戦略を定めた。

マレー戦線の進軍路は、一本道の隘路が多く、両側をジャングルやゴム林や沼沢に囲まれている。この地形は天然の要害ともいうべきもので、道の両側に幾重にも縦深陣形を構える英軍には守るに安く、これを破ろうとする日本軍には極めて条件が悪かった。

日本軍は正面作戦の傍ら、これを迂回して原始のジャングルを切り開き、沼沢を渡り、英軍の側面・背面に突破口を作る戦術を採った。第二十五軍辻政信中佐参謀の書『シンガポール―運命の転機―』は、ジャングル戦のさまをつぶさに描いて、次のように記している。

胸まで沈む大湿地のジャングルを切り開きながら前進する速度は、一日僅かに二千米が山々であつた。胸から上は縦横に生え茂つた蔦や葛に絡まれ、足腰には無数の大蛭が吸ひ着き、人を恐れない毒蛇は至るところに鎌首をもたげて襲ひかゝる。晝は風が全く通らない焦熱の地獄であり、夜は濡れた身体に急激な冷気を覚える。泥沼に深くめり込んだ両脚は、ともすれば皮膚の感覚さへ失はれさうである。ジャングルの夜は鬼気迫る静寂であつた。

疲れ切って、深い睡りに落ちようとする戦友を互に励ます声にも力がない。苦しい夜が開けると一歩、一歩、血の滲むやうな跋渉と伐開が続く。激しい空腹を感ずるが飯を炊くことは出来ない。生米を一粒づつ嚙みしめながら、敵陣地の背後に迫ってゆくのである。

この情景は、昭和一六（一九四一）年の大晦日から一七年（一九四二）の元朝にかけての、第五師団岡部聯隊・渡辺聯隊・安藤聯隊のカンパル攻略時の記録である。続々と北上する英軍の増援軍に対し、開戦以来、不眠不休で戦う第五師団の疲労は極限に達していた。作戦主任として督戦に出た辻は、その悪戦苦闘を目のあたりにして戦場を去るに去られず、膠着した第一線で新年を迎えることとなったと記している。辻はこれに続き、次のような内容の追懐をも記している。

今夜敵は出撃するかもしれない。そうしたらイポーまで押し返されるだろう。師団長は手元に一兵の予備もなく、聯隊長は旗護兵だけを握り、ジャングルに分け入った別働の友軍からは連絡がない。四十数年の半生の中で大晦日の夜を、こんな姿で送ることは空前絶後であろう。東京では年越の蕎麦を食い、除夜の鐘を聞きながら、各地に揚がる大戦果に賑やかな正月を迎えているであろうに。ここマレーの中部に繰り広げられる除夜の戦いは余りにも苦悩に満ちている。諸行無常の鐘の音に代わるものは、劣者必敗を告げる鉄火の叫びである。

苦悩の夜は漸く明け、ゴム林に顔を出した太陽の光が、今朝は血のように紅い。第一線から退却してきた多くの負傷兵が、担架で、或は戦友にすがり無言の列をなして北に退ってゆく。戦場のどこにも「明けましておめでとう」と挨拶する者はいない（前掲同書）。

日本軍のマレー西海岸海上機動

『マレー進攻作戦』によれば、第二十五軍は、第五師団の一部をもってマラッカ海峡を舟艇機動し、クランに上陸せしむべく企図した。この海上機動の考案は、すでに大本営におけるマレー作戦計画の策定中に、陸上の狭隘な一本道を如何に迅速に突破するかの問題と連動してなされていた。

一二月二一日、アロル゠スタールまで鉄道が開通し、それに伴い南タイのソンクラ（第五師団主力上陸地点）から運ばれた小発動艇約四〇隻と、ペナンで鹵獲《ろかく》した小型汽船・地方舟二〇隻とが、ペラッ河の河口ルムッに集結した。

軍は陸上作戦との関係に鑑み、第五師団に作戦実施を下命。第五師団長は渡辺支隊（歩兵第十一聯隊長渡辺綱彦大佐指揮下の歩兵第二大隊の一部、市川大隊及び砲兵一個中隊基幹）を編成、同支隊に一二月二五日、ルムッから海上機動によりクラン付近に上陸し、クアラ゠ルンプール付近の敵の退路を遮断して師団主力の戦闘を容易ならしむべく、命令を下した。

この時すでに日本海軍は、東シナ海海上で、英国海軍が誇るプリンス゠オヴ゠ウェールズ・レパルスの二艦を撃沈しており、また飛行集団の基地も北部マレーにあったが、西海岸には一隻の軍艦もなく、またシンガポールやスマトラの英・蘭軍飛行基地は健在で、制空権は彼等に握られていた。

一二月三一日、師団命令により上陸地点をクアラ＝スランゴールに変更。渡辺支隊は一二月三一日日没時にルムッを出航、インド洋上に初日の出を拝み、一一〇キロを南下したが、一月二日、艇群を遮蔽する物のない海岸で英軍機に発見され、攻撃を受けた。支隊はベルナム河口のメリンタムに避難して師団命令を待ち、同日トロッ＝アンソンに到達。近衛師団の吉田大隊（近衛歩兵第四聯隊第三大隊）と合流し、一月四日スンカイに突入した。カンパル陣地に拠り、頑強な抵抗を続けていた英軍は、一月二日ついに退却を開始した。『英公刊戦史』によれば、これは渡辺支隊・吉田小隊の側面攻撃に脅威を感じてのことであった。

これに後れて出航した独立工兵一個小隊は、支隊を追及して南下したが、上陸地変更の支隊命令が伝わらぬまま、幸いに敵機にも発見されることなくクアラ＝スランゴールに上陸。のち北方のメリンタムに招致された。また市川支隊は渡辺支隊解除後も舟艇機動を継承、さらに南下して一月五日サバッに上陸。さらに七日朝自転車で一〇〇キロ余を南下してバタン＝ベルジュンタイに集結。一〇日夜スランゴール河を渡河し、クアラ＝ルンプールを目指し自転車で急進した。

第五師団における如上の舟艇機動は、爾後海上輸送にまったく経験のない近衛師団が継承した。非武装の舟艇に歩兵一個大隊を乗せ、一月一〇日モリブに奇襲上陸、翌一一日、クアラ＝ルンプール背後のカジャンを陥落させた。この無謀の挙の成功が実は英軍を震撼せしめ、クアラ＝ルンプール退却の原因の一つとなった。近衛師団の舟艇機動は、一月二五日夕刻ジョホール州バトゥ＝パハッ上陸にまで及んだ。その一連の作戦が、チャーチルをして「一隻の軍艦をも持たない日本軍によるマライ西岸の支配は、過去の英国海軍の歴史を冒瀆する最も大きな失策」と言わしめたのである。

藤原機関の激務

一二月二〇日、日本軍の急進に伴い、藤原機関・IILはスンガイ＝パタニに本部を移し、さらに二三日、軍のタイピン進出に伴い、同地に移動した。同日藤原はプリタム＝シンとともに、ピナン島へ赴いてIILの結成大会に出席。二五日はタイピンに向かい、二六日にはマレー青年同盟（YMA）の副会長オナムに会って、英国官憲に捕縛された同志の救出を約した。さらに三一日にはスマトラの独立運動を図るアチェ族青年モハマド＝サレー、ザイツ＝アブバカル、トンクハスビら三青年の来訪を受けるなど、機関は八面六臂の活動を続けた。

藤原はまた第二十五軍参謀副長馬奈木《まなき》敬信少将に対し、敵対行動をとらぬ中国人・インド人・マレー人の生命・財産を保護し、自由を保証すること、中国人とインド人にそれぞれ青天白日旗とインド国旗との自由な掲揚を認めること、一部日本軍将兵の不法行為を厳重に取り締まること等々を提言し、少将の同意を受けた。

しかし青天白日旗の掲揚は一旦認められながらも、後日第二十五軍幕僚の狭量な反対で撤回された。その背信行為が在マレー華僑の日本軍に対する反感・恐怖を高め、両者の疎隔をますます深刻にした、と藤原は指摘している。

INAの創設、モーン＝シン大尉の決意

藤原によれば、モーン＝シン大尉がインド国民軍（INA）創設の意志を藤原機関長に披瀝したの

は、昭和一六（一九四一）一二月三一日、大晦日の日没後のことであったという。

大尉はマラリアに冒されていたが、高熱をおしてアロル＝スタールから藤原機関のあるタイピンに出向いて来た。彼はインド将兵が対英独立の決起の決意を固めたこと、ついては以下の取り決めを日本側が受諾することを、藤原に報告・要請した。

すなわち（一）モーン＝シン大尉はインド国民軍（ＩＮＡ）の編成に着手する。（二）これに対して日本軍は全幅の支援を供与する。（三）ＩＮＡとＩＩＬとはさしあたり協力関係とする。（四）日本軍はインド兵捕虜の指導をモーン＝シン大尉に委任する。（五）日本軍はインド兵捕虜を友情をもって遇し、ＩＮＡへの参加希望者は解放する。（六）ＩＮＡは日本軍と同盟関係の友軍と見なす。

藤原は軍司令部に赴き、参謀長鈴木宗作中将・参謀杉田一次中佐にモーン＝シンとの討議の経緯を説明、結果をプリタム＝シンとモーン＝シンとに報告した。折しもバンコクから機関を慰問に来訪していた田村浩大佐も、事の発展を喜んだ。

かくしてＩＮＡは、昭和一六（一九四一）年の大晦日に、タイピンにおいて呱々の声を上げた。モーン＝シン大尉は可及的速やかにその編成に着手すべく、病をおしてアロル＝スタールに急ぎ戻ったが、藤原の書によれば、辞去の際に彼は藤原の手を握り、「私は祖国に結婚日なお浅い妻を残して来ている。英当局が私の決起を知ったら、私の家族は必ず迫害を受けるであろう。私は祖国のために、敢て自分の身体と最愛の家族を捧げる決意である。……私と共に決起する全将兵が祖国に残してきた家族の受難を忍び、この決意を固めるに至った赤心を汲んでもらいたい。」と言ったという。

ＩＮＡの宣伝活動

明けて昭和一七（一九四二）年元朝、藤原機関・ＩＩＬ・ＩＮＡ・ＹＭＡ・スマトラ青年団の各本部は、イポーに進出した。同二日には、この地にＩＩＬ支部が創設された。

前線のカンパルの激戦については前述したが、ジットラから敗退してこの地に陣を構えた英印軍第十一旅団（師団長 前第十二旅団長パリス少将）のインド人将兵にＩＮＡへの参加を勧誘すべく、三組のＩＩＬ宣伝班が戦線内に潜入していた。一班は数名のメンバーで編成され、班員はインド人将兵の中からモーン＝シン大尉自らが厳選し、独立運動の思想教育、戦線内での活動要領の教示を行っていた。彼らは敗残兵・一般市民・正規兵何れの風体にも変装できる準備を整え、また藤原機関の〔Ｆ〕の標識と機関発行の証明書をも隠し持っていた。土持大尉・中宮中尉・米村少尉の三個の連絡班がこれに同行し、頻繁に彼らと連携をとりつつ新たな投降インド兵を機関本部へ送り届けた。

ペラッ河渡河以後の豊の活動

土生良樹著『神本利男とマレーのハリマオ』は、神本の部下ラーマンの談として、豊の行動経路を次のように語っている。

ペラッ河上流のジャングルでマラリアが再発したハリマオは、気力をふるって一時的に回復した。ペラッ河橋梁の攻防戦以後、神本・ラーマンら四人の班は、ハリマオらの班と袂を分かって西海岸へ出、海岸沿いに進撃する日本軍に協力しつつ、ゲマス陣地の攻略戦に向かった。ハリマオと五人の班は東海岸へと出て、もとハリマオが住んでいたトレンガヌ州へ進撃する日本軍と行動を共にした、と。

しかし英軍によるペラッ河の橋梁爆破が一二月二三日、カンパルにおける豊と藤原との邂逅が一月六日とすると、その間に豊がペラッ河から東海岸に転進し、再びジャングルを縦断してカンパルに帰って来た意味がよく分からない。佗美《たくみ》支隊と呼応しつつ活動を行ったものか。中間の一三日間が空白であるが、彼は後述するように、一二月二八日、イポーでマレー人義勇軍の帰順活動を行っていたらしい節もある。

結局ペラッ河橋梁の攻防を経て以後、豊の細かな足取りについては定かではないが、私見によれば、おそらくは彼らの班は街道を南進する日本軍主力と並行し、クアラ゠カンサールからカメロン高地を経、イポー、カンパルに接触しつつタンジョン゠マリム、さらにゲマスへと南下していったものではなかろうか。同行したのは藤原機関の米村弘少尉と、ヤラで募ったウェ゠ダラメら豊の部下若干名。任務は引続き退却する英軍に対する破壊工作、破壊防止工作、あるいはマレー人に対する宣撫工作など、もろもろのゲリラ活動であったようだ。

ともかくもこの間、豊の明確な存在が確認できるのは、一月六日、カンパルにおいての藤原との対面の場合のみである。

マラリアの発病

ここで豊を蝕んだマラリアについて述べねばならない。藤原はまた前掲書に、次のように記している。

米村君の口添えによると、中央山系を縫ってカメロンハイランド（マレイ中央山系の最高峰七一五呎でマレイ随一の避暑地）に出たころから、マラリヤの重症に冒され、四〇度近い高熱を押して、子分の担架に乗り活動を続けたために、焦すいしているのだということであった。

しかし土生の前掲書によれば、ラーマンの言として、豊はペラッ河上流のジャングルでマラリアが再発したとある。マレーへの越境早々、彼は病に冒されたようだ。ジャングルの道なき道を踏み越え、日夜を分かたぬ前進また前進の戦の中で、その病状が一段と悪化していったものであろう。

また当時の報道班員佐山忠雄の手記には、次のようにある。

すなわちペラッ河ダム確保の一二月二三日から一〇日を経た時、イポーの東南方、カムロン＝ハイランドの山中で豊はマラリアが再発して動けなくなったが、幸い付近にサカイ族の村落があり、村から一五人ほどが駆けつけ豊の部下とともに彼を村に担ぎ込んだ。手当てと言って特別な方法もなかったが、彼らの熱心な看病のお陰で四日ほどでケロリと治った、と（「週刊朝日」昭和一七年五月三一日号）。

この記事の真否についての確証はないが、これを額面通りに受け取るならば、彼のマラリアの再発は一月二日、その治癒は一月六日ということになろう。

いずれにせよ病は重篤であった。それを癒す時間も場所もないまま、マラリアは豊の体を確実に蝕んでいった。彼の戦は、まさに病との戦でもあったのである。

豊、マレー人義勇軍に帰順勧告す

豊の活動の中、マレー義勇軍に対する宣伝活動は、通常ゲマスでのこととされているが、実はイポーでのことであったと思われる節もある。このことについて少しく述べよう。

タイからマレーを経てシンガポールに至るマレー縦貫鉄道は、半島の大動脈で、その確保は日本軍の兵站輸送に不可欠であった。英軍が数多の橋梁と同様、鉄道の破壊を企図していたのは当然であった。豊はその確保に動いたが、また同時にマレー青年民兵に戦場放棄を勧告もしたという。畠山清行著『続 秘録中野学校』によれば、それは次のような状況であったらしい。

ハリマオは、イポー近くの鉄道確保に成功した。英軍はこの鉄道を、マライ青年の民兵組織に守備せしめ、日本軍の接近次第、数か所を爆破して不通にする計画であった。ハリマオは神本利男と二人、英軍指揮官の留守をねらい、マライ青年の宿舎に進入して、「俺はハリマオだ。日本軍は、英人は敵とするが、マライ人やインド人は敵としないから、早く銃をすてて家へ帰れ」と叫んだ。続いて神本が「俺は日本の参謀だ。この一帯は、今夜日本軍が包囲することになっている。今のうちなら、目をつぶって逃がしてやる。早く武器を捨てて、妻子のもとに帰れ」と叫ぶと、彼らは我先に逃散し、指揮官の英軍将校が帰って来た時には、マレー人は一人も居らずに、ハリマオの銃口がその胸をねらっていた、と。ちなみに池田満州男の「マライのハリマオ（虎）」もこれをイポーの出来事としつつ、ほぼ同じ内容を記している。

先のラーマンの証言を待つまでもなく、開戦以来豊は、米村少尉やウェ＝ダラメとともにあり、神本のグループとは別個に活動していたはずである。このイポーで豊と神本二人だけが軍事行動を行ったことは奇異の感がなくもない。

しかしながら國塚によれば、神本は豊の動静をよく把握していたらしい。藤原機関本部は前線の後方二、三時間ほどのところにあり、機関員は前線から帰って藤原に報告するのが常であったが、神本はよく、マレーの虎がここに来ているとか、ジャングルで前進が難しいとか、軍の前進に谷が付いて来るのが難しい、とか報告を行っていたという（平成一四〔二〇〇二〕年一月一四日、神戸市で、筆者への直談）。

畠山と池田による二つの文章の双方には、多分に大衆小説的脚色・修飾が加わっているようだが、しかし豊のマレー人説得の事実そのものを否定する根拠もない。盗賊団の頭目としての豊の名は、クランタン・パハン二州に知れ渡っており、彼を前にしたマレー人に如上の反応が起こったとしても不思議はない。近衛師団によるイポー進出は、一二月二八日。豊の行動がもし事実であったなら、その時日は、その占領の直前あたりになるかもしれない。

ちなみに前掲の『藤原（F）機関』には、このイポーにおけるマレー人義勇軍への帰順説得の記述はない。後日日本でも、「一八〇〇人のマレー人帰順」の話は、ゲマス攻防戦の際のこととして報道された。しかし前述のように、南下につれて豊のマリアの病状は悪化し、ゲマス付近においては、肉体を酷使する任務には耐えられぬ状態となっていたらしい。

豊、藤原機関長と対面す

このような行軍のさなか、カンパルで、豊は前線工作中の藤原機関長と初めて対面した。

藤原はかねてから豊との対面を願っていた。『藤原（F）機関』によれば、開戦前バンコクに赴いた藤原は、開戦前の一一月下旬、バンコクからソンクラまで豊に会いに出掛けたことがあったが、尾行が付いているのを察知し、大事をとって引き返した。開戦と同時に豊は前線へ赴いたため、対面の機会は失われていた。彼らが出会ったカンパルとは、イポーの南、クアラ＝ルンプールへ至る途中の小都市で、この地における戦闘は、一二月二八日から翌昭和一七（一九四二）年一月二日にかけて行われた。同書は二人の初めての対面の情景を、次のように記している。

　一月七日からトロラック、スリム地域の英軍陣地に対する総攻撃が予定された。その前日私は石川君を伴って自ら戦線に進出した。戦線に於けるF機関員やＩＮＡ、ＩＩＬ宣伝班の活動を親しく激励し、その活動成果を確認するためであった。私がカンパルの村に到着した時、村の入口に米村少尉を発見した。少尉は両手をひろげて私の車を停めた。少尉は私の車に走り寄って「機関長殿。谷（ハリマオ）君が中央山系を突破してカンパル英軍陣地の背後に進出して活動していました。谷は次の活動に出発する前に、機関長に一目お目にかかりたいと申しますので、いまからイッポーの本部まで急ごうと思ってここまできたところです」と訴えた。その態度は遠い異国に苦難の長い旅路の途中、一目父にと思う弟を、案内して来た兄のようであった。眼は連夜の活動で充血していた。頬もこけていた。私は米村君の申出に驚きかつ喜んだ。「なに谷君が待っているか。どこだ谷君は」と急《せ》き込んで車から降りた。少尉は私を本道から離れた民家に案内した。

カンパル付近の古い民家
（1999 年、筆者撮影）

　藤原と豊の対面の場所がどこであったか。藤原の書に「村の入口」とあることからして、これはあるいはカンパルの北方の小村クアラ＝ディパン付近ではなかろうかと思われる。
　この地は今なお古い農村の面影を留めている。筆者が訪れた平成一一（一九九九）年一一月、村とカンパルの間には立派なバイ＝パスが開通していたが、村人の話では、それとは別にかつては山裾に沿った林の中を本道が通っていたという。師団も藤原も豊も、この旧道を通ってカンパル方面へ向かったものであろう。

藤原が豊に関心を寄せたのは、豊がバンコクの田村大佐に託してきた母宛の手紙を読んだことが大きな機縁となっていたようだ。神本が手を取って文字を教えた末の、たどたどしい手紙は藤原の胸を打ち、それが藤原に豊への愛情を深めさせた。藤原は豊の手紙を彼の母の手元に届けるべく、参謀本部に託送する一方、懇切な激励の手紙を豊にも書き送っている。

私はいままでたった一度、この手紙を通じて同君と通信する機会があっただけだった。計らずも、今日この戦場で、谷君に会えることになった。神の引き合わせであろう。しかし谷君が待ちわびているお母さんからの返信が、まだ私の手に届いていないのが、いま谷君に会う私にとって残念であった。

と藤原は嘆じているが、実はこの手紙は前述のように二人の対面の翌々日、参謀本部第八課の同僚尾関正爾少佐が藤原の許へ携行してきた。

田中敏雄（東京外国語大学名誉教授）の調査によれば、藤原は一月七日スリム陥落の後、機関本部のあるイポーに帰着。一月八日に大本営から派遣された尾関に会った。尾関は元旦に東京を発ち、おそらくバンコク経由でマレーに到着したと思われる。八日藤原と密談して深更に及び、翌九日に帰任した。その日に石川義吉も尾関に会った（平成一〇〔一九九八〕年一〇月二〇日、東京で、田中の電話による筆者への直談）。

豊の母トミの手紙を尾関が藤原に手渡したのも、この時ではなかったか。藤原はこの手紙を身につけながら豊に渡す折を得ず、結局それは、ジョホール＝バルの野戦病院、豊の病床において神本が手渡したのであった。

さて、豊と藤原の対面について、長きにわたるがもう少し前掲の藤原の書を引用しよう。

米村少尉は私達を民家の一室に案内した。家の庭には、七、八人の頑強そうなマレイ人がうづくまっていたが、わたしを認めると丁寧に頭を下げた。谷君の子分だな、と直感して、丁寧に答礼した。まつ間もなく、米村少尉は戦塵に汚れた一人のマレイ服の青年を伴って部屋に入ってきた。私は立ち上って彼を入口まで迎えた。米村少尉が「谷君。機関長だよ」「機関長殿。谷君です」と訴える口調で私達二人を引き合わせた。ケランタン州をまたにかけ、数百名の子分を擁して荒し廻ったというマレイのハリマオは、わたしの想像とは全く反対の色白な柔和な小柄の青年であった。そうしておどおどするほどに慎ましやかな若人で、谷君と教えられなかったら、これが日本人と思えないほど立派にマレイ人になり切っていた。私は谷君の挨拶を待つ間ももどかしく、「谷君。藤原だよ。よいところで会ったなあ。御苦労。御苦労。ほんとうに御苦労だった」と、彼の肩に手をかけて呼びかけた。谷君は深く腰を折り、敬けんなお辞儀をして容易に頭を上げないのであった。……サルタンの前に伺候した土民のように……。

「機関長殿、谷です」と飛びつくだろうことを期待していた私は、谷君のこの卑屈なほどにへり降った応対に、すっかり拍子抜けた。そしてかくまでマレイ人になり切ってしまった谷君の過去の境涯をしのんで、いじらしくさえ思えた。私は谷君の手をとって椅子に坐らせた。

さらに「ペラクのダムは大いに成功したそうじゃないか御苦労だったな」との藤原のねぎらいの言葉に対して豊は、「いいえ。大したことはありません。ペラク河の橋梁の爆破装置の撤去は一日違いで手遅れとなって相済みませんでした。それから山づたいに英軍の背後に出て参りましたが、日本軍の進撃が余りに早いので後れ勝ちになって思う存分働けなかったのが残念です。この付近では英軍の電話線を切ったり、ゴム林の中に避難しているマレイ人に宣伝したり致しましたが、日本軍のためにどれだけお役に立てたことでしょうか」と謙虚に答えた、とある。

ちなみに豊の話にある「電話線」には、正規の電話の他に、密林の中に仕掛けた盗聴用の吸音機の電線などもあったものと思われる。将兵の足音を捕捉し、それを目掛けて目に見えぬ遠方から英軍の砲弾が飛来してくる。よって電線の切断は戦場における重要な仕事であった。

両者の対面に同席していた山口源等中尉は、手記（稿本）に次のように記している。

ハリマオは南タイで米村少尉、神本氏等と共に、ヤラ・ベトン道方面を経て、ペラ河から英軍の背後に潜入し、カンパルの英軍基地の背後に挺身して攪乱工作に専念していた。カンパルでの藤原機関長との会見は僅か一時間足らずであったが、彼は満足な様子で、再びタンジョン＝マリムからベンタ方面の工作を約して去っていった。その後、ハリマオは重いマラリヤに冒されながら、マレー義勇軍の解放、軍事物資満載の列車転覆、通信網、交通網の切断、敵情の報告などの大活躍を続けた。

カンパルで豊に出会った山口は、この後彼と別れるが、シンガポール陥落後、豊の臨終に立ち会うこととなる。

山口源等中尉の軍歴

山口源等中尉（のち少佐）は兵庫県佐用郡久崎《くさき》村（現久崎町）の生まれ。佐用農蚕学校（現佐用高等学校）蚕糸科を経て京都高等蚕糸学校卒。二年遅れの兵隊検査を受け、昭和一三（一九三八）年一月、姫路の歩兵聯隊に入営した。

勤務成績は優秀で聯隊旗手を務めた。幹部候補生試験に合格後、見習士官を経て少尉に任官。昭和一五（一九四〇）年秋、陸軍中野学校第二期生卒業。昭和一六（一九四一）年一〇月、藤原機関に配属され、副官的存在として活動に従事した。

夫人信子によれば、山口にはいろいろなエピソードが纏綿している。入営の時、聯隊にソフト帽を被って行って付き添いと間違われ、「付き添い人は帰れ」と怒られた。姫路の幹部候補生時代には、手洗いで気分が悪くなった宴席づとめの芸者を抱えて医務室に伴ったのを見咎められ、一兵卒に落とされそうになった。実は聯隊長気に入りの芸者であったもので、一件はたまたま事件を知った佐用農蚕学校の教官の執り成しで事無きを得たという。写真を見るとたしかに見習士官・尉官時代の山口は、上官の嫉妬を受けて然るべき、瀟洒たる長身の美青年である。

國塚一乗によれば、後日ＩＮＡの問題をめぐって大本営と藤原との関係が悪化した時、藤原は最終の責任者として腹を切って死ぬ覚悟で、自分の骨と爪とを日本の家族へ届けてくれと山口源等中尉に頼んだ。藤原は山口をそれほど信用していたという（平成一四〔二〇〇二〕年一月一四日、神戸市で、筆者への直談）。

ハリマオの部下

カンパルにおける豊と藤原との会見の時、豊に従っていた「七、八人のマレイ人」の中の一名はウェ＝ダラメであろうが、他の者らは誰なのか。別働から参集してきた旧来の部下か、あるいはウェ＝ダラメ同様、急拵えの子分であったのかはまったく明らかでない。

ここで豊の部下について整理しておきたい。一二月八日マレー作戦の開始と共に南タイのパタニを出発した時、彼の部下はバンプーの盟友チェ゠カデ一人であった。ヤラに着き、豊はチェ゠カデの友人ウェ゠ダラメら四人を確保、マレー国境へ向け出発したが、一二月一〇日頃、国境の手前でチェ゠カデは病気で脱落。ヤラの四人の中三人も国境を越えた辺りで脱落。ウェ゠ダラメだけが独り残り、シンガポールまで行をともにすることとなる。

しかし一月六日カンパルでの豊との会見の場で藤原は、「家の庭には七、八人の頑丈そうなマレイ人がうづくまっていたが、私を認めると丁寧に頭を下げた。谷君の子分だな、と直感して丁寧に答礼した。」とし、さらに次のように記している。

最後に谷君に「表にいるマレイ人は君の部下かね」と問うと、「そうです」と彼は答えた。私が彼らに会って労をねぎらいたいというと、谷君は非常に喜んで「彼らは南泰以来、片時も私の身辺を離れない腹心の子分です。そうしてもらえれば、皆どんなに喜びますことか」と答えた。谷君は直ちに戸外の子分七名を部屋に伴って来た。私が一人一人に握手の手を差し伸べて「私がF機関長です。皆日本軍に協力してくれて有難う。これから日本人とマレイ人は兄弟のように仲よく協力しよう」というと、谷君が皆にかんで含めるように通訳して聞かせた。一同は感激の面持で丁寧に何度も頭を下げて、谷に促されて戸外に出て行った。

藤原の言を正しいとすれば、この部下らはマレー国境を越えてから豊の元に馳せ参じてきたものと考えられる。かつて豊が盗賊として活躍したクランタンやパハンに近い地域のこと、彼らの集合に際して独特のネット゠ワークが存していたものであろうか。土生の前掲書に従えば、彼らはそれぞれ特技を持つ、一癖も二癖もある手下であったということになる。

豊の言によれば、彼らは豊を中心に強固な団結を維持していたように見える。報道班員佐山忠雄も前掲の手記の中で「谷の一行は以来マレーの中央山系を西に東に踏破して、しばしば皇軍の先頭から数十キロも先に潜行した。……四方に散つてゐた子分も追ひ追ひ集まつて来た。」と記している。

いずれにしても第五列の活動は、本来小人数で行うべきもので、多くの部下がいたとは思えない。前掲の豊の言を借りれば、彼らは選りすぐりの精鋭ともみえるが、一方で急拵えのヤラの例もあり、その集団が離合集散を繰り返していたとする証言もある。チェ＝カデはその回想録で、次のように語っている。

その頃（筆者注：マレー進攻以後）から豊より連絡を受けていた仲間などが少しずつ合流したようだが、時には大雨の中、昼夜を問わない強行軍。食事もままならず、元の仲間たちは耐えられず一人去り二人去っていったようだ。別の場所でまた元の仲間らが合流。しかし同じ繰り返しだったようだ。

この証言は豊の死後シンガポールから故郷の南タイに帰還するウェ＝ダラメから、同行したパタニの歯科医師森才太郎が聞いたものを、後日チェ＝カデに語ったものとされる。パタニ在住の日吉亨にチェ＝カデが語ったところでは、病気の豊を運んだ子分の中には、金で雇われたインド人もおり、行く先々の村々で交代を繰り返したともいうが（平成九〔一九九七〕年五月、東京で、日吉の筆者への直談）、真相はよく分からない。

ともかくもシンガポールの豊の入院当時、彼に付き添って数人の部下がいたこと、その中にはウェ＝ダラメ、ラーマンの他に、豊のベッドの隣で寝泊まりしていたジョホール出身の若者オマール（後述）がいたことだけは確かである。

石川義吉、ハリマオと邂逅す

藤原機関長とは別に、豊にこの時初めて邂逅した人物がいた。藤原の前掲書に出てくる石川義吉である。彼は民間人出身の藤原機関員であった。二人の邂逅は、石川の記憶によれば一月一〇日以降、二〇日以前のことというが、藤原の記憶を正しいとすれば一月六日のことであろう。その思い出を、彼は筆者に次のように語っている。

ハリマオに遭ったのはカンパルでした。朝でした。道路上で誰も通りません。見通せる場所でした。地蔵さんのお堂があって、その前に坐っていたら、一人のマレー人が通りました。自分の風《ふう》が悪かったと見えて、こっちへ寄ってきましたから、それで自分はマレー人が何で用事かと思って、道路へ下りて行きました。辺りは森閑として音がありませんでした。

その時自分は、両方が日本語で話せるのではないかと直観しました。「お早う」とか「今日は」とか、ハリマオの方から言ったのではなかったでしょうか。ハリマオがマレー人の服を着ていることについての知識がなかったので、ああこれがハリマオか、と驚きました。ハリマオは名乗りませんでしたが、そうだと見当がつきました。ハリマオの名前は聞いて知っていましたのでね。

自分はマレー語は分からんので、すぐ藤原氏の所へ連れて行こうと思いました。「藤原機関長のオフィスへ行くから一緒に行かないか」と言うと、「有り難う、探していたんだ」と言いました。それで連れて行きました。皆朝飯を食べている所で、山口さん（筆者注：山口源等中尉）もいました。

このことで時間をロスしたので、駆け足でバックしました。自分のメインの仕事は、カンパルでインド兵捕虜をなるべく沢山集めて、クアラ＝ルンプールへ移すことでしたから。

ハリマオの日本語ですか。ちゃんとした日本語ではなかったですね。自動車のことを「モトカ」（筆者注：motor car の訛音）なんて言ってました。（平成七〔一九九五〕年五月二二日、東京で、筆者への直談）。

前述の通り、彼らの邂逅の場所は、カンパル市内ではなく、市の入口に近い小村クアラ＝ディパン付近ではなかったかと考えられる。石川は同機関の滝村正己軍曹と二人、投降インド兵をクアラ＝ルンプールへ護送すべく、藤原から指令を受けていた。彼によれば、時に一人で一〇〇〇人ものインド兵捕虜を扱うこともある大仕事であったという。

ところで藤原の書では、待機する豊の許へ藤原が赴いたことになっているのに、石川の直談では、藤原の居場所を豊が探し歩いていたという。彼が会った人物はあるいは豊ではなく、彼の部下であったかとも憶測されるが、しかしこの時期この場所で日本語を操り藤原を探していた者は、豊の他に想像すべくもない。石川が豊を機関本部へ伴った時、山口らはすでに現場にいたものの、藤原本人はいまだ到着していなかった、ということなら話の辻褄が合ってくる。石川と豊との出会いは、これが最初かつ最後であった。

石川義吉、藤原機関入りの経緯

余談ながら、石川が藤原機関員に抜擢されるに至った経緯を略述する。彼によれば、そのあらましは次のようであった。

自分は当時東京外国語学校（現東京外国語大学）ウルドゥー語科の学生だった。当時はまだ外語にヒンドゥー語科はなかった。中学校三年の時に胸を病んで、五年の時に外語だけしか受験しなかった。外語には四年いて、外国事情を学んだ。

昭和一六（一九四一）年一〇月二〇日頃のこと、校門を出た時に、郵便箱の所で「石川さん」と呼ぶ人がいた。憲兵曹長か軍曹かの名刺を出されたものだから、肝が冷えて、「自分は悪いことをしたことはありません」と答えた。この軍曹は今もまだ生きている。

翌日軍人会館（筆者注：東京市九段在。現在東京都千代田区九段の九段会館）の地下室で一席設けられ、当時としては随分贅沢な食事を出された。中野学校（筆者注：陸軍中野学校）の教官の大尉と、その下の憲兵と二人いて、今後の仕事の内容を打ち明けられた。参謀本部採用の形で、南方総軍の嘱託で、奏任官待遇の通訳として働けという命令だった。工作員になることを強いられたのだ。長男でないか、家がしっかりしているか、思想的に問題がないかなど、事前に綿密な調査をしたあげく、軍は自分に白羽の矢を立てたのだろう。自分は九男だったし、一二歳も年上の長兄は、近衛師団に配属されていた。「君は葉書もないんだよ」（筆者注：家族らに連絡の手段もないの意か）「親も子もないんだよ」（筆者注：今後親子の縁を切れの意か）と言われた。自分はその時兄の家から通学していたが、その兄にもこの事は言ってはならぬと言われた。

要は対インド人工作に際して、ウルドゥー語の堪能な石川を軍は欲したということなのであろう。既述のように、これに先立つ昭和一六（一九四一）年九月一〇日、藤原が初めて「藤原機関」によるマレー工作の構想を大本営陸軍部第八課の門松正一中佐から聞いた時、そのメンバーの中には、中野学校出身の青年将校らの他に、石川の名がすでに組み込まれていた。前掲のように、

只今東京外国語学校印度語部に在学中の石川義吉なる青年を採用すべく、学校長と当人に交渉中である旨が付言された。

と藤原の書にはある。石川の証言によれば、実は軍との交渉をすべて承知していたのは学校長だけで、彼自身も彼の家族もまったく寝耳に水、交渉というよりは有無を言わせぬ強引な命令であったことが分かる。

石川は一一月に偽造パスポートを用いてバンコクへ赴いたが、すぐまた帰国することになった。宿舎で晩飯を食べている時に、突然藤原から日本へ帰れと言われたのである。高等学校・高等専門学校の兵隊検査猶予が一二月一日で無くなる、徴兵検査を逃げたらいかん、と言われ、飛行機の切符を買って一一月二七日か二八日に機乗し、二九日に帰国した。往復で一八〇〇円であった。

石川の言によれば、徴兵検査は八百長で通した。東京外国語学校へ行ったら同級生はまだ勉強しており、彼を見て皆驚いたという。

参謀本部第二部第八課長から、機を見てバンコク経由でマライ前線のF機関を追及すべし、と下命された。一二月一五日頃に飛行機の切符が取れ、また戦地へ向かった。今度はパスポートも要らなかった。バンコクから汽車で前線へ追及した。

トロラッ・スリムの戦闘

豊と藤原機関長との対面がカンパルで行われていたちょうどその頃、前線はさらに南のスンカイ・トロラッ・スリムへと移っていた。

ジットラからこのかた、トロラッ・スリムは、英軍にとって天与の天然要塞であった。カンパルから延びる舗装道路は一本道で、その傍らはゴム林かジャングルである。日本軍にとって野戦の展開は不可能で、単縦陣形で進まざるをえず、これを邀撃《ようげき》する英軍は道に沿い、縦深の陣を幾重にも構えることができた。この時トロラッ・スリム防衛の任に当たっていたのは、英印軍第十一師団、トロラッ以北六キロからスリム＝リヴァー駅北一・五キロを第十二旅団（イポーより撤退）が、同地以東スリム＝リヴァー橋までを第二十八旅団（カンパルより撤退）が布陣していた。

ジットラ以来、英軍は随所に戦いつつも、退却に次ぐ退却を重ねていた。この撤退行動も、英軍にとっては当初からの所定の戦略であった、と、オックスフォード大学出身の歴史家ジェームズ＝リーサーは論じて、次のように言う。

チャーチルも言っているが「マレー半島全体を防衛しようという考え方は、現実的でない」しかし、シンガポール島の北島に海軍基地があるので、日本軍が飛行場を占領してそこから基地を攻撃するのを阻止するために、全半島を押えておくことはぜひ必要なことであった。したがってイギリス軍の方針は、シンガポールにもしそれが駄目ならスマトラに空軍が編成されるまで、全半島をゆっくりと後退することであった。こうして彼らは、かつて彼らがつねに彼らより劣等な民族であると考えていた民族（日本人）に対して、その戦略的ならびに戦術的劣等性を示しながら退却するという場面を、展開しつつあったのである（『シンガポール　世界を変えた戦闘』向後英一訳）。

しかしながら、開戦以来一日の休暇もなく前進を続行した日本軍と同様、英軍の疲労もまた甚だしいものがあった。相次ぐ退却は、彼らを心理的に疲れさせた。リーサーの言を続ける。

スリム河が天然の障壁であって、増援部隊の上陸が完了するまでクアラ・ルンプールの陥落を引延ばして、そこの飛行場が日本軍によって使用されるのを阻止することは、絶対に必要なことであった。

第十二インド旅団が、クアラ・クブに至る道路と鉄道を押えていた。道路と鉄道の両側はうっそうとしたジャングルであった……兵器を構える陣地を掘り、鉄条網を張りめぐらし、日本軍の戦車を阻止する防塞を構築する時間はあったのだが、何分にも兵隊たちは全く士気が低下していた。そうした兵隊たちの無気力をこぼしていた一士官は、その原因はジャングル戦闘による閉所恐怖症だと言っていた。

「ジャングルに包まれることによっていよいよ強められる恐ろしいような地上の静まりかえった状態が、兵たちの神経を押えつけた……ジャングルは、兵たちの気持ちをうつろなものにしてしまった」(前掲同書)。

日本軍、スリムに勝利す

スリム戦の語り草となったのは、島田戦車隊の死闘である。余談ながらその戦いを略述すると次のようである。

戦車隊第四中隊(長 島田豊作少佐)は、一月七日朝トロラッに突入して英軍司令部を撃ち、さらにスリムに向け単独で挺進を開始。北上する英軍自動車部隊や、沿道のゴム林に露営する英軍部隊を順次撃破しつつ南下し、スリム=リヴァーに入り司令部を攻撃。さらにスリムに突入し、橋梁を確保して、英軍の重囲の中に孤塁の死守を続けた。

島田戦車隊が突破した英軍陣地の縦深三〇キロ。この間の戦況を細叙する暇はないが、その戦の激しさは、例えば佐藤小隊長車の最期にも見ることができる。同戦車は至近距離から、二〇サンチ榴弾砲の直撃を真正面に受け擱座した。弾丸が貫通した穴は猛虎が口を開けた如くで、戦闘室内は砕けた柘榴さながら血・肉・骨片が四散し、佐藤中尉・東堤軍曹・飯田伍長・長谷兵長の四乗員は掻き消つようになく、ただ銃把を握る長谷兵長の右手と、アクセルを踏む飯田伍長の右足だけが残っていたという。

英印軍二個旅団は、島田戦車隊のスリム進出によって完全に退路を絶たれ、大混乱に陥り壊滅した。この戦闘の完敗について、『英公刊戦史』は次のように記している。

スリムリバーの戦闘は大きな損害であった。これによって中部マレーを早期に放棄することになり、また、当時シンガポール増援の部隊が、戦闘準備をするに必要な間、北部ジョホールを保持する機会を失ってしまった。これからしばらくの間、第一一師団は戦力を有する戦闘部隊として存在しなくなった。

筆者は平成一一（一九九九）年一一月二四日、後述する佐々木賢一とともにこのスリムの戦場を訪れた。島田戦車隊が死守した橋は、思いのほかに小さく、岸に降りると橋脚に水が緩く渦巻き、名も知らぬ花が咲き、かつてこの場所で激戦があったとはとても思えぬ静かな風景であった。

佐々木賢一兵長、山下司令官に随伴す

第二十五軍司令部は、昭和一六（一九四一）年一二月二五日、タイピンにおいて各部隊に軍命令を下達。翌一七（一九四二）年一月二日、カンパル陣地において当面の英軍が撤退を開始したことにより、三日近衛師団及び第五師団に軍令を伝え、また進出したイポーにおいて、一月六日近衛師団に、さらに一〇日イポーにおいて全軍に命令を下した。爾後司令部は、一二日早朝イポー進発、同日正午過ぎにクアラ＝ルンプールに進出した。軍司令官山下奉文中将がカンパルを通過したのも、この一二日であ

ったと考えられる。

この日山下はカンパルの密林の中に入り、戦跡を視察した。一月六日の藤原と豊との対面から、六日後のことである。前述の通り、山下が立った場所は、カンパルから六キロほど北方のクアラ＝ディパン付近の林中ではなかったかと思われる。

佐々木賢一兵長は、この時司令官の護衛兵として山下と共にいた。「佐々木、傍に立て！」と幕僚の声が飛び、彼は山下を流れ弾から守るために溝を飛び越え、佇立する山下の傍らに立った。恰幅のよい山下と、鉄兜を被りその傍らに随伴する佐々木との写真は、今シンガポール、セントーサ島の戦争資料館に掲げられている。

平成一一（一九九九）年一一月二四日、筆者は佐々木に従い、この戦場を訪れた。旧道を横切る橋の架け代え工事のため、戦跡のわずか手前で通行が止められ、かつて二人が立った場所には立てずに終わった。付近の山の尾根に、墜落した日本軍の戦闘機の残骸が今なお残っている、との住民の話も、いまなお記憶に新しい。

英軍野戦陣地跡を視察する山下奉文中将。後方の鉄兜の人物は佐々木賢一兵長。
（1942年1月12日撮影。佐々木賢一氏提供）

佐々木賢一兵長の履歴
佐々木賢一兵長（大正八〔一九一九〕年〜平成一二〔二〇〇〇〕年）は静岡県静岡市生。県

立庵中学校（現県立清水東高等学校）を経て日本大学経済学部を卒業、三井物産株式会社に入社した。弟の昌三（昭和四〔一九二九〕年生。静岡市在住）によれば、周囲がみな士官の道を歩む中、健一は軍人になるのを嫌って地方人を選んだという。既に中学時代から英語に堪能で、また剣道の達人でもあった。

昭和一五（一九四〇）年、応召で豊橋の歩兵第十八聯隊に入隊、翌一六（一九四一）年広東攻略作戦に従軍。軍司令部の暗号手に補された。

日本軍のインドシナ進駐とともに、フランスの植民地都市サイゴンに転属。サイゴンでは軍装でフランスのレストランに入ると仏軍人らが白い目で見たので、腹立ち紛れに路上で仏国人を怒鳴りつけたら安南人（ヴェトナム人）らがワーッと歓声を上げた、などの出来事もあったという。

さらに海南島に集結後、昭和一六（一九四一）年一二月八日、マレー作戦の開始とともにソンクラに上陸。第二十五軍司令部付となり、山下奉文司令官の護衛兵に補された。彼がカンパルで山下とともにあったのは、如上の事情による。

昭和一七（一九四二）年、シンガポールで現地除隊。三井物産に復帰し、シンガポール・クアラ＝ルンプールの支店で勤務した。郊外のゴルフ場でゴルフをしていたら、日本軍の中尉に、「この非常時に何をしているか」と一喝された。「俺も退役軍人だ。中尉だぞ！」とはったりで言い返したら、相手は黙ったという。佐々木夫人は、このクアラ＝ルンプール時代に親しくしていた同僚の中国人の妹である。

この後二度目の応召。グリクの塹壕陣地で終戦を迎えたが、収容所に入らずに軍を離脱。マラヤ共産党の勧誘で対英独立戦争に参加し、マレー・タイ国境付近の山中に籠もった。前述のように国境付近のタイの都市ベトンは、近年までマラヤ共産党の勢力が残存していた所である。

英領マレーの独立後、佐々木は身分を隠しつつ、クアラ=ルンプール、マラッカ、シンガポールを点々とした。クアラ=ルンプールでは、夫人の実家にかくまわれた。夫人林氏の姓に因んで中国人林慶瑞を名乗り、シンガポールで英軍のトラック運転手に雇われたこともある。

シンガポールに日本領事館が再置された折、昭和三五（一九六〇）年に佐々木は名乗りをあげ、日本人として復帰。一五年にわたる隠密生活に終止符を打った。

彼は三菱商事株式会社に就職したが、その後内地の人からの薦めもあり、資本が大して要らない職業として旅行会社の経営を思い立ち、ジャッツ=トラヴェル=サーヴィス=シンガポールを設立した。爾後社長として人脈も広く、戦跡を訪れる多くの戦友会のために長く尽力した（平成一一（一九九九）年一一月二五日、マラッカで、筆者への直談）。近年は毎年九月に必ず帰国。戦友会に出席しては「戦友の遺骨を抱いて」を合唱した。帰京の折には弟昌三が代理受領する軍人恩給を貰うのを楽しみにしていたという。

佐々木は筆者の調査に際しても、実に多くの教示を与え、便宜を図ってくれたが、平成一二（二〇〇〇）年八月初めに急逝した。

藤原機関・INA、最前線へ

藤原機関、IIL、INA、YMA、スマトラ青年団の五組織が、イポーに本部を並立設置し、戦線の展開に即応して新たな活動を開始したことは既に述べた。藤原機関にとって、英印軍インド人将兵への帰順工作は、最も重要な課題であった。この時期INA創設の立役者モーン=シン大尉の指導により、英軍に潜入してＩＮＡへの参加勧告を行うべく、インド人将兵の宣伝班員の教育が始められていた。

藤原の書によれば、藤原機関・ＩＮＡ協力によるこの工作は、困難を究めたものであった。

すなわち藤原機関の三連絡班の班員中宮中尉・土持大尉・山口中尉は、それぞれＩＮＡ宣伝班員を誘導して戦線の司令部へ行き、第一線の位置を確認し、その前線へ進出してＩＩＬやＩＮＡ成員の戦線通過の許可を取りつけ、さらに飛来する弾雨の間断を縫い、ゴムの木の根をつたい、散兵線に辿り着く。ＩＮＡ宣伝班員は、英軍散兵線の様子や地形を窺い、藤原機関の連絡班員に別れを告げて、脱兎の如く英軍内に潜入して行く。彼らは、英人指揮官や英兵のいないインド兵グループを求めて進んだ。一方連絡班員は、ＩＮＡ宣伝班の潜入を見定めて後方に下がり、各部隊の手中の投降インド人将兵を接収して、本部へ引き上げる。この行動がピストンのように繰り返された。

藤原によれば、この仕事には三つの苦心が伴った。

第一は、ＩＩＬ・ＩＮＡ成員と日本軍将兵との間に誤解・摩擦が生じたり、誤射を受けたりせぬようにしながら、最前線まで誘導することであった。

第二は、投降インド人将兵が、再び寝返って英軍に通報せぬかと危惧する日本軍指揮官や参謀を説得することで、特に尉官に過ぎぬ連絡員が、聯隊長、旅団長、参謀らに諒解を取りつけるのは生易しいことではなかったという。

第三は、わずか三、四の連絡班で、二〇〇マイル離れた戦線と本部との間を往復せねばならぬこと、また折角英軍内に潜入してインド人将兵を勧誘しても、再び夜闇の中を日本軍の散兵線を越えて帰ることの難しさであった。

このような困難に対処するため、藤原機関長とモーン＝シン大尉とは、慎重に討議を重ねてマニュアルを縷々定め、内容を列記してＩＮＡへの参加勧告文とし、宣伝班員に携行させた。一方飛行機を利用して宣伝文の空からの散布も行われ、大きな成果を上げた。心配されたインド人将兵の寝返りは一人としてなく、日本軍の杞憂であったことが、スリムの戦闘の終結時に証明された。

スリム戦線で島田戦車隊その他が死闘を繰り返していた頃、藤原は安藤支隊本部にいて戦局の推移を見守っていたが、英軍敗北の報に接し、南進する日本軍に混じってスリムに急行した。この時の光景を、藤原は次のように記している。

私がスリムの橋梁近くに進出すると、中宮中尉と土持大尉の連絡班がまず私のもとに馳せ集まってきた。次いで左右のゴム林の奥からＩＮＡ、ＩＩＬ宣伝班員や土地の印度人の誘導を受けて白旗を掲げたり、腕に白布を巻いたり、白布を手にかざしたりして印度兵が続々と集まって来た。僅かに二時間も経たない間に三〇〇名にも余る数に達した。いずれも飛行機から投下されたＩＮＡの参加勧告書を持っていた。既にＩＮＡ宣伝班から色々なことを聞いているせいか、彼らの面には少しの不安も恐怖も認められなかった。ＩＮＡ宣伝班員が私を指しながら、ヒソヒソと彼らに耳打ちすると、彼等は顔を和ませてうなずいた。私が彼らに親しみをこめた眼差しを送ると、彼らはいずれも直立して元気に敬礼をした。そこにはいまのいままで相闘った敵味方の観念は露ほども意識されていなかった。私とモ大尉がかねてこの光景を理想として計画し、工作してきたことではあるが、現実にこの効果を確認し得た私は、何だか夢をみているような気がしてならなかった。

藤原の書によれば、この時ＩＮＡ将校は藤原に向かい、ＩＮＡの宣伝活動が英軍の中に浸透していること、将来ますます多くのインド兵の投降者があるであろうことを説き、宣伝班の各方面への派遣を訴えた。藤原は連絡班・宣伝班に前進を命じ、自らは本部をクアラ゠ルンプールに急進せしむべくイポーに帰り、石川、滝村機関員にはインド兵をクアラ゠ルンプールに向け前送させた。

一月九日、藤原はイポーに参謀本部第八課の同僚尾関正璽少佐を迎え、インド等東亜政策に対する私見を述べた。すなわち日本は武力に頼らず、一切の権謀術数を排し、自由と平等の関係に立ち、インドの完全独立を支援し、日本の施策に対する理解協力を求むべきこと。インドに対する如何なる野心も持たず、内政干渉を行わぬこと。その方針に基づき、速やかに対インド基本政策を確立し、インド独立運動に対する日本の根本的態度を中外に闡明《せんめい》すべきこと。大本営の施策は、政府と大本営一致の全面的対インド施策に発展せしむべきこと等々。尾関は傾聴し、帰国後藤原の理想の具現への協力を約して去った。

同九日、藤原機関本部とIIL本部とは、イポーからクアラ゠ルンプールへの前進を決定。藤原はふたたびスリムを経、追撃部隊に追尾してクアラ゠ルンプールへ向かう途上、三〇名、五〇名のインド人将兵の群が、日本兵や藤原機関員の誘導監視を全く受けぬまま、F（筆者注：藤原機関のイニシャル）標識を認めた白旗を掲げ、隊伍を組み、日本軍部隊の間に混じり、連邦首都へ向け行進する風景を目撃した。彼らは一様に藤原機関の証明書を携え、そこには「INAに参加を志して投降したこのインド兵グループは、藤原機関の指示に基づきクアラ゠ルンプールへのキャンプに向かうものである。途中の行軍に特別の保護と便宜を供与願いたし。藤原機関」と、連絡班長の手書がしたためてあった。日本軍将兵は、初め驚きと奇異の目で彼らを眺めていたが、やがて自らの自動車に収容し、クアラ゠ルンプールの藤原機関へ送り届ける部隊も現れた。

こうした藤原機関の活動は、当然英軍の察知するところとなり、藤原ほか機関員、INA将校、IIL成員の首に莫大な懸賞金がかけられた。また戦後藤原が英軍関係者から知らされたところでは、藤原機関に関する英軍の調査書は、部屋一つを満たすほどの膨大な量にのぼったという。

クアラ＝ルンプール陥落、インド人将兵の飛行場修復

敗北を続ける英軍は一月九日、翌一〇日をもってクアラ＝ルンプールからの撤退を決定。日本軍は一一日同市に進入した。当時の状況を、第二十五軍辻政信中佐参謀は、次のように記している。

疲れたやうに見えた第五師団は、再び功を競ふ相手（筆者注：近衛師団）に鼓舞されて、息継ぐ暇もなく、タンジョンマリムの既設陣地に殺到した。そこには、クアラルンプール防衛の最後の陣地線が開戦前から準備されてあつた。地形上からも堅固な防衛線であり、相当の激戦を予想したのであるが、スリムで約二ケ旅団の敵が壊滅されたために、遂にこの既設陣地に拠つて抵抗すべき兵力は殆んどなく、そこにはただ散兵濠が、蛇の脱殻のやうに残されてゐた。（中略）
一月十一日午後八時、遂に敵の大した抵抗を受けることなく、連邦首都クアラルンプールに突入することが出来た（『シンガポール—運命の転機—』）。

余談ながら辻によれば、このクアラ＝ルンプールの大飛行場は、早速日本軍によって逆用が試みられたが、それまで見られなかった小細工の罠にはまった。滑走路の草むらに細い針金がばらまかれて地雷に繋げられたり、滑走路に並べられたドラム罐を除去しようとすると、爆薬に点火されて損害を出したりしたのである。

完全に破壊されたこの飛行場の整備を率先して行ったのが、INAに参加したばかりのインド人将

兵であった。モーン＝シン大尉の提言により、毎日一〇〇〇名以上のＩＮＡ隊員が飛行場の作業援助に出、整然たる秩序のもとに短時日で修復を終えた。これを預かり統括したのが石川義吉であった。大変なプライドであった、楽しかった、このような相手とどううまくやれるか、そのために四年間「外語」で外国事情を勉強したのだ、と石川は回顧する（平成七〔一九九五〕年五月二二日、東京都港区で、筆者への直談）。

豊、ゲマスに到着す

一月六日、カンパルにおいて藤原機関長と邂逅して以後、豊の細かな足取りを追尾することはできない。彼はおそらく、南進する軍に呼応して街道沿いに南下していったものと思われる。神本利男と行を共にしたタイ人少年ラーマンの言によれば、次に彼の消息が確認されたのはゲマスであった。この地では日英両軍の間に一月一二日以後激闘が行われたが、ここでの豊について、ラーマンは土生良樹に、次のように語っている。

トシさんと私の班が、ハリマオたちと再会したのは、ゲマス陣地の攻防戦が始まる前日（一月一一日）、ゲマス北部のジャングルの中でした。ハリマオは再度の発熱で担架で運ばれてきましたが、発熱と疲労で憔悴したハリマオを見たトシさんの心痛の顔は、今も忘れません（『神本利男とマレーのハリマオ』）。

またチェ＝カデの友人で、ヤラから豊に最後まで従ったウェ＝ダラメも、日本人歯科医の森才太郎に次のようなことを語っている。

ユタカはイポーに向かう頃から少しずつマラリヤが悪化。所持していた犀の角を削り飲んでいたが、その頃に軍の偉い人に会って以後歩くこともままならず、ジョホール＝バルまでの数百キロをほとんど担架、それも大きな町でインド人を大勢雇い、交代で担がれて次の大きな町に着くと別のインド人を大勢雇う、という方法だったという（「チェ＝カデ回想録」）。

「軍の偉い人に会って以後」云々とは、先のカンパルでの藤原との会見を指すのであろう。彼は機関長の前では健気に振る舞っていたが、その後四日の中に、病態は急激に悪化し、担架の上でうわ言も言っていたらしい。ちなみにチェ＝カデが日吉亭に補足したところでは、この担架とは死人の棺を担ぐためのものであったという（平成九〔一九九七〕年五月、東京で、日吉の筆者への直談）。

藤原が豊の病状の悪化を知ったのは、遙か後、シンガポール陥落を直前に控えた二月一四日の朝、ブキ＝パンジャンの戦場においてであった。

ゲマスにおける豊の活動の真否

豊のゲマスでの行動について記しておこう。『藤原（F）機関』には、シンガポール作戦の最中の出来事として、次のような藤原の記述がある。

ブキパンジャンの本部にたどりついたのは朝の九時ごろであった。神本君が沈痛な面持で私を待っていた。ハリマオ（谷君）が一月下旬ゲマス付近に潜入して活躍中、マラリヤが再発して重態だという報告であった。ハリマオはゲマス付近の英軍の後方に進出して機関車の転覆、電話線の切断、マレイ人義勇兵に対する宣伝に活躍中、マラリヤを再発しながら無理をおしていたのが悪かったのだという説明であった。

このように藤原は豊の功績として、第五列の活動を列挙している。

特に彼がマレー人義勇軍の中に飛び込んで日本軍作戦の意義を説き、「武器を捨てて故郷へ帰れ」と熱誠込めて呼びかけた話については、日本の各新聞が、昭和一七（一九四二）年四月三日、彼の死を報じた際に、「ゲマスでは千八百人のマレーの義勇兵を説得して帰順せしめ……」（「東京朝日新聞」ほか朝日系新聞）、「自ら中央山系に飛び込み、彼を神と仰ぐ住民の説得から、敵軍の真只中に挺身し抗戦の無意義を説き、ゲマスでは実に彼によつて千八百名の敵軍が武装を解除し、我に降伏を申出た…」（「東京日々新聞」ほか毎日系新聞）等々、一斉に記事を掲げた。

しかし先のラーマンやウェ＝ダラメの証言からすれば、病態の悪化の一途をたどっていたこの時期の豊に、如上の行動が十分にできたかどうか。同様の帰順勧告がイポーにおいて、全く同じパターンで、同じ言葉を用いて行われた話があったことは、既述の通りである。豊の活動内容が、シンガポールのブキ＝パンジャンの本部で、神本から藤原に伝えられたことは確かであるが、豊の活動の具体性については、今一つ透明度が欠ける気がする。

バクリの戦闘

バクリでは近衛師団の激闘が繰りひろげられていた。近衛師団歩兵第五聯隊第三大隊（大柿支隊）の死闘、五反田戦車隊の全滅など語り草となった戦も多いが、紙幅の関係で多くを書くことができない。

近衛野砲兵聯隊第二大隊第六中隊長、本城正八郎砲兵中尉（大正八〔一九一九〕年生。東京都清瀬市在住。建築家）は、戦いの跡生々しいバクリの村の十字路に入った時のことをよく記憶している。日本

日本軍砲兵の攻撃（撮影日時・撮影地不詳。荒金義博氏提供）

軍に退路を断たれた英軍の車輌が延々と連なり、その中の患者輸送車に、腹を負傷した英軍の高級将校がいた。彼は本城らを見ると、手真似で自分を殺すつもりかと尋ねた。折から捕虜の英兵らが、寛大に過ぎた監視の日本兵を射殺して逃亡するという事件が生起していた。いきり立った歩兵らに見つからぬように、本城はこの将校を車から下ろし、草むらに隠して水と乾パンを与え、手当をしてやった。捕虜収容所へ送る暇もなく、残置したまま戦線へ向かったが、それが心残りとなった。後になって考えると、彼は旅団長であったかもしれぬと本城は回想する（平成一三〔二〇〇一〕年一二月一八日、東京で、筆者への直談、及び『近衛野砲兵聯隊史』）。

筆者は平成一一（一九九九）年一一月二五日、佐々木賢一に伴われ、バクリからヨンペンへ向かう道路に沿った戦場を訪れた。当時日英両軍が闘ったゴム林は、ほとんどすべてがパーム椰子の林に変わり、当時の面影を偲ぶよすがも無かったが、せめてもの記念にとただ一つ残るゴム林に足を踏み入れると、偶然にもそこが目当ての古戦場であった。佐々木はかつて近衛師団の戦友会を伴い、この場所を訪れたことがある。道路端の里程標がその時の目印であったが、度量衡がマイルからメートルに変わっていたために標木の位置が移り、目印を見失っていたのであった。

ゴムの樹々の中に古井戸の枠が残り、その周囲で白兵戦が行われたのだという。広い林でただ一人作業中のマレー人青年（姓名及び年齢不明）に尋ねると、次のように語った。

祖父から聞いた話だが、ここで日本軍とイギリス軍が闘ったそうだ。日本の兵隊は、体は小さいがたいそう勇敢で、大男のイギリス兵を圧倒したそうだ（平成一一〔一九九九〕年一一月二五日、バクリにて、筆者への直談）。

第二十五軍司令部は、一月一五日早朝イポーを進発、同日正午に第五師団とともにクアラ＝ルンプールに入り、軍指令所を開設した。以後攻撃の進展に伴い、一月一九日クアラ＝ルンプールを進発。ゲマス占領直後に軍指令所を同地に移し、一月二八日にはさらにクルアンに進出することになる。

藤原機関の激務続く

藤原機関の活動は、クアラ＝ルンプールへの進出に伴いますます多忙を極めた。藤原の書によれば、彼はこの州都のインド人有力者と連日会談し、インド人の政治的結束に努めた。一月一五日、彼は機関本部にラキシマイヤー博士、ブッシンほか数々のインド人名士の訪問を受け、インド独立運動支援、在マレーインド人の利益保護、日本軍軍政の意図等につき、意見を交換した。インドの人々はＩＩＬ・ＩＮＡの思想に共鳴し、日本軍への協力を約束した。

一月一六日クアラ＝ルンプールにおいて、引き続きクルアン・マラッカなど中部マレー諸都市においてインド人大会が催され、ＩＩＬ支部が結成された。またインド人によるＩＮＡへの献金も日に増した。藤原は彼のインド施策につき、南方総軍寺内寿一総司令官や大本営への意見具申の時期到来を確信し、文案作成に着手した。しかしこの後ＩＮＡの扱いを巡り、藤原と大本営との間に微妙な亀裂が生じ始めてゆく。

一方前述のように、この時ゲマス・ムアル方面では激戦が展開されていた。一月一七日、藤原は近衛師団に対峙する英印軍への工作のため、ムアル河畔に急行した。藤原の眼に映ったものは炎々と業火を上げ、黒煙天に沖するムアル市街の惨状であった。河幅一〇〇〇メートルほどもあるムアル河口には四～五〇〇〇トン級の渡船が沈没し、マストが無残に水面に屹立していた。夜間に至り近衛師団の国司・岩畔両追撃隊が渡河を開始すると、突然英海軍の駆逐艦が河口に襲来し、日本軍に向かい砲撃を開始して将兵を凝然たらしめた。

バクリの激戦の結果について藤原は、「英印軍第四五旅団は、二二日にはパリックストロンにおいて完全に退路を遮断され、最後の力闘を試みたのち消滅し去った。」と記しているが、一方で機関の工作は進展し、多くのインド将兵がＩＮＡの勧告に応じて帰順した。一八日正午ごろ、藤原がムアルの町に入ったころには、二、三百名の印度兵が宣伝班に収容されて郊外の学校に集合し、中宮中尉・米村少尉など数名の機関員がインド兵の宿営給養と、傷病兵の世話とに奔走していた。印度兵らはＩＮＡ宣伝班と機関員の心やりと宣伝とに安堵しており、石川の通訳を通じて藤原の話に聞き入り、ともに昼食のカレーライスを味わった。

直ぐ眼の前のバクリ方面には、いんいんたる銃砲声が轟く戦線に、この和やかな光景は奇妙な対象であった。

と藤原は記している。

インド兵との会合の後、一月二二日、藤原はバトゥ＝パハッの西北方、シンパン＝キリ河辺のパリッ＝スロンの戦場へ赴き、さらにスマトラ工作のため、その夜の中にクアラ＝ルンプールへ引き返した。

豊の動向

既述の通り、神本とラーマンが豊を見たのは、ゲマス付近のジャングルの中であった。一月一一日、攻防戦の始まる前日であったというが、それ以後ジョホール＝バルに至るまでの豊の動向については、ほとんど何も情報が残っていない。マラリアに冒されゲマスに留まっていたが、一一月一四日以降、おそらくはマレー人の部下に守られ、ゲマスからスガマッ、ラビスの線をジョホール＝バルへ向かったのではなかったか。開戦以来彼と常に行を共にしてきた藤原機関員の米村弘少尉は、一月半ば頃にはムアルで活動していたことが、上記の藤原の書から明らかである。おそらくはインド兵工作の最も重大な時期に直面し、豊とは一別したものに違いあるまい。

東海岸における藤原機関員の活動

藤原機関は、東海岸方面の活動に瀬川清中尉を配していたが、同中尉はコタ＝バル上陸作戦の時、早くも戦死した。

瀬川亡きあとの機関の活動は、永野某と橋本某との、民間人出身の二機関員に委ねられることとなった。この二人はよくマレー人官民の中に入り、人心を掌握して支隊に協力し、その行軍を助けた。クアラ＝ルンプールにおける彼らとの邂逅について、藤原は次のように記している。

一月二四日マレイ東岸に作戦しつつあった佗《たく》美《み》部隊が、マラン、メンタカブを経てクアラルンプールに到着した。

この日、私は私の部下として、五〇日にわたって佗美部隊の先導となり、住民の宣伝に、情報収集に挺身してきた二人の若いメンバーと初めて相見ゆることができた。それは戦前南泰のパタニやコタバルに永住した永野君と橋本君の両名で、永く祖国を離れていたし、軍隊生活や訓練の体験は皆無の人であった。マレイ東岸の作戦は、マレイの中央街道や西岸沿いの作戦とは全く様相を異にした。未開の密林地域の困難な大地をはい廻るような戦闘であった。瀬川中尉が開戦早々、コタバルで戦死したために、この二人の青年が佗美部隊の先導となって活躍しなければならなかった。私はこの二人の部下の安否を心中案じ、かつ使命の遂行に懸念をいだいていた。応接室で初めてみることのできたこの二人の部下の状（ママ）ぼうに、またその服装に、一見千辛万苦の奮闘の跡が歴然と現われていた。

佗美少将や参謀佐藤不二雄少佐が藤原に語ったところでは、マレー語に堪能な二人は、五〇日にわたる困難な作戦中、常にマレー人を伴って日本軍の最前線より更に二日、三日行程深く英軍中に潜入し、マレー人・インド人の宣撫と諜報活動とに手腕を発揮した。英軍が渡河材料を奪い退却したはずの河に日本軍が到着すると、そこには必ずこの二人が現住民の協力のもとに材料を準備して待っていた。住民は果物と飲料水をも用意してくれた。またパハンのスルタンの一族を救出し、クアラ＝ルンプールの軍司令部まで護送してきたのもこの二人であった。

藤原はこの二人の功績と謙虚な人柄とに打たれ、佗美少将から彼らの功績を認証する文書を受領したという。この二人の機関員の中、永野なる人物は、かつてナラティワッのモー＝チバこと芝儀一宅に寄宿していた長野正一と関わりがあるか。判然としない。

藤原機関長、インド政策を上申す

『藤原（F）機関』によれば、ムアルに収容された英印軍将兵の数は六〇〇名に達した。藤原機関の各成員は、それぞれの戦線で職務に忙殺されていた。中宮中尉は数名の部下とともにジョホール＝バル方面へ赴き、ＩＮＡ宣伝班を援助し、土持大尉はムアルで投降インド将兵の世話をし、國塚少尉と伊藤機関員とはＩＮＡ司令部にいて連絡に従事していた。モーン＝シン大尉はクアラ＝ルンプールにあって、ＩＮＡの武装二個中隊の訓練に没頭していた。

これと期を一にして、ボルネオ方面は日本陸海軍部隊が占領、セレベス・ニュー＝ブリテンの島嶼も一月二三、二四に日本軍が占領した。フィリピン方面では本間中将指揮下の日本軍が一月二日にマニラを占領、一月二七日バターン半島のマッカーサー麾下の米軍に迫りつつあった。ビルマ方面では、第五十五軍主力が泰緬《タイメン》国境に兵力を集中し、一月一九日、国境を突破してサルウィン河の戦線に進撃を始めた。

如上の状況下、藤原機関長はサイゴン総司令部の大槻中佐参謀から電話を受け、クルアンにあった第二十五軍司令部に出頭して機関の仕事の進捗状況を説明し、同時に藤原の腹案「大印度政策」を披瀝すべく下命された。藤原の前掲書及び國塚一乗『インパールを越えて―F機関とチャンドラ・ボースの夢―』によれば、一月二九日、同中佐に状況説明に赴いた藤原は、折しも本国から戦線視察中の陸軍省人事局長富永泰次中将（陸軍省人事局長、陸軍大臣東条大将代理）、田中新一中将（参謀本部第一作戦部長、参謀総長代理）、大本営参謀の近藤中佐、同岡村中佐らと邂逅した。藤原は所信を二将軍に披瀝、これに動かされた二将軍と幕僚とは一月三〇日急遽クアラ＝ルンプールに飛び、ＩＮＡの兵営視察と閲兵とを行った。またプリタム＝シン及びモーン＝シン大尉と二将軍との面談、諸幕僚との懇談なども行われた。藤原はさらに、インド政策についての意見を二将に具申し、共鳴を受けた。二将との接触の成功は、藤原はじめ同機関員、ＩＮＡのメンバーを欣喜させ、勇気づけた。

第五師団ジョホール＝バルへ

バトゥ＝エナム、スガマッを占領した第五師団は、ジョホール＝バルへ向けて南下を続けた。猛追に次ぐ猛追、激戦に次ぐ激戦で、師団の疲弊も極限に達していた。

第四十二聯隊第二大隊第七中隊所属の辻田稔次によれば、一月二八日に尖兵中隊となった同中隊は、パタニ上陸以来戦死傷者がすでに三〇名を超え、員数は八〇名を割っていた。その上自転車のパンクなどで遅れる者が絶えず、実戦力はさらに割り引かねばならなかった。シンパン＝レンガムからジョホール＝バルへ向かう途中、中隊は英軍の待ち伏せ攻撃に遭って苦戦し、辻田自身も重傷を負った。彼は次のように記している。

道標四二哩をすぎた曲り道に達したとき、突如敵と遭遇した。猛烈な銃火と迫撃砲の集中砲火である。自転車から飛び降りて伏せる。全面の丘から撃ってくるが、低いこちらからは見通しがきかない。完全な待ち伏せである。

応射するにも地の利が悪く、そのうえ軽機関銃が一銃自転車の故障で遅れている。迫撃砲弾は休みなく落ちてくる。そのうちに「小隊長負傷」の声がして「鹿島兵長が指揮をとる」という声が続く。

私も右下腿に銃弾を受け、続いて右上腿と左の尻に迫撃砲の砲弾破片創を受けた。道路端の低いところに転がったままで、ゴムの枝が砲弾のため一面に落下して、私の上に重なってくるので、その枝を手で払い顔を出すのが精一ぱいである。

負傷者が多いのか衛生兵も来ない。いや来られないほどの砲火である。やがて後方から金谷衛生軍曹がかけつけて来て、豪胆にも砲弾の下で悠々と応急処置をしてくれた。中隊主力からは何

の連絡もない。後方も砲撃されているらしい。（中略）

戦場には思いもかけないことがあるものである。第十隊の小隊長の後を走っていた西村軍曹が「しっかりせいよ」と声をかけてくれた。彼は同郷で家もすぐ近くである。次に「頑張りさんや」といって前進したのが、なんと私の親戚の長井伍長であった。その西村軍曹はそのあとすぐ地雷で右手をやられ、ガス壊疽のため野戦病院で切断手術を受けた。

やがて戸板を担いだ四名が、すごい銃砲火の中で重傷者を後送してくれた。私の次の重傷者を担送途中で、その四名のなかの一人の三好一等兵が壮烈な戦死をした。当時を回想すれば今も胸が痛む。

この道標四二哩付近の短時間の戦闘で、第七中隊の犠牲は、戦死四名、負傷者五名であった（山口歩兵第四十二連隊史編纂委員会編『山口歩兵第四十二連隊史』）。

第五師団は近接する鉄道と本道とに沿って南進し、三一日夕刻ついにジョホール＝バルに達した。

第十八師団主力のマレー上陸と前線追及

第十八師団長牟田口廉也中将は、一連隊と砲兵主力とを率いてカムラン湾にあり、未だマレーの土を踏んでいなかった。一日も早い前線への参加を望んだ牟田口師団長は、もし海軍の援護がない場合、独力でメルシンに上陸するとまで言い出して、軍司令部と交渉した。結果一月一九日ソンクラに上陸後、陸路を軍主力に追及すべく軍令を受領した。

師団は二〇日カムラン湾を出航。東シナ海を渡り、二二日、ソンクラに到着した。ところが第一線への交通手段、自動車の配備がない。当日第五師団はラビスに突入してジョホール＝バルを指呼の間に望み、近衛師団は岩畔追撃隊がパリッ＝スロンで独立印度第四十五旅団の殲滅戦にかかっているという情勢で、いずれも当面の英軍を相手に手一杯の状況であった。しかしこの両師団の支援を求めないことに、第十八師団の前線到達はあり得ない。辻政信中佐参謀は、両師団の作戦参謀に電話で強談判し、両師団から、合計三〇〇輛の自動車を都合させた。

シンゴラに上陸はしたものの、足が無くて途方に暮れてゐた牟田口中将は、思ひがけない三百輛のお迎へを受けて男泣きに泣かれたさうであった。

師団の手持を加へた五〇〇輛に、張り切った将兵を満載してクルアンの軍司令部に到着し、先着の木庭、佗美両支隊を合せ、師団主力を集結したのは一月二十八日であった（『シンガポール――運命の転機――』）。

と辻は記している。

日本軍車輌の列（撮影日時・撮影地不詳。荒金義博氏提供）

第十八師団は、六梯団に別れ前進を開始。出発は一月二四日となった。牟田口師団長は第一梯団に先行。師団主力の自動車輸送は、頻発する事故のため前進が遅滞し、一月三〇日、最後尾梯団がアイェル＝ヒタムに到着した。師団長はここに師団全兵力を掌握、シンガポール攻撃に向けて南進することとなった。

近衛師団ジョホール＝バルへ

近衛師団主力は西海岸路方面からジョホール＝バルを目指した。国司追撃隊（近衛歩兵第四聯隊基幹。長 国司健太郎大佐）はバトゥ＝パハッの英軍を攻撃して、一月二五日同市を占領。岩畔追撃隊（近衛歩兵第五聯隊基幹。長 岩畔豪雄大佐）はスリ＝ガディンから海岸沿いのスンガラン方面に転進。爾後両隊は英軍と戦闘を交えつつ南下し、岩畔隊は三一日夕刻、国司隊は同日夜、ジョホール＝バルに突入した。

前掲の近衛野砲兵聯隊第二大隊の本城正八郎中尉は、ジョホール＝バル到達時の感懐を、次のように語っている。

二月一日 ジョホール＝バルに入った。対岸に黒煙をあげて燃えるシンガポール島が見える。

「シンガポールだ！」「おゝ…」

車上から歓声があがり、じっと見つめる皆の頬には涙が光っていた。

思えばこのシンガポールに、われわれはここ数か月、取り憑かれていた。明けても暮れても〝シンガポール〟だった。

特にムアールをわたってからは、激しい戦闘の連続で、戦友堀井はやられ、吉川通信手も傷つけられた。協力した歩兵部隊では、もっと大きな損害を出している。そんな中で「シンガポールが見たかった」と言って、息を引きとった人もあると聞いた。それはわれわれも同じに持った執念だった。マラッカ海の真っ赤な夕陽を見ても、椰子の葉越しに南十字星を眺めても、片時もわれわれの頭の中から〝シンガポール〟は離れなかった。それが今、目の前にあった。

「堀井に見せたかったですねえ」

と誰かが言った。「うん」と言ったきり誰も声を出せなかった。

（中略）

突然シンガポール市街地方向に、連続した激しい砲爆声がした。と思うと空が真っ黒になる程の対空砲火である。よく見るとその爆煙の間を縫うように、味方の飛行機が飛んでいる。脚の出ているそれ程スピードの速くない偵察機で、皆が心配している中を、右に左に体を躱しながら、何とか圏外に脱出して行った。意外だった。それは敵の対空火器、弾薬の豊富さにまず驚かされたのと同時に、島を侵そうとする者に対する敵の熾烈な反撃の態勢、最後まで闘おうとする旺盛な士気を存分に誇示されたようで、急に汗が引く程の思いをした。

そして、このジョホール水道を超えることは、なかなか容易でないこと、それを達するためには、敵に勝る戦略と闘志と物量を要するであろうことを、厳しく覚悟させられたのである（近衛野砲兵聯隊史編纂委員会編『近衛野砲兵聯隊史』）。

藤原機関員ビルマへ

一月三一日、日本軍各師団はジョホール＝バルに到達。この後二月四日、藤原は山下奉文司令官から軍令を受領した。それは南方総軍総司令官寺内寿一大将の命令に基づくもので、藤原機関員の一部を割愛し、ビルマに派遣して第十五軍司令官飯田中将の指揮下に入れ、同方面のＩＩＬ、ＩＮＡの拡大推進に努力せよとの内容であった。

先の意見具申が早々に聞き入れられた藤原は、プリタム＝シンやモーン＝シン大尉と喜びを分かちあい、手不足を忍びつつも、土持大尉と石川・北村・滝川の三機関員とを、この方面の活動に割愛派遣することとした。同じく機関員藤井千賀郎中尉（大正五〔一九一六〕年生。千葉市在住）も土持らを追い、爆撃機でビルマに派遣された。IILからはゴパール＝シンら宣伝班員が、INAからはラムスループ大尉ら六〇名の宣伝班員が同行。彼らは二月九日、クアラ＝ルンプール駅を汽車でビルマに向け出発した。また開戦当時タイで誕生したビルマ義勇軍（BIA）は、タキン党のオンサン（筆者注：後のオンサン首相）らに率いられ、日本軍とともにビルマ戦線へ向け進発した。

英軍シンガポールへ撤退す

マレー南部戦線の英軍の状況について略述する。『マレー進攻作戦』によれば、一月一八日まで、第五師団が対峙したゲマス方面の戦線は比較的穏やかであったが、ムアル方面で日本軍近衛師団と戦闘した独立歩兵第四十五旅団は、一月一六日までに大損害を被っていた。英軍はさらに、一月一九日のバクリの戦闘で幕僚の大部分を失い、一月二〇日には旅団長ダンカン准将が戦死した。ムアル方面の残余部隊はヨンペンに向かい退却したが、日本軍の猛攻を受け、一月二二日朝までに同地に到達した豪州兵五五〇、インド兵四〇〇を除いて全滅した。

日本軍第五師団の正面にあったインド第二十二旅団は、一月二〇日スガマッからクルアンに撤退。ラビスのインド第八旅団もまた、二四日クルアンに撤退した。

東海岸にいた第二十二豪州旅団は、一月一七日夜地方の橋梁・村落・作物などの全てを破壊焼却し、道路を閉塞してメルシンへ撤退した。

こうしてマレー南部戦線における英軍は、バトゥ＝パハッ、アイェル＝ヒタム、クルアン、メルシンを結ぶ線上に防衛線を構えるに至った。

如上の戦況に鑑み、ウェーヴェル大将は一月二〇日、三軍幕僚長会議に対してマレー南部戦線に於ける戦況の悪化を説明、意見を具申した。翌二一日、同大将は英軍総参謀長から電報を受領、マレーの英軍のシンガポール撤退について検討を行った。同大将は同二四日、三軍幕僚長会議に対する状況説明の中で、バトゥ＝パハッ、アイェル＝ヒタム、クルアン、メルシン線の固守を説きつつ、日本軍の空軍力の優越に触れ、シンガポールへの撤退の危険性について言及している。

一月二四日、バトゥ＝パハッのインド第六・第十五改編旅団は、レンギッへ撤退中、日本軍の攻撃を受けて苦戦し、一月二七日までに壊滅。それに対する英第五十三師団の支援も失敗した。クルアンのインド第九師団（第八・第二十二旅団）は、鉄道線路に沿って撤退し、東部でも豪州第二十二旅団がメルシンから後退した。さらに同二八日、インド第九師団長バストゥ少将が失踪（後死体で発見）、インド第二十二旅団は壊滅した。

ちなみにこの間シンガポールには、一月二三日には豪州機関銃大隊・豪州第八師団増援部隊が、同二五日に独立インド第四十四旅団が、同二八日には英第十八師団が、同二九日にはインド第三軍補充部隊・インド第百軽戦車部隊が到着していた。しかしウェーヴェル大将は、増援の兵力のジョホール到着前に日本軍に撃破されることを恐れ、シンガポールへの全軍の撤退が有利であることを報告した。この間の英軍増援兵力の実態について、ジェイムズ＝リーサーの『世界を変えた戦闘　シンガポール』は次のように記している。

一月一三日、増援部隊の第二陣がシンガポールに到着し、イギリス第十八師団と、ハリケーン戦闘機五十一機が梱包で陸上げされた。

このハリケーン戦闘機には、二十四人のなかば訓練の終ったパイロットがつけられてあったが、その多くは戦闘の経験がなかった。それにもかかわらず、彼らは直ちに戦闘に投入されねばならなかったし、一週間後に戦闘機の護衛なしの二十七機の日本の爆撃機がシンガポールを襲ったときには、その八機を撃墜した。しかし、そうした成功も長くは続かなかった。なぜなら日本空軍のゼロ戦闘機にはハリケーンは、質でも量でも劣っていたからである。（中略）

翌日（低空で）日本軍の爆撃隊が来襲したときはゼロ戦の護衛がついていて、ハリケーン五機が撃墜され、敵には損害は一機もなかった。ゼロ戦に対抗するにはスピットファイヤー機以外にはなかったが、ヨーロッパ戦線のおかげで極東にはもらえなかった。

日本軍はいま東海岸に上陸を開始したが、疲れ切って退却を続けるイギリス、オーストラリアの部隊には、この日本軍は常勝軍に見えたのである。まことに悲壮な英雄的行為もあった……勇敢な行為から出る無私の輝きは人を感動させるものがあったが、それらは、しょせん退却が織りなすつづれ織のなかのいくつかの輝きにすぎなかったのだ。

一月二十二日には第三次の増援部隊が、そしてそれから二日後には第四次がシンガポールに到着したが、それは二千人ほどのオーストラリア部隊で、なかには二週間しか訓練を受けていないという兵たちもいた。

故障の銃を与えられているものもいれば、生れてから一発も射ったことがないというものもいた。中東では、一万六千六百人の訓練充分なオーストラリア兵が待機していたし、オーストラリア本国には訓練を受けた八万七千人の民兵がいて、志願をしようとしていたのに、シンガポールにきたこれらの連中はわざわざ捕虜になりにきたようなものであった。

一月二十五日、パーシヴァルはシンガポールまで退却を命じた。最後の戦いが、はじまろうとしていた。ゴードン・ベネットが日記に書いている……「立ちどまって陣地を構えたところで、どうなるものでもない。……いまや『退却コンプレックス』でいっぱいなのだ」

一月二八日、ウェーヴェルは本国の参謀本部に打電し、三〇日夜撤退を開始した。不思議なことにジョホール水道の堤道を撤退する英軍に対して、日本軍航空部隊は何らの攻撃をも行わなかった。リーサーによれば、三一日午前七時、アージル＝アンド＝サザーランド＝ハイランダーズ隊生き残りの二人の風笛吹奏者が『ジェニース＝ブラック＝エーン』と『ボネッツ＝オーヴァー＝ザ＝ボーダー』の曲を吹奏するうちに、豪州軍部隊とゴードン＝ハイランダーズ隊の最後の兵らがシンガポールに渡った。

パーシヴァル中将は次のように報告した。

撤退は日本軍の妨害もなく実施され、一月三一日をもってジョホール＝バル橋頭堡部隊と行方不明の者とを除き、全部隊はシンガポール島の撤退を完了した。

シンガポール島は、日本軍の海からの攻撃を予想し、南の洋上に向けて英軍の堅固な要塞化が完了していた。反面ジョホール水道方面は、防備が手薄であった。要塞はチャンギーほか、シンガポール島に近接した諸島に設営されていたが、ジョホール方面を射撃しうるものは、チャンギーとブラカンマチ島の砲台のみであった。辻政信は、次のように記している。

陸正面（ジョホール方面）の直接防御施設が未完成である事（中略）は、要塞編成の欠陥というよりは、寧ろ、防衛作戦計画の不備に帰すべきものであらう。換言すれば南タイに上陸し、一千百粁の長距離と酷暑を冒し、密林を潜つて進撃する事は、彼等の常識では不可能と判断したためではあるまいか（『シンガポール―運命の転機―』）。

このことに関して、ジェイムズ＝リーサーは前掲書で次のように述べている。

「島に撤退を余儀なくされた場合どんなことになるか、知らせ乞う」と、チャーチルは十五日に打電したのであった。

ウェーヴェルは返電した…「ごく最近まで、すべての計画が海上からの攻撃を島で撃退し、地上からの攻撃はジョホール州内もしくはもっと北で撃退することを基礎としており、堤道（コーズウェイ）を破壊する手筈だけはととのっていましたが、島の北面には防衛施設をつくることは、ほとんど行われませんでした。要塞の重砲は、あらゆる方向に旋回が可能ではありますが、水平弾道なので背面を射撃するには適していません。大部分は、空の情勢いかんにかかっていると思います」（『世界を変えた戦闘　シンガポール』）。

チャーチルは、一月一九日に参謀部のイズメイ将軍に長文の覚え書を送って、計画を縷々示し、最後に次の言葉で締めくくった。

「シンガポールの市街をとりでと化して、死ぬまで闘うこと。降伏などは、問題外である。」

シンガポール作戦開始

第二十五軍司令官山下奉文中将は、クルアンに置いた戦闘指令所を、二月四日ジョホール＝バル西北方一〇キロのスクダイに進め、二月八日さらにジョホール王宮に移した。軍の士気の鼓舞が目的であったが、また第五・第十八両師団の渡過作戦を俯瞰できる利便もあった。対岸からの砲撃の好餌となるべきものであったが、英軍はここに日本軍の指令所が存したことを全く察知していなかった。この王宮は、今なおジョホール＝バルの高地に立っている。

対岸のシンガポールに向けての第二十五軍の渡過作戦は、昭和一七年二月八日、第五師団・第十八

舟艇で渡過する日本軍将兵（撮影日時・撮影地不詳。荒金義博氏提供）

師団・近衛師団の総力を挙げて開始された。

『マレー進攻作戦』によれば、最右翼を担った第十八師団の作戦は八日一二時一五分、師団砲兵の射撃をもって始まった。渡過部隊は舟艇の泛水《へんすい》地点まで泥濘の道を辿りつ乗船。英軍陣地から撃ち出す弾雨を潜って九日深更渡過を達成。テンガー飛行場へ向けて進撃を開始した。

第五師団の作戦は八日一五時〇〇分、師団砲兵隊の射撃により開始。杉浦部隊（歩兵第二十一聯隊・歩兵第四十二聯隊基幹。長 杉浦英吉少将）・河村部隊（歩兵第十一聯隊基幹。長 河村参郎少将）は、同日日没から渡過を開始。河村部隊の第一時渡過隊は、舟列を乱したまま弾丸の中を前進。四時〇〇分、対岸に達着と同時に火を発した先頭艇を目印に、後続艇は次々と到着。爾後師団主力はテンガー飛行場を目指した。

近衛師団は九日二三時〇〇分渡過を開始したが、第五・第十八師団のごとく自前の舟艇がなく、臨時編成の舟艇で渡過を行ったため、作業の円滑を欠き、あまつさえマングローブの繁茂する上陸地点では、英軍の重油が水面で燃え始めた。如上の混乱はあったが、一〇日の天明頃には分散した将兵を掌握し、上陸地点の一キロほど南に進出した。

このように日本軍の渡過地点は、なべて湿地帯で前進に支障が多く、英軍の射撃による舟艇の損害もおびただしく、所期の戦力を所定の時日に運び切ることができなかった。特に戦車火砲の類の運搬が遅れ、爾後の作戦に困難を強いることとなった。

第十八師団は、九日テンガー飛行場に向けて前進。付近の英軍密集部隊と戦闘を交えつつ同日一六時〇〇分テンガー飛行場付近に進出。師団司令部もこれに追尾した。

第五師団は、九日日没頃テンガー飛行場に進出。第五・第十八師団の進撃に従い、軍司令部は一〇日六時〇〇分、テンガー飛行場北方に進出した。

近衛師団は、一〇日払暁、英軍の北方拠点、マンダイ山に向け前進を開始。一一日一四時〇〇分、同山・同西側高地一帯を占領した。

英軍の反攻

シンガポールの英軍には、本国の第十八師団、豪第八師団、印度第三軍、マレー義勇軍など、併せて八万五千の兵力が存した。ちなみにこれに対する日本軍三個師団の総兵力は五万であった。二月一〇日、英国首相チャーチルは、新任の極東太平洋地域総司令部司令官サー=アーチボルト=ウェーヴェル大将に電文を送った。ジェイムズ=リーサーの前掲書は、この電文を次のように引用している。

貴官にはシンガポールの情勢についてのわれわれの見解を、知らしておく必要があると考える。帝国参謀本部から内閣への報告によれば、パーシヴァルは十万以上の兵力をもっているという。日本軍がマレー半島に、それに匹敵する兵力をもっていることは疑わしい。そのような状況下においては、防衛軍は水道を渡ってきた日本軍部隊よりもはるかに優勢なはずであり、巧みに戦えば必ず敵を撃滅できるはずである。

ことここに至っては、部隊を救うとか一般住民のことを考えるとかいう必要は全くない。あらゆる犠牲をかえりみずに、最後まで戦うことあるのみである。司令官と高級指揮官も、兵とともに死ぬべきだ。大英帝国とイギリス陸軍の名誉が、かけられているのだ。ソ連軍も戦っており、アメリカ軍もフィリピンで死闘を続けているこのときに、われわれの祖国と民族の名声も、彼らのそれと一つになっているのである。

この日、英軍司令部において、日本軍に対する総反撃計画が立案された。北部では印度第十二旅団、中央では印度第十五旅団、南部では豪第二十二旅団が実行し、印度第四十四旅団を後備とするもので、司令官は豪第八師団ベネット准将とする。ウェーヴェル・パーシヴァル両将軍は、西地区指揮官ベネットを訪れ、日本軍への逆襲を命じた。

二月一〇日一九時三〇分、以上の四個旅団はブキ＝パンジャン及びブキ＝ティマ西方地区に集結し、反攻に転じてジェロン線の奪回を試みた。しかし一〇日夜に状況は悪化した。この四旅団は、すでに日本軍に多大の損害を受けて反攻の目処はつかず、結局計画は中止された。

同じく一〇日、第二十五軍司令官山下奉文中将は英軍司令官に対する降伏勧告文を作成。一一日飛行機から英軍頭上に投下した。しかしパーシヴァルは、これに応答しなかった。

國塚一乗少尉・モーン＝シン大尉・プリタム＝シン、ジョホール水道を渡過す

國塚一乗少尉は、二月一二日深夜、モーン＝シン大尉、プリタム＝シンとともに、ジョホール水道の架設陸橋をトラックで渡過し、藤原機関本部へ向かった。その時の情景を、彼は次のように記している。

二月十二日深夜、日本軍工作隊の決死的努力によって修復されたジョホール水道の架設陸橋をわたるべく、私はモン・シン大尉、プリタム・シンとともに、ジョホールの渡河点の近くにいた。スルタンの宮殿が月影に照らされていた。ときどき民家の奥のバナナの林に、怪鳥がけたたましく鳴いていた。この陸橋に通ずる道は、英軍の反撃が急激に増大してきたため、わが軍の増援のため一刻を争って対岸にいそぐ戦車、重砲、トラックで大混乱していた。

参謀肩章をつけた大兵漢が、怒声をからして交通整理をしていた。ようやく順番がまわってきて、われわれのトラックが架設橋を越えた。両側の水道は大波をたてて渦巻いている。水の色がどす黒い。多くの生命をすった水である。

モン・シン大尉が思い出したように、戦況はどうかと聞く。いよいよ最後の土壇場まで来て、彼の眼差しも鋭い。（中略）

着いたところは、機関本部のあるブキ・パンジャンという村の駐在所であった。そこの留置所のなかで、ひととき泥のように眠った。幾度か大地を震わせて、大地震のような砲声が石造りの厚い壁をゆり動かす。そのたびに大きな亀裂が入るのが不気味である。

早朝、とび起きて出てみると、あたりの風景は筆舌に尽くせないほど凄まじい。ジョホール水道ぞいの黒塗りの巨大な重油タンクが燃え、空をおおっている。まわりの樹々の葉はまっ黒に焼

け落ち、地面一面は油煙の厚さが一〇センチもあろうかと思われる。

なんという砲声だ。耳を聾するなどという表現は、とうてい生ぬるくて言いつくしていない。天も地もまさに崩れるかと思われる大音響で響きわたり、人馬を震撼させる。ドラムカンほどあると思われる要塞砲の巨弾が、地鳴りとともに落ちてくる。彼我の弾が、空中でぶつかるのではないかと思われる。見ゆるかぎり、凄惨な地獄絵の様相を呈していた（『インパールを越えて―F機関とチャンドラ・ボースの夢―』）。

ブキ＝ティマの激戦

ブキ＝ティマは、シンガポール作戦最大の激戦地となった。同高地は戦術上の重要地点であるのみならず、英軍の食料・燃料・弾薬・補給品の集積所を周囲に控え、またシンガポール市民を潤す水源の貯水池が至近距離に位置していた。よって日本軍の攻撃目標はここに集中し、英軍もまた必死の防戦と逆襲とを試みた。ブキ＝パンジャン・ブキ＝ティマ間は、日英両軍が入り乱れ、戦線が錯綜して乱戦となり、戦場は文字通り、屍山血河の修羅場と化した。

藤原機関の活動

これに先立つ二月八日、藤原機関長はクアラ＝ルンプールでビルマの戦線に赴く土持則正大尉以下の機関員を見送ったが、翌九日早暁同地を発ち、一〇日朝ジョホール王宮の司令所に到着した。砲兵の観測所の高塔に上りシンガポールを遠望すると、日本軍の砲爆撃のために、セレタやブキ＝パンジャンの数十本の重油タンクが燃えさかり、巻き起こる黒煙が空を覆い、また遠くシンガポールの市街方面にも幾十条の煙が吹き上がっていた。黒煙と青空の接際部を縫って乱舞する日本軍の飛行機に対し、数百門に上る英軍高射砲が必死の反撃を試みていた。彼我の砲撃が殷々として天地を震撼させ、シンガポールはとてもこの世のものとは思えぬほど、凄絶な煉獄の形相を呈していた、と彼は記している。

藤原はこの後直ぐジョホール水道を渡過し、テンガー飛行場の軍司令部に赴いた。真夜中に近く彼は日本軍占領直後のブキ゠パンジャンに到着、戦局の推移を見守った。彼はその時のさまを、次のように記している。

英軍の反撃が急激に増大し始めた。それはチャンギーの要塞とセレタの海岸方面から日本軍が来攻するものと判断してこの方面にけん制されていた英軍が、このころ、山下将軍の欺騙戦略を気付いて、ブキテマの方面に移動し始めたからである。この日の夕刻、私はブキパンジャンに前進して十字路の角にある警察署に陣取った。戦闘は颱風のように刻一刻激化していった。

英軍の総兵力三万と推定した日本軍の判断は、大変な誤算のようであった。陸橋が破壊されているために、砲兵も戦車もジョホールの彼方に取り残されていた。

英軍の反撃は刻々増大した。正に重大な危機が日本軍の上に迫ってきた。ブキテマ、マダイ高地のこの一戦こそ、日英両軍の運命を決する絶体絶命の戦闘であった（『藤原（F）機関』）。

藤原機関、INA、IILの各メンバーは、英印軍の宣撫のため、不眠不休の活動を続けた。藤原機関の任務は、当面の英印軍がスマトラやジャワに撤退する前に、一人でも多くのINAに参加する投降兵を獲得すること、また英軍が最後まで戦う場合には、英印軍やインド人市民の中から内応者を出して英軍の内部崩壊を助長せしめることであった。そのためすでにクアラ゠ルンプールにおいて、モーン＝シン大尉はアラ＝ディッタ大尉を中心とするＩＮＡ宣伝班の準備を完了していた。アラ＝ディッタ班主力は近衛師団の一部とともにウビン島に上陸、チャンギー要塞方面の線で活動に従事し、米村少尉と神本利男とが加わった。同班の一部は近衛師団主力に同行し、マンダイ山地の英印軍の宣撫に従事し、他の一部は予備隊として本部に待機した。

その活動の一事例を、藤原は次のように記している。

二月一一日以来一三日に至ってもなお、ニースン方面の戦線は膠着していた。この方面の戦闘に当たる近衛師団の正面に対峙していたのは、印度第十一師団の一大隊で、その抗戦は甚だ頑強であった。この時この状況を打開すべく、機関員の中宮中尉の連絡班と、ＩＮＡ宣伝班長のアラデタ大尉とが、宣撫のために第一線に進出して行った。最前線に出たアラデタ大尉は、ゴムの木を楯に仁王立ちとなり、大声で正面のインド人大隊に向かい、インド民族の解放と自由を説いてＩＮＡへの参加を呼び掛けた（前掲同書）。

正面の英印軍は射撃を中止して勧告を傾聴。一個大隊が武器を捨ててＩＮＡに参加した。この出来事はたちまち後方の英印軍砲兵部隊に波及した。

投降したこの英印軍部隊は中宮中尉から証明書を付与され、自ら中隊ごとに隊伍を整え、一人の日本軍護衛兵も付さず、近衛師団の諸部隊の中を縫い、Ｆ機関本部のあるブキ＝パンジャン村十字路へ向けて前進を開始した。一三日正午ごろ、藤原はこの方面の状況を視察するためニースンへ前進中、前方から続々と前進してくる投降部隊に遭遇した。前線の督戦から引き上げてきた第二十五軍参謀副長真奈木敬信少将以下の諸参謀もこの光景を目撃、藤原とＦ機関との仕事を賞讃したという。藤原は彼ら英印軍将兵の収容のためブキ＝パンジャンに引き返し、村の北側に発見された英軍の兵営をこれに当てた。英印軍の投降兵はブキ=ティマ方面でのそれを併せ、一三日夕には一〇〇〇名に達した。

ハリマオ重態の報

藤原が戦線からブキ=パンジャンの本部へたどりついたのは二月一四日、朝の九時ごろであった。その時クアラ=ルンプールから、藤原機関員全員が到着していた。豊の病気が憂慮すべきものとの報らせを藤原が受けたのは、この時であった。マラリアを再発して重態であるというのである。情報をもたらしたのは神本利男であった。

前述のように、豊はマレー領内に入りジャングルを踏破中、間もなくマラリアに冒された。一月六日カンパルでの藤原との会見の頃には小康を得ていたようだが、その後の強行軍と劣悪な環境とによって、病態は危機的状況に陥ったもののようである。

ゲマスに到着潜伏した豊のその後について、この神本の報告に至るまで、この間の事情を語る資料は何もない。既述のように豊はこの間ゲマスに留まり、病魔と闘っていたものと思われる。若干重複するが、藤原の一文をもう一度引用しよう。

神本君が沈痛な面持で私を待っていた。ハリマオ（谷君）が一月下旬ゲマスに潜入して活躍中、マラリヤが再発して重態だという報告であった。ハリマオはゲマス付近の英軍の後方に進出して機関車の転覆、電話線の切断、マレイ人義勇兵に対する宣伝に活躍中、マラリヤを再発しながら無理をおしていたのが悪かったのだという説明であった。私は神本君になるべく早くジョホールの陸軍病院に移して看護に付き添ってやるように命じた。

豊のゲマス到着を藤原は一月下旬としているが、土生良樹の『神本利男とマレーのハリマオ』では、神本に従ったラーマンの証言から、これを一月一一日としている。当時の状況からして土生の記述の方が正しいと思われる。

ゲマスにおける豊の破壊活動・宣撫活動の実態については不明だが、それが行われていたとするならば、その激務が病状の悪化に拍車をかけたことは間違いなかろう。藤原は続ける。

一人として大事でない部下はない。しかし、分けてハリマオは、同君の数奇な過去の運命とこのたびの悲壮な御奉公とを思うと何としても病気で殺したくなかった。敵弾に倒れるなら私もあきらめきれるけれども、病死させたのではあきらめ切れない。私は無理なことを神本氏に命じた。「絶対に病死させるな」と。私は懐に大切に暖めていたハリマオのお母さんの手紙を神本君に手渡した。そして呼んで聞かせてやってくれと頼んだ。この手紙は、大本営の参謀からイッポーで受取ったのであった。（中略）まだF機関ができる前の昨年四月以来、ハリマオと一心同体となって敵中に活動し続けてきた神本君、ことに情義に厚い熱血漢、神本君はこの手紙をひ見してハラハラと涙を流した。「この手紙を見せたらハリマオも元気がでるでしょう。必ず治して見せます」といって、ゲマスに向って出発して行った（『藤原（F）機関』）。

藤原の配慮によって、豊はジョホール陸軍病院に運ばれることとなった。それまで彼を看護していたのは、恐らくはマレー人の部下であったろうが、前述のように彼らは若干の者を除いて離合集散を繰り返していたらしい。それまでの看護の環境、例えばその病臥の場所がどの野戦病院であったかなどについて、藤原の書は何も語っていない。

英軍降伏、シンガポール陥落

激闘が続く中、第二十五司令部は一三日、本部をブキ＝パンジャン南方一キロに推進した。翌一四日には弾薬が欠乏、各砲兵とも一、二基を残すのみとなった。幕僚の中からは、攻撃を一時中止して弾薬の前送を待つべしとの意見も具申されたが、山下軍司令官は攻撃の続行を指令した。

シンガポール市街への突入を巡り、日英両軍は最後の死闘を繰り広げた。二月一一日、紀元節の同島陥落を目指した日本軍の企図《きと》はならず、一四日、一五日になってなお、戦局にはかばかしい好転は見られなかった。

英軍の抵抗は頑強をきわめた。よくもこれだけ弾丸が続くものだ。銃身も砲身もよく裂けないものだと思われるほど英軍の射撃は猛烈をきわめた。

これに反して、弾薬の欠乏に悩む日本軍の砲声はりょうりょうたるものであった。火砲や弾薬の欠乏を、将兵の肉弾で補強しなければならない日本軍の無理と将兵の痛苦が、今更のように痛感された。

と、藤原は述懐している（『藤原（F）機関』）。

一五日、焦燥の気分が司令部にも漲っていた折も折、英軍の軍使が投降を申し出てきたとの報が戦場に伝わり、次いで一六時からブキ＝ティマのフォード工場で日英両軍司令官の降伏交渉が開かれる、との報が伝わった。藤原はこの報道をただちにINA、IIL宣伝班に伝え、軍司令部へ急いだ。フォード工場における日本軍の山下奉文中将と、英軍のパーシヴァル中将との会談はあまりに名高い。会談は長きにわたり、ついに山下司令官の「イエスかノーか」の一言で英軍は降伏を認めた。山下の発言については諸書が記し、中には例えば長谷川伸の『日本捕虜記』のように手厳しい意見もあるが、本稿では多くを割かない。ただ山下にそれを言わしめた会談の内容について、藤原は次のように記している。

日没も迫る死闘の戦場に、涯しない事務的質問が繰り返えされた。無条件降伏の会議を巧に停戦交渉にすり変えつつあるのじゃないかとも疑われた。立会の日本軍幕僚が誰云うとなく、この交渉の発展に疑念と異議を山下将軍に訴えた。鷹揚《おうよう》に、敵将の質問に応じていた山下将軍も「そうだ、先ず、無条件降伏の諾否を求むべきだ。質疑はその後、幕僚間で事務的処理によるべきだ」と思い到ったのであろう。しかも弾薬の欠乏、死傷の続出等々、日本軍の危機は一刻の猶予も許されない焦慮があった。それがこの発言となった。息が苦しくなるような喜びのうちにも、武運拙く降伏を受諾しなければならなくなった敵将の心中が思いやられて哀愁がさそわれた。

先きほどまで、重砲の射撃を観測していたブキパンジャンの日本軍気球に、「敵軍降伏」の大文字が吊された。全線の将兵はこれを仰いで感きわまって相擁して泣いた（前掲同書）。

会談の様子を写した有名な写真があるが、その中でも藤原は右手後方に前屈みに佇立し、射るようなまなざしを英軍将官に注いでいる。

英軍降伏の報は、藤原から直ちに機関本部に伝えられた。その瞬間を、國塚は次のように回顧する。

藤原少佐の伝令が転がりこむようにやって来た。

「國塚少尉殿、ただいま英軍がフォード工場で降伏しました。モン・シン大尉に伝えてくださ い。」

「なに、英軍が降伏した！」

降伏交渉に現れた英軍司令部
(1942 年 2 月 15 日、フォード工場にて。荒金義博氏提供)

隣の部屋に駆けこんだ。

「モン・シン大尉、英軍がいま降伏したぞ」

二人はいっせいに、外に飛びだした。

見よ！　ジョホールの方にユラリユラリと観測気球が上がり、「敵軍降伏」の大文字をつり下げた（『インパールを越えて―F機関とチャンドラ・ボースの夢―』）。

第二十五軍司令部からは、シンガポール接収の軍令が下達された。

余談ながら、山下司令官の護衛兵であった佐々木賢一兵長は、この時歩哨としてフォード工場玄関を守っていた。ドアの脇に銃剣を持って立哨する佐々木の写真を、筆者は本人から示されたことがある。

平成一一（一九九九）年一一月二五日、筆者は佐々木に伴われ、フォード工場の中に入った。近く歴史記念物にする予定の由で工場は閉鎖され、二人のインド系マレー人が管理していたが、特別の許可を認められて入ったのである。

建物は内も外も見る影なく荒れ果て、歴史的会談が行われた部屋も例外ではなかった。惨憺たる荒廃の中に、何時、誰の手によるものか、壁に日章旗が一つ丁寧に描かれていた。

第二十五軍の戦後処理

『マレー進攻作戦』によれば、第二十五軍は、二月一五日、不祥事の生起の防止として、各師団が停戦時の境域を越えて、シンガポール市街に入ることを禁じた。そのために第十一聯隊、第四十一聯隊から選出した兵員を、補助憲兵として第二野戦憲兵隊（長 大石正幸大佐）に編入し、治安維持を担当せしめた。次いで二月二一日、第五師団長の河村参郎少将を、シンガポール警備隊長に任命した。

捕虜は一〇万を数えたが、うち英国人将兵五万はチャンギー兵営に、インド人将兵五万はニースン兵営に収容された。後者の収容管理に際しての、藤原機関の関与については後述する。

一四日の大本営政府連絡会議の決定に従い、一七日シンガポールは昭南島と改名された。一九日、第二十五軍司令部は、ブキ＝パンジャンから市内のラッフルズ大学に推進し、二〇日には大学構内で合同慰霊祭が挙行された。

ファラ＝パークの大集会、インド国民軍五万の誕生

藤原の書によれば、彼は機関員の山口中尉をクアラ＝ルンプールへ急派して、ＩＮＡ、ＩＩＬ、スマトラ青年団本部にこの報を伝え、シンガポールへの前進を求めた。また中宮中尉には、シンガポールの部隊に藤原機関本部、ＩＮＡ、ＩＩＬ、ＹＭＡ、スマトラ青年団本部の設営準備を命じた。また

ウビン島にあった米村少尉を召還して、ジョホール病院の豊の見舞いを命じた。

二月一六日、藤原機関はラッフルズ大学に近い英国官憲の官舎を本部と定めた。この日の午後、司令部、INA本部、スマトラ青年団が到着した。

翌一七日午後、日英の委員会が開かれ、インド人将兵捕虜の接収が決定した。インド人将兵の数は五万に上るとされた。五名の将校と、一〇名余のシヴィリアンとから成る寥々《りょうりょう》たる人数の藤原機関が、この大集団を接収することとなったのである。

藤原は中宮中尉と米村少尉とに、彼らの宿営の配分、糧秣《りょうまつ》、衛生材料などの入手の研究を命じ、またINAからの協力をも得た。その結果、捕虜の大半はニースン兵営への収容が決まった。山口中尉には、ファラ＝パークにおける接収式の準備を命じた。

藤原とINA司令官モーン＝シン大尉、IIL代表プリタム＝シンと打ち合わせの結果、この三者が演説を行うこととなった。藤原はその夜演説の草稿を纏めてモーン＝シン大尉とプリタム＝シンとに示し、参謀杉田中佐の認可を受けた。その要目は、
○日本は印度の独立達成を願望し、最大の同情を有し、その運動に対し誠意ある援助を供与する用意を有す。また日本は印度に対し一切の野心なきことを誓言す。
○シンガポール陥落は印度の独立達成のため絶好の契機たるべし。
○日本軍は印度兵諸君を同胞愛の友情をもって接す。
等々、多岐にわたるものであった。

一七日一四時、藤原は英人のハント中佐から捕虜名簿を受け取り、接収式を完了した後、会場を埋めた五万のインド人将兵に演説を開始した。アロル＝スタールで藤原機関に加わった國塚一乗少尉が

英語通訳を、英印軍最先任将校のギル中佐がヒンドゥー語通訳を務めた。まず藤原はIILとINAがなしつつある仕事を紹介し、日本軍の全面的支援の態度を表明し、ついでインド人将兵に対する日本軍の基本的態度を表明した。すなわち日本軍は印度兵を捕虜ではなく、兄弟と観じていること。彼らと闘うべき何らの理由もないこと。干戈《かんか》を交える宿命から今日解放されて、神の意志に添う友愛を取り結ぶことができたことを説いた。

そもそも民族の光輝ある自由と独立とは、その民族自らが決起して、自らの力をもって闘いとられたものでなければならない。日本軍は印度兵諸君が自ら進んで祖国の解放と独立の闘いのために忠誠を誓い、INAに参加を希望するにおいては、日本軍捕虜としての扱いを停止し、諸君の闘争の自由を認め、また全面的支援を与えんとするものである、と宣言するや、全印度兵は総立ちとなって狂気歓呼した。幾千の帽子が空中に舞い上がった。上げられた数万の隻手によってその意志が最も鮮明に表示された（『藤原（F）機関』）。

と藤原は回顧する。

次いでプリタム゠シンとモーン゠シンとがヒンドゥー語で、IIL、INAの独立運動の趣旨と今日までの活動を報告し、自ら祖国の解放と自由獲得の戦いの先頭に立つべき決意を披瀝した。

自由と独立のない印度民族の生けるしかばねに等しい屈辱を解明し、百数十年にわたるれい属印度民族の悲劇を看破し、いまこそ天与の機に乗じて祖国のために奮起せんことを要望した。肺腑を絞る熱弁の一句一句は満場の聴衆を沸騰させた（前掲同書）。

と、藤原は記している。

このようにして組織を拡大したINAは、のち昭和一八（一九四三）年七月五日、潜伏先のベルリンからシンガポールに赴いたスバス＝チャンドラ＝ボースを最高司令官に迎え、「チェロ　デリー！（デリーへ！）」を合言葉に、やがてビルマのインパール作戦に参加することとなる。

東京会談に向けて

翌二月一八日、在シンガポールのインド人有力者三〇名の肝煎で、藤原機関、ＩＩＬ及びＩＮＡ幹部、投降インド人将校らの招宴が行われた。

その後新事態に対応するため、プリタム＝シンはマレー・シンガポールのＩＩＬ支部長会議を召集し、モーン＝シン大尉もＩＮＡ兵力の集合をはかった。

折しも大本営から藤原に公電が届いた。在京のラス＝ビハリ＝ボース（新宿中村屋店主相馬愛蔵・黒光夫妻の女婿）がマレー・タイのＩＩＬ及びＩＮＡの代表者と懇談し、併せて日本側と親睦を深めるとの名目で、代表者約一〇名を三月一九日までに東京に招請したもので、藤原少佐と岩畔大佐との同行も求められていた。

このような事情から、藤原はＩＩＬ六名（プリタム＝シン、ゴーホー、メノン、ラグバン、スワミイ、アイヤル）ＩＮＡ三名（モーン＝シン大尉、ギル中佐、アグナム大尉）を選出、三月一〇日、一行は日本へ出発する手筈が整えられた。

豊、シンガポールの病院へ転ず

豊がジョホールバルの病院から、シンガポールの病院へ転院した事実について、藤原の書には、次のように記録されている。

ジョホールバルの兵站病院で加療中のハリマオの病状は思わしくなかった。無理に無理が重なったからであろう。私はハリマオをシンガポールの兵站病院に移させることにした（『藤原（F）機関』）。

中野不二男の『マレーの虎　ハリマオ伝説』には、このことに関する山口の言として、「シンガポールが陥落してすぐ、藤原さんが、軍政関係の総元締めの馬奈木中将にたのんで、いそいでシンガポールの病院へ下士官待遇で移してもらったんです」と記している。

ジョホール＝バルからシンガポールへの転院は、藤原機関がシンガポールに推進したことに加えて、シンガポールの医療条件がはるかに良好であることを配慮してのことであろう。その間の事情については、神本の部下ラーマンも次のように語っている。

ジョホールバル占領直後の深夜、トシさん（筆者注：神本利男）の指示で、ハリマオを病院に運びました。病院というべきかどうか。応急の看護所とかわらないものでした。負傷兵の収容と治療で騒然たるもので、マラリア発熱のハリマオを担架から応急ベッドに移し、川水を汲んできて、布切れがないので、わたしのサロン（浴用や就寝時に使う筒状の腰まき布）をちぎって、熱をさますだけでした。

二月一五日、シンガポールが陥落しました。その直後の、たしか二月一七日だったと記憶してますが、トシさんの指示で、ハリマオをシンガポールの病院へ移しました。シンガポールの病院は現在のシンガポール病院です。当時もちゃんとした病院でしたが、当時はハリマオの病状には的確な医薬品がなく、日本軍のドクターも超多忙な時期ですから、ちゃんとした治療はね…。

メジャー・フジワラの見舞いは、ハリマオをシンガポール病院に移した二日か三日あとだったと思いますが、はっきり覚えておりません。いいえ、トシさんは一緒じゃなかったです（土生良樹『神本利男とマレーのハリマオ』）。

文中のシンガポール病院と言う名の病院は存在せず、また藤原の豊訪問の時期も、ラーマン自身の言の通り、記憶違いがあると思われる。

谷山樹三郎少尉、豊に邂逅す

この頃の豊の病態について、当時参謀本部情報将校であった谷山樹三郎は次のような趣旨の証言をしている。

自分がシンガポールに入った二月二〇日頃から幾日も経たぬ頃、山口源等中尉から「ハリマオを見舞いに行こう」と誘われた。ハリマオの話は、参謀本部で藤原少佐から聞いて知っていた。見舞った先の病院の名は分からぬが、ハリマオは将校待遇の立派な個室に入っていた。面会謝絶であった。マレー人の側近が三名から四、五名いた。自分は衰弱し切ったハリマオに気を遣わせまいと、顔を覗き込んで「御苦労でした」と声をかけただけで退室した。彼はとても応答できる状態ではなかった。亡くなる直前であったのだろう。二、三日後、帰国前に、彼が母に宛てた手紙を渡してくれるように、山口さんから託された（平成六〔一九九四〕年一二月一八日及び平成一四〔二〇〇二〕年一月二一日、福岡市で、筆者への直談）。

谷山少尉の記憶によれば、彼が豊を見舞った所は、英国風の病院で広々とした廊下を持ち、ソフトクリームなどをも売っていたという。ラーマンのいう「シンガポール病院」云々を併せ考えれば、たとえばシンガポール＝ジェネラル＝ホスピタルなどがそれに該当するであろうか。

しかし後述するように、豊はその後短時日の間に、さらに転院を重ねることとなる。

谷山樹三郎少尉の軍歴

谷山樹三郎少尉（のち大尉）は京都出身。京都第一中学校を卒業後、青山学院英語師範課程を卒業。昭和一三（一九三八）年応召。幹部候補生として熊本の予備士官学校に入学後、昭和一四（一九三九）年、軍命令により陸軍中野学校第三期生の長期学生となった。一級上の第二期生には、山口源等中尉がいた。長期学生はこの第二期・第三期のみであったが、開戦のため繰り上げ卒業となり、山口は現地に赴き、谷山は参謀本部第二部第八課勤務となった。この課は他班の元締班で、三笠宮も一緒であった。藤原とも同室であった。筆者宛の書簡（平成六〔一九九四〕年一〇月二五日付）に、谷山は次のように記している（原文のまま）。

開戦時、藤原さんとは同課（参謀本部第二部第八課）当時藤原さんは一番若手の大尉参謀、小生中野学校出の少尉（山口さんの一期後）、当時三宅坂にあった陸軍省で藤原さん達と一斗樽の栓を抜いて開戦を迎えた者で厶います、右八課の前身は第四班と申し謀略に専従、一緒にお仕事をさせて頂いたお仲間二、三披露させて戴きますと、騎馬民族説の江上波夫さんの先達にあたらせられる岡正雄氏（ウイン大学教授）共産党問題の権威高谷覚蔵氏（モスクワ大学出）他に回教問題の権威鈴木氏、仏教界の権威永井氏、東大矢内原総長（当時）差し向けの永井智雄氏、民族学の本田氏（戦後法政大学教授）等他に戦後日中協会長を勤められた中島健蔵氏等とご一緒に仕事をする幸運に恵まれました。

このような錚々たる学識経験者の中で、谷山はユダヤ問題と秘密結社フリー＝メーソンの研究に従事した。
三宅坂の参謀本部を後に谷山がシンガポールに赴いたのは、豪州作戦の準備のため、伸び切った兵站線をどうするか、海岸線の状態を視察する目的であった。サイゴンからコタ＝バルへ飛び、残置された軍の車輌を自ら運転し、ジョホール水道の架設橋を渡ってシンガポールに到着したのは、同市陥落の少し後、市内にまだ英兵の死体が転がる二月二〇日頃であったという。ここで彼は、病床の豊に邂逅することとなった。

豊の母への手紙

平成六（一九九四）年八月、福岡県福岡市南区五十川の谷繁樹家で、豊から母トミ宛に書かれた手紙が発見された。盆の準備をしていた繁樹夫人チヨキが、偶然同家の仏壇の引き出しの中から見つけたもので、実に五二年ぶりの発見である。まさにそれが、豊の見舞いの後に山口中尉の手を経て谷山少尉に託された手紙であった。便箋二枚に書かれた手紙の全文は、次のように記されている（原文のまま）。

母上様
御懇切な御手紙は確かに熱涙と共に拝読致しました、
長い間の御不幸の数々紙上を以て御詫申上ます、何卒お許し下さいます様御依頼申上ます、
不肖今回計らずも命により皇国の為昨年三月以来○○（筆者注：伏せ字）の工作に従事する機会を得今日迄なした罪滅ぼしに一死奉公の誠を致す覚悟にて懸命に御指示の儘微力を致し居りました處目指シンガポールを目前にして遂に病魔の為ジョホールバルにて野戦病院に収容され厚き看

護を受け今日シンガポールの同仁病院に転入され、目下快方に向ひ居る次第に御座います
今度こそはと思ひしかひもなくかくの如き有様何卒御許し被下度
然し戦争と云ふ此の経験が本当に私を更生へ導びいて下さいました事を確心致します、
豊かは不幸にして生きても以前の豊でない事を信じて下さい
自分には御国の為にまだ為さなくてはならない数々の仕事が残されてゐます一日も早く療つて再び戦線に立つ日を願つてゐます
取急ぎ東京に御帰りの人が御座いましたので近況御報告致しました次第に御座います
皆様時節柄御身御大切になさいます様
さよなら御母上様　　　　　　　　　　　　　　　不備
　昭和十七年三月一日　　　　　　　　　　　　　　豊
御母上様

封筒の表面は「福岡県筑紫郡久村五十川　谷清吉方　谷トミ様」、裏面は「昭和十七年三月一日馬来昭南市ニテ　谷豊」となっている。

文体、筆跡とも、明らかに代筆であることが見てとれる。代筆者について、筆者は当初山口中尉かと推理したが、山口夫人信子はこれを否定した。彼女から示された中尉の筆跡とは明らかに異なっている。確言はできないが、当時の状況からして、筆跡の主はあるいは神本利男ではなかったかと思われる。文章の作成には、山口も関わっていたかもしれない。それは物言えぬ豊の気持ちになり代わって、彼が元気であったらこうもしたか、と忖度しての代筆であったろう、と夫人信子は言う（平成六

（一九四四）年一一月一三日、京都で、筆者への直談）。

「御懇切な御手紙は確かに熱涙と共に拝読致しました、」とあるのは、シンガポール作戦の前線で、藤原が神本利男に手渡した、母トミ発豊宛の手紙（妹ミチエ代筆）である。これを神本が携え、ジョホール＝バルの野戦病院に収容された豊に届けたことは前述した。「東京に御帰りの人が御座いましたので」とは谷山少尉の帰還を指したものであろう。このように内地機関の人に手紙を託すのは、当時の戦地でよく行われたことであったという。

第一章冒頭の記事のように、豊が母の手紙を読み涙にくれたとの話は、彼の死を報じた昭和一七（一九四二）年四月三日付新聞各紙が一斉に報道した。

度重なる転院

ところで豊の前掲の三月一日付書簡には、「今日シンガポールの同仁病院に転入され」とあり、また後述する谷山少尉の書簡にも、「御令息豊君同僚の方と共に同仁病院に至り同封の書翰を託され」とある。同仁病院は谷山の記憶にあるような英国式の大病院ではなく、前述の彼の記憶とは一致せぬ謎が残るが、豊の手紙の便箋は、同仁病院の名が印刷された同病院の特製であることからも、豊が三月一日にここに入ったことは間違いあるまい。当時の法規に従い手紙を開封した谷山少尉が、便箋に印字された病院名を見て、以前に自らが訪れた病院を同仁病院と思い違えた可能性もある。

同仁病院は、かつて日本人街があった都心のミドル＝ロード二五〇号にあった。その建物は現在も同地に残っている。平成五（一九九三）年八月、筆者がシンガポールを訪れた時、この日本人街はまだ当時の面影を留めていたが、間もなく都市再開発のために取り壊され、あたりは広大な更地になった。

ただミドル=ロードの道路を隔てて、同仁病院の建物がある側は残された。病院の建物は小ぢんまりしたビルで、現在の名称はジョン=ウィンフィールド=センター。講座や学習が行われ、マネージメント=スクールにもなっている由。筆者は平成六年（一九九四）年八月、佐々木賢一とともに中に入り、当時の有様を偲んだ。

シンガポール日本人会の月刊誌「南十字星」の石井弥栄子編集デスクによれば、一、二の書物に同病院の紹介記事がある。例えば『南洋の五十年』最後尾の名簿には、同病院の開設は大正七（一九一八）年七月、支配人（事務長？）松本有司の他二名の日本人医師の名前がある。

また西岡香織『シンガポールの日本人社会史』には、

（ミドル・ロード）中央路のその先には、……同仁病院という邦人間最大の病院がある。院長ドクトル鷲尾氏自ら経営し、仁術の園として評判よく、また鷲尾ドクトルは在留民間の重鎮にして、徳望も高い。

とある。しかし石井によれば、鷲尾ドクトルの名は前掲の『南洋の五十年』にはなく、ドクトルの代から他人へ次々に移ったものかという。また病院の建物そのものも、果たして本当に現存のものかどうか疑念があるという。現在ビルを使用する人々も、その歴史については何も知らぬ由である。

ただしこの同仁病院にも、豊は長くは入院しなかった。再び別の病院に移送されたのである。

第四章　ハリマオ神話の誕生

鈴木茂一等兵、タントクセン病院にて豊に邂逅す

平成六（一九九四）年一二月の初め、筆者は一人の未知の旧軍人から書簡を受け取った。書簡の主は当時の陸軍砲兵一等兵鈴木茂（大正八（一九一九）年〜平成一三（二〇〇一）年。のち伍長）。筆者が「中日新聞」紙上に発表した、南タイにおけるハリマオの記事を読んでのこと、とした上で、手紙には、臨終に近いハリマオと病室を共にしていたとの証言が記されていた。

それは次のようである（原文のまま）。

突然御手紙を差上る御無礼を御許し下さい、今日十一月三十日中日新聞夕刊を読んで、何か古い記憶ですが、この年になるとそんな頃の思ひ出が懐かしく早速つたない御便りを書かせて頂きます、

かの「ハリマオ」の事、彼について私自身余り何の知識も御座居ませんが、彼にはシンガポールのある病院、現地名丹得仙病院でベッドをならべて入院していました、

シンガポール陥落後、私は発病し、勿論、あの十二月十日頃にタイ領シンゴラに上陸マレー作戦に参加、三島野戦重砲兵第三聯隊に動員、その一員としてシ港攻略戦にも従軍、私の入院二、三日して彼谷豊氏がこゝに入ってこられました、

鈴木によれば、接収せられたタントクセン病院は、日本軍の野戦第二病院として使われていた。彼の入院年月日は昭和一七（一九四二）年三月四日。とすれば、タントクセン病院への豊の移送は、三月六、七日ということになろうか。同仁病院で手紙をしたためてわずか五、六日後のことである。

後掲する『陸軍戦時名簿』によれば、豊は「昭和拾七年参月四日右湿性胸膜炎ニ依リ昭南第百六兵站病院入院」とあり、続いて「参月拾七日同院タントクセン分病院ニ於テ云々」とある。三月四日入

院の「昭南第百六兵站病院」の呼称がタントクセン分病院をも含むものであるならともかく、もしそれが別の本院であるとすれば、豊は同仁病院からこの本院に三月四日に移され、さらに二、三日後の三月六、七日頃に、分院のタントクセン病院に再移送されたということになる。

鈴木の書簡を続ける。

何の知識もなく、彼がウサンクサソウ（失礼）な風体の挙らぬ現地人のカクコウで来たので何の関心も示しませんでしたが、四五日経って長髪の変った軍服姿のしかも佐官の肩章をつけた人が彼に見舞にこられた、吾々兵隊には一寸解りかねる光景でした、あとからの話、その人こそ藤原機関長だったのです、彼はよほど衰弱しており余り口もききませんでしたが、彼には付添人が居ました、私の隣のベッドでしたので彼とはとても喋れませんでしたが、片言の英語で、未だ若かった彼ですが、私も洋映画好きでしたので、俳優の名前などいって話しました、実際に英語が通じた最初にして最後（？）の経験だったかも知れません、

やゝ病も癒えて帰隊の折に彼に若し日本に帰れるならお便りしよう、出来たら再会をと言って別れました、然し其後の戦況は御承知の如し、ビルマに行き又吾々の部隊は小スンダ列島の警備に参りました、兵員の補給もまゝならずついに終戦まで彼地で過し終戦翌年それでも帰国する事が出来ました、敗戦になって漸く国情も落着き私達の生活も妻帯子育てと何十年も過ぎて谷豊氏、よく話したマレー人は日本の敗戦によって今度は戦犯者の汚名をきせられたのではないかと、知るよしもないのですが時には思ひ患ふ此頃です、悲惨な最後でなければよいが若しあの若者マレー人もおそらく生きていれば七十才位にはなるのであらう、フト五十年の才月をふりかえり懐旧の念一入です、帰ってからマレーの虎が数少ない戦中の週刊誌にのり、映画にもなったと

は聞きました、又非売品の各方面の方々の戦記に少しづつのっている藤原機関のはなし、ハリマオの事あの日の彼を思い出し、それは又自らの従軍の思ひ出と嬉しく読みました、今日又久し振りに、しかも彼ハリマオを研究しおられるお方がある事を知り乱筆一筆書いてみました、私達ももう戦友会を初めて二十年にもなります、原隊が三島なので一番伊豆で会合を持つことが多いのです、こんな人もおる事を御承知下さい、先生にとって何の参考にもなりませんが、又開戦記念日が参ります昭和十六年十二月開戦の詔書は仏印カマラン湾上で聞きました、そして十二、三日にはマレー半島上陸でした、今それでも生を得て、こゝに壮健な毎日です

失礼お許し下さい

十一月三十日

愛知県一宮市

鈴　木　　茂

手紙にはさらに頭注して、

アシスタントの名は（Omar bj Ismail　ジョホール＝バルー）記憶です。

とある。戦後四九年、ほぼ半世紀を経て、鈴木が初めて語った追想である。

鈴木茂一等兵の軍歴

鈴木茂は愛知県出身。昭和一四年兵。昭和一五（一九四〇）年元旦、第三師団三島野戦重砲兵第三聯隊に入隊。昭和一六（一九四一）年一二月一〇日過ぎ、ソンクラに上陸してマレー・シンガポール作戦に参加した。さらに第一次ビルマ作戦に従軍し、メイショウ、ラングーンに進駐。昭和一八年（一九四三）三

月、内地帰還して予備役となったが、彼の属する第二大隊は、同年暮再びチモールに派遣された。ジャワ・シンガポールの防衛に当たれとの命令であった。

大舟二隻で上陸、米機が来襲する下で揚島作業を行った。（ちなみに第一大隊はビルマに残り、インパール作戦に参加）その間三度補充の機会があったが、交代要員なく昭和二〇（一九四五）年まで駐留。終戦後は舟も飛行機もないまま、小舟で海峡を渡り、島を走破し、ロンボク島に集結した後、収容所に収容せられ、昭和二一（一九四六）年五月、同島から日本へ帰国した。

タントクセン病院（1995年、筆者撮影）

ハリマオとの邂逅について、先の手紙を補うかたちで鈴木が筆者に語った話は、次のようである。

昭和一六（一九四一）年一二月の一二、三日頃ソンクラに上陸、一週間後に進撃を開始した。一二月三一日、カンパルの手前で初めて戦闘があった。えらい砲撃を受けて、除夜の鐘だと冗談を言い合ったものだ。

シンガポール陥落後は接収した英国人の家に入ったが、その後ちょっとして発病（胸部疾患）し、昭和一七（一九四二）年三月四日にタントクセン病院に入院した。この病院は日本軍の第二陸軍野戦病院で、シンガポール東の郊外、街が見下ろせる山の上にあった。平屋の華僑病院で、入口に病院名が書いてあった。病室は大きな部屋で個室ではなかった。二〇人ほどが入っていた（平成六（一九九四）年一二月九日、愛知県一宮市で、筆者への直談。同一〇日電話にて補塡）。

同病院は福建出身の中国人移民の子、マラッカ生まれの事業家タントクセン（丹得仙）の芳志により、一八四〇年に創設された。現在も都心の北方、地下鉄ノヴェナの駅の近くに存在し、一九九〇年に創立一五〇周年を迎えた。

鈴木の話はさらに続く。

入院して三日ほど経った三月七日頃、自分がちょっとよくなった時に、マレー人のような人が入院してきた。もちろんその時には、それが誰かは分からなかった。何でマレー人が入院してきたのかと思った。ワイシャツにサロンを付けて、裸足だった。

ハリマオは小柄な方だった。大分弱っていて、ぐっすり眠ってみえた（筆者注：おられた）。寝たきりで話もしなかった。運ばせた食事を、ベッドに坐って食べているのも見たことはない。股に、注射とリンゲルの点滴の針をブスッと挿していたのは覚えている。股は黒かった。よほど弱っていたのだろう。

その一、二日後、参謀肩章を付けた人が、部下の軍人を連れて見舞いに来た。三つ星の佐官で、髪を解き分け（筆者注：長髪）にしていた。服の色も違っていて、初めて見るものだった。この人が藤原少佐だったのだ。

藤原少佐はハリマオには何も言わず、ただ「どうだ」と病状を聞いただけだった。一応彼の職務が終わったというような、その場の印象だった。それまでは、その病人が誰だか関心もなかったのだが、どういう人かと思ってベッドの名前を見たら、「藤原機関　谷豊」と記入してあった。

ハリマオを見舞いにきた軍人は、この時の藤原機関長一行だけで、他の軍人は来なかった。

ハリマオには、手下が一人付き添って手伝っていた。手下の名はオマール Omar bj Ismail といった（筆者注：bj は bin〔〜の子の意〕か）。オマールの年恰好は当時一〇歳代の後半から二〇歳位までだったと思う、自分より二、三歳若かっただろうか。五、六歳ほどには違わなかったようだ。ハリマオとは、昨日今日一緒になった人ではないように見えた。ジョホール＝バルの人だと言っていた。

オマールがジョホール＝バルの出身とあるが、以前からの豊の部下であったのか、このたびの占領で新たに仲間に加えられたものだったのかは、全く分からない。

ちなみにこの時ハリマオに付き添っていた部下について、藤原は五、六人のマレー人がいたとしている。先の谷山少尉の証言でも、彼のベッドの傍らに幾人ものマレー人がいたとある。鈴木がベッドで見たのはオマールだけであったようだが、当病院では、残りの部下は恐らくは、混雑を極める病院の医療業務を妨害せぬために、ベッドからは遠ざけられていたのではなかろうか。ちなみにそれら数名の部下の中には、ヤラから来たウェ＝ダラメ、神本利男の部下であったラーマンも含まれていたはずである。

鈴木の話はさらに続く。

オマールが自分のすぐ隣にベッドを一つ貰い、その向こうにハリマオが寝ていた。ハリマオはよくオマールに用事を言いつけていた。二人はマレー語と英語で話していた。

自分は他の事も分からんので、手伝いをしているオマールと話すようになった。オマールはマレー語と英語を話していた。その英語は違うと言われ、直してもらったこともある。自分は洋画が好きだったが、オマールも好きで、二人で毎日映画の話をしていた。シンガポールに着いた時のことだが、映画館があって、ディズニーの『白雪姫』を上映していたのを見た。「キネマ旬報」の記者がいて、「こんな映画を作る国と戦争するのか」と言ったのを覚えている。この映画は昭和一五年に日本へも来たが、敵性映画といって上映を禁止された。

オマールとは藤原機関の話はしなかった。当時の私は、機関の存在も知らなかった。戦後におおい知ったのだ。

ハリマオと最後まで一緒にいた記憶はない。彼が長く隣にいた記憶もない。一週間ぐらいのことだったろうか？　それも曖昧だ。

ハリマオの死を目撃した記憶もない。病院で死んだことも今まで知らなかった。彼が他の病院に移ったか、他の病棟に移ったか、どちらにしても別れ際の記憶が曖昧だ。でもオマールが場所を移るか何かの時に、住所を交換したようだ。オマールとは終いに別れる時、もし日本へ帰ったら手紙を出すと言って、住所を書いて貰った。ジョホール＝バル在住ということは覚えているが、住所の細かい番地の数字は忘れた。そのメモは、終戦時の混乱で無くしてしまった。

その間イン＝チェンという華僑の看護士とも親しくなった。以前から病院に勤務していた人だった。「苦力（クーリー）」の腕章を軍から貰っていたが、「私は注射も打てるし包帯も巻ける、苦力ではプライドが許さぬので、トワン＝スズキ、身分を変えてくれ」と自分に頼んできた。そこで衛生兵に掛け合いに行って、変えてやった、といったようなこともあった。

こんな風にして、病院には同じベッドに二か月いた。自分はその後サイゴンに後送された（平成六〔一九九四〕年一二月九日、筆者への直談。同一〇日電話にて補塡）。

鈴木のチモール島進駐の体験談は興味尽きぬものがあるが、本稿の主題とは関わりないので割愛する。ともかく彼はタントクセン病院で偶然出会った豊が、別離の直後に戦病死していたことを、平成六年（一九九四）、筆者に会うまでまったく知らなかったという。

鈴木は筆者へ手紙を送って後、愛知県援護局に、自身のタントクセン病院入院の期日について確認した。三月四日の日付は、書類の記載により確実という。これに従えば、ハリマオの同病院入院は三月六、七日頃、藤原機関長の見舞いはその直後、彼が日本へ一時帰国する三月一〇日直前の七日または八日あたりとなるであろうか。シンガポール占領後三週間ほどを経た時である。

鈴木の記憶によれば、藤原は一人の軍人を伴っていたという。これは実は二人で、山口中尉と國塚少尉とであった。山口が後日夫人信子に語ったところによれば、この時「申し訳ありません」との豊の詫びに対し、藤原は「一つだけでも成功してよかった」と慰めたという。その成功とはペラッ河上流ダムの破壊防止を指したものと思われる。

山口中尉は藤原が戦後処理に忙殺される中で、頻繁に豊を見舞った。谷山少尉を豊の見舞いに伴ったのも彼であった。この時までに豊は大部屋から個室に移されていたと思われる。

豊がなぜ同仁病院から如上の病院へ再移送されたかについては、全く資料がない。おそらくは小規模の個人病院よりも、設備万端の整った大病院の方が彼の治療に便利であろうとの、藤原の思いやりによるものだったのではなかろうか。

藤原機関長、豊に官吏登用の報を伝える

藤原の前掲書は次のように記している。

（私は）再び馬奈木少将を訪ねてハリマオを軍政監部の一員として起用することを懇請し、その

約諾を得た。

一日私は生花を携えて病院にハリマオを見舞った。将兵と枕を並べて病床に横たわっていた。その寝室の周囲には五人のマレイ人が、貴人にかしずく従僕のように敬けんな態度でうづくまっていた。その眼は連日連夜の看護で充血していた。私は谷君の枕元に寄り「谷君」と呼んだ。ハリマオは眼を開いて、私を発見するや反射的に起き上ろうとした。私は静かに制しながら、「気分はどうか。本当に御苦労だった。苦しかったろう。よくやってくれた。早く治ってくれ」と見舞いと慰労の言葉を述べると、ハリマオは「十分な働きができないうちに、こんな病気になってしまって申訳がありません」と謙きょにわびた。私は「いやいや余り無理をしすぎたからだ。お母さんのお手紙を読んでもらったか。よかったね」というと、ハリマオはうなづいて胸一杯の感激を示した。両眼から玉のような涙があふれるようにほほを伝わって流れた。私は更に「谷君、今日軍政監馬奈木少将に君のことを話をして、病気が治ったら、軍政監部の官吏に起用してもらうことに話が決まったぞ」と伝えると、ハリマオはきっと私の視線を見つめつつ「私が！　谷が！　日本の官吏さんになれますんですか。官吏さんに！」と叫ぶようにいった。ハリマオのこの余りの喜びに、むしろ私が驚き入った。

幼いころ、祖国の母から官吏さんは高貴なもの、偉いものと聞かされていたのであろうか。

中野の前掲書は、山口の言として、官吏としての豊の待遇は、判任官待遇の嘱託であった、これは無理矢理彼を使ったことに対する礼儀であったと記している。官吏任用については山口もまた豊の臨終に際して彼に告げ、豊が大層喜んだと伝えている。

この時藤原に随行した國塚少尉は、その時の印象を次のように語っている。

藤原さんから、

「俺は今から谷の見舞いに行くからついてこい」

と言われ、山口さんと一緒に行ったことがありました。病室に行くと、もう米村と神本が来ていました。谷にはマレー人が二、三人周囲に付いていました。これが有名なハリマオか。米村が話していたハリマオか。妹が殺されたのはこの人か。貧相な人だな。大強盗をやるような人かな。しかし命を張って偉い人だな、というのが印象でした。

谷はもう息絶え絶えでした。彼は特効薬を飲まずに、民間の薬（筆者注：犀の角）を使っていたが、重症には効くものではありません。マラリアは頭へも上がるから、あるいは彼も頭を冒されていたかも知れません。

谷は真面目そのものでした。大本営参謀で少佐の藤原は、雲の上の人だったのです。藤原の暖かさ、谷に対するいたわりの態度は見事でした。

「谷君ご苦労だったなあ。軍政官部に部署が決まったぞ」

とねぎらうと、谷は感激の余り顔をこわばらせてものも言えませんでした。

「機関長、有り難うございます。有り難うございます」

と言って滂沱《ぼうだ》と涙を流すのみでした。藤原の行き届いた言葉に感激の極みだったのでしょう。谷がもしその後も生きていたら、藤原は十分なポジションを与えたと思います（平成一四〔二〇〇二〕年一月一四日、神戸市で、筆者への直談）。

前述のように、この後三月一〇日、藤原は日本へ一時帰国した。東京在住のインド独立運動家ラス＝ビハリ＝ボースが東アジア各地のインド人代表を集めて東京会議を開催することを提案し、ＩＩＬ・

ＩＮＡ代表一〇名も招請を受けた。プリタム＝シン、モーン＝シン大尉以下が選ばれ、藤原はその彼らを引率することとなった。この中でプリタム＝シン、スワミー、アイヤル、アクラム大尉、大田黒又男の五名は、日本到着後の三月一九日、搭乗した飛行機の遭難事故のため、飛驒の焼岳付近で不慮の死を遂げるに至った。

豊、危篤に陥る

豊に死が訪れたのは、昭和一七（一九四二）年三月一七日であった。藤原機関長が東京に帰還中のことである。土生良樹『神本利男とマレーのハリマオ』には、かつての神本の部下ラーマンの証言として、三月一五日、豊の死の二日前に神本が彼を病院に訪ねたと記している。ラーマンは次のように語っている。

「トシさんとハリマオは、固く手を握り、言葉すくなく、眼と眼を見つめ合っていました。おそらく二人だけの心に通じる無言の会話を交わしていたのでしょう。

今もはっきり覚えていることは、ハリマオがトシさんとの約束であった、誰か友人のイマム（導師）にたのんで、トシさんのイスラム教への改宗のシャハーダ（改宗の誓いの儀）を行なうまで生きておれそうにないと、すみません、すみませんと、何度も詫びていたことです」

同書によれば、任務を帯びてジョホール＝バルへ赴く神本は、傍らのラーマンに後事を託して去ったが、これが二人の永訣となったという。

その二日後、三月一七日の夕方、豊危篤の報が山口中尉のもとにもたらされた。中野の前掲書によれば、山口は自身が立ち会った豊の臨終について、中野と次のような会話を交わしている。

「……インド仮政府の工作が忙しくなったころ、藤原さんが東京へ行って留守をしていた時ですわ、私が機関本部にいたときだったと思います。ハリマオが危ない、谷君が死にそうだ、という連絡が病院から来まして、駆けつけたんです」

「三月一七日ですね」

「そうです。まわりに木がある、山の中にある病院でした」

「何時ころでしたか」

「時間ですか？　そうですねえ、夕方だったと思います。四時？　いやもっと遅かったです。窓の外は、陽が暮れかかっていましたからねえ。もうすっかり肩も、痩せていました。谷君、ご苦労さん、よくやってくれた、元気を出せ、といって激励しました。それから軍属になったことも伝えました。藤原さんはいま東京へいってるが、戦争が終ればマレーの政治をみる軍政部の一員だ、その参謀長のお声がかかったら、大きい顔していけるぞ、だからはやく元気になるんだ。君の部下のなかからも、いいやつを出してもらえるか、といったら、ずいぶん喜んでいました。うれしそうな眼をしていましたよ」

山口のいわゆる「まわりに木がある、山の中にある病院」がどこであったのか、山口には定かな記憶がなかったらしい。山口夫人信子の談話によれば、ある時彼女がその所在について心当たりを尋ねたところ、山口はただ笑っていただけであったという（平成六〔一九九四〕年一一月一三日、京都市で、筆者への直談）。

さて、山口が豊に、彼が軍属になったことを伝えると、彼は「おれのような人間が官員さんになるなんて、夢のようです」と、涙をこぼしながら何度も何度も繰り返していたという。豊の功労に酬いるために、藤原機関長が軍政監馬奈木少将に具申し、軍政監部の官吏への採用を決定し、そのことが三月七日頃藤原の口から豊に伝えられていたことについてはすでに述べた。

こうして豊の臨終に立ち会ったのは、山口中尉と豊の手下のマレー人・タイ人らであった。豊と行動を共にした神本と米村弘少尉とについては、「米村君も神本君もおったんだが……」と山口が言っているが、これは病室にいたということなのか、病院から近い距離にいたということなのか判然としない。

同郷人富永義成、タントクセン病院で豊の死を知る

余談になるが豊の死のその時、豊と同じ福岡県筑紫郡日佐村（現福岡市南区）五十川の出身者富永義成（海軍兵士、生年不詳、階級不詳）は、タントクセン病院に入院していた。これも奇遇というべきか。海軍軍人であった彼が、なぜ陸軍野戦病院にいたのかについては明らかでない。

富永によれば、ある夜のこと、突然病院の中が騒がしくなった。よほど偉い人が亡くなったかと思っていると、「谷豊」が死んだと聞かされ、大層誇らしく思った。何しろ小さい時には一緒に遊んだこともあったのだから、と、後日この体験談を豊の弟繁樹に語った。

富永は戦後故郷に帰還、民生委員など地域の厚生福祉の仕事に従事し、先年他界した。

豊の死と埋葬

豊の遺骸は、彼に付き添っていたマレー人・タイ人の部下によって、病院の外に連れ出された。その時のさまを、土生の前掲書は次のように記している。

ハリマオの病床に付きそっていたラーマンほか四人のマレイ人青年のうち二人は、静かに病院を抜け出て、マレイ人のカンポン（集落）へ急ぎ、埋葬を領導するイマム（導師）をさがし、イスラム墓地に埋葬の墓穴を掘り、ラーマンらが遺体を運んでくるのを待った。

ラーマンらは、二枚の大きな白布を求めて病院の各所をさがし、イスラム教の教えに基づき、ハリマオの遺体を洗い清めた上で、求めた二枚の白布で厳重に包み、担架で墓地へ運んだ。

この時遺骸を包む白布を探したのがラーマン自身であったことを、土生は生前の彼の直談として聞いたという。

イスラム教徒の日吉亨の教示によれば、イスラム教の葬式は次のように執り行う。先ず遺骸を洗い清め、仰向けに寝かせ、肛門などの体腔に綿を詰め、両手は胸の上に置いた上、全体を白布で覆い、丈に見合った木製の柩に入れる。柩に入れる前、死後硬直が起こらぬ中に顔を横に向ける。埋葬時にメッカの方角を向かせるためである。

柩を最寄りのモスクに運んで礼拝を行い、ついでモスクに近い墓地に埋葬し、イマムがコーランを読み上げる。埋葬は死の当日か翌日か二日以内に行うのが常である、と。

前掲の証言に従えば、豊の遺骸はその夜の中に葬られたと見るべきであろう。

王族などよほどの人物の場合は、廟におさめ、墓碑にその名を刻むようだが、一般には短い石柱を頭と足の先に立てただけの簡素な墓標で、名を記すこともなく、時代が過ぎれば誰の墓かを識別するのは至難のこと、と筆者には思われた。

またイスラム教の葬儀においては、決して異教徒の参列を許さない。豊が山口に「ぼくが死んだらここにいる仲間にまかせてほしい。日本の偉い人にも来てもらったらこまる。回教のやり方で、この者たちにやってもらう」と言ったのは、実は如上の理由によるものであった。

ところで、彼の葬儀と埋葬とは、どこで行われたのであろうか。

タントクセン病院に最も近いモスクとして筆者が推理したのは、同病院の西方、トムソン＝ロードの対岸のジェントル＝ロード一〇番地（旧カンポン＝パジラン）に現存するマスジッ＝アブドゥル＝ハミッド＝カンポン＝パジラン＝モスク。平成七（一九九五）年一月と同一一（一九九九）年一一月、筆者はこのカンポン＝パジラン＝モスクを実見した。さして大きくはなく、墓地も付随していない由。

「南十字星」の石井弥栄子編集主幹に別途情報提供を依頼したところ、モスクからの回答は次のようなものであったという。

①モスクにはそこに住んでいた人の名を冠している。

②以前は大層小さなモスクであったが、今は随分大きくなっている。五〇年以上前からあったことは確かである。

③墓地と一セットになっていたはずだが、今墓地はない。

④ジュロンの奥に市内から墓地の多くが移されているので、そこの「イスラム＝セメタリー」にある可能性もある、等々。

しかしシンガポール日本人会を通じての筆者の再度の調査依頼に対して、シンガポールイスラム教本庁（MUIS）から寄せられた日本人会への公式回答（二〇〇一年一一月二七日付）は次のようなものであった。

マスジッ＝アブドゥル＝ハミッド＝カンポン＝パジラン＝モスクは一九三二年の建立なるも、寺院内部及び外周に墓地が存した否かについては不明。またモハメッド＝アリなる日本人イスラム教

タントクセン病院に近いイスラム墓地跡。奥に病院の建物が見える。
（1995年、筆者撮影）

徒についてもまったく不明である。

モハメッド＝アリなる名は、豊のイスラム名が先方に誤り伝えられたものであろう。それにしてもこれでは雲をつかむような話である。

土生の前掲書によれば、部下の二人がイマムを探している間に、ラーマンら二人は遺体を墓地へ運んだという。遺体は直接墓地に運ばれ、モスクへは行かなかったらしい。近くにモスクがある以上そこへまず運ぶのが普通であろうが、戦時下の非常事態のためであろうか。その間の事情については明らかでない。

現地の近く、トムソン＝ロードに住むコナティ・ティル夫妻の言（平成七〔一九九五〕年一月、シンガポールで、筆者への直談）によれば、タントクセン病院に最寄りのイスラム墓地は、現在の地下鉄のノヴェナ駅の側、トムソン＝ロードとニュートン＝ロードとの交差点の東に展開する緑地の、最も道路に近い角地にあったという。ここから同病院は指呼の間である。豊の遺体は、この地点に埋葬された蓋然性が極めて高い。

シンガポールの再開発にからみ、この墓地は消滅して既にない。平成七（一九九五）年一月、筆者が始めて訪れた時には、この地は緑地公園の体をなしていたが、同一一（一九九九）年一一月、再度訪れた時には、ちょうどこのマレー人墓地あたりは掘削され、新しい建築物の建設中であった。

藤原機関長、豊の訃報に接す

ＩＩＬ、ＩＮＡの東京会議に出席すべく来日中のプリタム＝シン、スワミイ、アイヤル、アグナム大尉、大田黒ら五人が、昭和一七（一九四二）年三月一九日、悪天候の中を飛行機で東京へ向かう途中山中に墜落、遭難した話については既に述べた。その報は藤原少佐を愕然とさせたが、その直後、彼は大本営からの外電により豊の死を知らされた。打電は山口中尉であった。その間の状況を、彼は次のように記している。

> 五氏の遭難が決定的となり、その遭難機の行方を探索しつつあるとき、私は再び私の悲嘆を加重する悲しい電報を接受しなければならなかった。
>
> それは、シンガポールの病院に重症を養いつつあったハリマオ（谷君）の死去を報ずる第二五軍参謀長の公電であった（『藤原（Ｆ）機関』）。

プリタム＝シンらの不慮の事故に接し、死者を悼む暇もあらばこそ、その捜索と東京会議とに向けて奔走しなければならない藤原にとって、豊の死は衝撃的であった。義賊と言われた時代から、日本軍の南進に伴う「ハリマオ工作」の対象となり、やがて藤原機関に帰属し、またその故に死したであろう豊の運命を思いやり、藤原は以下のように記している。

> マレイを縦貫する急行列車を襲って金塊を強奪する程のきょう悪を働き、北部マレイの虎とし

て泣く子も恐れさせた彼は、マレイの戦雲が急を告げるころ、翻然発心して純誠な愛国の志士に返った。彼は私の命令を遵守して、彼は勿論、その部下も私腹を肥やす一物のりゃく奪も、原住民に対する一回の暴行も犯すことがなかった。そして英軍の戦線に神出鬼没の大活躍を演じ、ついに敵の牙城シンガポール陥落直後、その地の病床に伏して昇天したのである。彼の数奇をきわめた生涯は二八歳（筆者注：実際は三〇歳）を一期として終えんした。彼のこの偉大な功績の蔭には、神本氏と米村少尉の至誠と情義に満ちた涙ぐましい指導があったのである。ことに神本氏が一九四一年四月以来、影の形に添うごとく彼をひ護し、善導し、率先垂範した感化は絶大であった。生死一如の大悟に、一切の名利をげ脱し、しょう容として死生の境地に往来し得た大愛の人、神本氏の偉大な人格は終生忘れることのできないものである。私は直ちに谷君を正式の軍属として陸軍省に登記して頂く措置をとった。

この一文は、豊への藤原の弔辞と言ってもよかろう。同時に文面は、神本の人柄への藤原の評価が極めて大であったことを顕著に示している。藤原の措置の結果、豊が正式の陸軍軍属として追認された経過については、すでに述べた。

藤原の陸軍省への願い出は受理され、辞令が発令された。その文面は次のようである。

谷　豊

陸軍通譯ヲ命ス

判任官待遇月俸百弐拾圓ヲ給ス

昭和十七年二月一日（陸軍省公印）

官職名は「陸軍通訳」で、二月一日に遡っての任官である。

また死の日付をもって叙勲も行われた。

大東亞戦争ニ於ケル功ニ依リ勲八等白色桐葉章及金貳千四百圓ヲ授ケ給フ

陸軍通譯　谷　豊

昭和十七年三月十七日

賞勲局総裁正四位勲三等　瀬古保次（賞勲局総裁公印）

すべて藤原の配慮によるものであろう。これらの詔書は、今も谷家に保存されている。

なお、鈴木茂の教示により、平成六（一九九四）年一二月、筆者が福岡県庁で谷繁樹とともに実見に及んだ『陸軍戦時名簿』には、次のように記されている。

役種・兵種

陸軍通訳

本籍

福岡県筑紫郡日佐村大字五十川六百八番地

氏名

谷　豊

明治四拾四年拾壱月六日生

死亡

昭和拾七年参月拾七日戦病死

官等級

昭和拾六年拾弐月壱日　雇員

同　　　　　　　　　　　　　（判任扱）
同拾七年弐月壱日　　　　　陸軍通訳
同　　　　　　　　　　　　（判待）
履歴
昭和拾六年拾弐月壱日南方軍総司令部雇員ニ採用（現地）
同日給月俸百円　拾弐月壱日藤原機関勤務ヲ奉ス
自昭和拾六年拾弐月八日至昭和拾七年弐月八日馬来作戦ニ参加
昭和拾七年参月四日右湿性胸膜炎ニ依リ昭南第百六兵站病院入院
参月拾七日同院タントクセン分病院ニ於テ死亡ス
昭和拾七年弐月壱日給月俸百弐拾円

豊の手紙、家族に届く

谷山樹三郎少尉が携えた豊の手紙が、母トミをはじめ谷家の人々の手に渡ったのは、昭和一七年〔一九四二〕四月八日か九日頃のことであった。日本の新聞で豊の死が大々的に報じられた直後で、寄託から一か月余の時間が経過している。実はこの手紙を預かった谷山は、これを懐に満鉄調査部の人員三名とともにピナンへ赴き、二、三日滞在後、軍用機でバンコクへ赴き、さらにビルマへ赴いていた。彼がサイゴンを経て東京に帰着したのは、三月末頃のことである。

谷山は四月七日付でこの手紙をトミに郵送したが、それにさらに次のような自筆の手紙を付け加えた。

冠省
突然紙上を以て失礼致します　小官谷山少尉と申し参謀本部に勤務致して居る者であります、
今般所命を帯びて馬来半島シンガポールに参りその際御令息豊君同僚の方と共に同仁病院に至り
同封の書翰を託されその後引続き任務の為各地を廻り居りましたる為託送甚延引致し御寛容の程
願上ます尚失礼にも独断開封致しましたるは戦地にて託されましたる多数の書翰何れも通信法に
抵觸するもの多く御令息の書翰も特にそれと心付かず封を切りし次第にて幾重にも御詫び申上げ
ます、
戦地の御活躍今更逐一申上ぐる迄もなく赤道近く御旗の進む所故豊君の英霊安らかなる事と確信
し擱筆致します、
気候不順の折柄御両親様御自愛専一の程祈り上げます、

四月七日

谷山少尉

豊君

御両親様

手紙にはまた紙を改めて、
謹みて故豊君の英霊に対し
悼み奉る
昭和十七年四月七日

参謀本部付

陸軍少尉　谷山樹三郎

と哀悼の辞が添えられている。

藤原機関の解散

東京会談において、ＩＩＬは東亜全インド人によるインド独立運動団体として確認せられ、五月中旬、バンコクでの公開大会に向け組織・運動の策定に入ることとなった。一方大本営はこれに対応するものとして「印度施策計画」なるものを立案し、その代行者として岩畔豪雄大佐率いる「岩畔機関」が当てられた。

サイゴンから藤原に同行して帰京していた岩畔は、強力な機関組織の作成のために、官界や民間からも有能な人材を抜擢。総勢は五〇〇を数えた。また藤原を除くＦ機関員のほとんどが岩畔機関に編入された。國塚は、その著で次のように述べている。

昭和十七年五月一日、東京でかねてより藤原少佐の構想であった大インド施策が正式に決定され、岩畔豪雄大佐を長とする岩畔機関が発足した。岩畔機関は南方司令官に直属し、陸海軍軍人数十名ほかに外務省事務官、国会議員、インドに関係の深い業者、民間の有識者など多数をもって、どうどうたる大機関として編成された（『インパールを越えて―Ｆ機関とチャンドラ・ボースの夢―』）。

藤原は中佐に昇進し、南方総軍参謀としての転補が決定した。こうして藤原機関は発展的解消を遂げ、その歴史的使命を終えた。

南方総軍報道部の成員。前列右から２人目、荒金天倫報道班員。前列右から５人目山口源等大尉（撮影日時不詳。荒金義博氏提供）

山口源等中尉のその後

山口源等中尉は、シンガポール陥落後の昭和一七（一九四二）年三月、岩畔機関付兼南方総軍報道部放送課長として、対インド放送とその他対敵放送を実施。この間ＩＮＡのジャンヌ＝ダルクと謳われたインド独立軍婦人部隊のラクシュミー大尉との対談なども行っている。

昭和一八（一九四三）年一二月に大尉任官。翌一九（一九四四）年五月南方総軍のフィリピン移動に伴い、内転勤務を命ぜられて同七月帰国。大本営陸軍幕僚付として、参謀本部第四課で対敵宣伝に従事した。

シンガポール占領後報道部放送班員として赴任した荒金天倫の追憶によれば、次のような逸話もあった。

昭和一九（一九四四）年、戦局の悪化に伴いＢ２９の本土空襲が激しくなった六月中旬、アメリカ側は、「多大の戦果をあげ、全機無事帰還」とする一方で「日本は捕虜を処刑した」と非難の放送を流した。その矛盾に怒った荒金が、「それなら捕虜は幽霊か。お望みなら幽霊を処刑しようか」と放送したことでアメリカはじめ交戦国側が騒ぎ出し、折から他の問題も絡んで困惑した参謀本部の参謀たちからは、「荒金はとんでもないやつだ。交換船の〝緑十字〟に乗せて、どうぞご随意に処分されたしと、アメリカに送りつけろ」との意見が出された。この時前任の放送班長で、当時参謀本部に勤務の山口少佐が、「荒金君というのは、そんな男じゃない」と取りなしてくれ、アメリカ行きが沙汰止みになったという（荒金天倫『現代を生きる』）。

　昭和二〇（一九四五）年六月に内地決戦の決定に伴い、山口は四国徳島へ赴き、ここで終戦を迎えた。

神本利男機関員のその後

　土生の書によれば、神本利男は藤原の懇請を受け、昭和一七（一九四二）年一一月、新しく成立した光機関の成員としてビルマのラングーンへ転出。シャン族工作を担当した。

　昭和一九（一九四四）年インパール作戦に参加し、撤退作戦に尽力するが、風土病にかかりマラリアが再発。藤原の配慮で、最後の潜水艦に乗りペナンから日本へ向け帰国の途に着いたが、艦は東シナ海上に浮上中米軍機のレーダーにとらえられ沈没。神本は不帰の客となった。三九歳であった。

モーン＝シン大尉のその後

　ＩＮＡ創設の立役者となったモーン＝シン大尉は、三階級を飛び越して少将に昇進した。しかし藤原がビルマへ去った後、ＩＮＡと大本営との関係は険悪となった。東条首相も彼らに冷ややかであった。この間の事情は詳述を避けるが、やがてＩＮＡが大本営命令による何ら保証のない戦地派兵を拒み、あわや反乱の危殆に瀕した時、モーン＝シンは責めを問われて獄に繫がれた。

　國塚によれば、後日スバス＝チャンドラ＝ボースがＩＮＡの最高司令官としてシンガポールを来訪した時、モーン＝シンを復活させる意志の有無を國塚がボースに尋ねたところ、彼は「ノー」と答えたという。将兵に檄を飛ばすモーン＝シンの弁舌の巧みさと、彼がシーク教徒であることを恐れたのであろう、と國塚は言う。
モーン＝シンが最後に繋がれたのはスマトラの獄であったが、命を全うしてインドへ帰り、日本で言えば県会議員ほどの地位を得た。藤原が戦後インドを訪問した際には、彼の家に二泊ほどして旧交を暖めた（平成一四〔二〇〇二〕年一月一四日、神戸市で、筆者への直談）。

藤原機関長、豊の遺族と会見す

昭和一七（一九四二）年四月、藤原は、岩畔機関が現地で活動を開始する日までなお残務を遂行すべく、再びシンガポールへ向かった。その途次彼は福岡で、豊の母トミら遺族との会見を望んだ。四月一日彼は大本営を通じ、谷トミに宛て次のように打電した（原文のまま）。

ツツシミテセンビ　ヨウシニタイシシンジ　ンナルテウイヲササグ　ミ（ヨ）ウゴ　三ヒフクオカヒコウデ　ウケイユセンチニムカフゴ　ゼ　ン一〇ジ　ヒコウデ　ウニテオアヒイタシタシサンボ　ウホンブ　フジ　ハラセウサ

（謹みて戦病死に対し深甚なる弔意を捧ぐ。明後三日福岡飛行場経由戦地に向かふ。一〇時飛行場にてお会ひ致したし。参謀本部藤原少佐）

豊の戦病死の報が、最初にいつ、いかなる形で谷家に伝えられたかは明らかでない。あるいはこの藤原の電報が、それであったのかもしれない。この電報はいまなお谷家に保存されているが、ちなみに官報として戦死の広報が谷家にもたらされたのは、これより後、五月一四日のことであった。

豊の母トミは、この電報が着いた四月一日の前後、実姉田中きちの葬儀に参列するために大阪に滞在中であった。「朝日新聞」西部版は、「『天晴れ、我子』／嬉しさ悲しさ／涙で語る実母」と題し、トミの次のような談話を掲載している。
豊は非常な孝行者でした、私がマレーに行きましたのが三十一年前の明治四十四年で、豊が二歳のときでした、十歳のときから夫のしてゐた理髪業を助けてゐましたが、昭和八年十一月六日（筆者注：実際は昭和六年）徴兵検査のため帰国し、私も間もなく息子の後を追つて帰国しました。豊が再びマレーに帰る日、鹿児島本線竹下駅で別れたのが最後でした。（中略）昨年の十一月に陸軍省を通じ「豊は軍属としてお国に尽くしてゐます、安心して下さい」との便りがあつて喜んでゐたところでしたが、手柄を樹てゝくれたと聞いて嬉しくてたまりません、しかし昭南島の病院で病に斃れ、死の宣告を知つたとき、豊はどんなに苦しんだことでせう、十年間私に一度も便りをしなかつたことを気にしてゐたことを思ふと、可哀さうでなりません、この大戦争の裏で立派に働いたことを聞いては
「でかしたぞ豊」と一口でもほめてやりたかつた、十一年前に死んだ夫もさぞや草葉の陰で喜んでゐると思ひます
藤原の談話に併せ、このトミの談話、また亡夫浦吉の兄清吉や弟源三郎その他遺族への取材をともに、各新聞は四月三日、一斉に記事を発表した。
藤原は、大阪から急遽帰郷したトミら谷家遺族との福岡における会見について、次のように記している。
福岡飛行場においてハリマオの母堂と姉さん（筆者注：妹の誤り）とに面接した。私の弔辞に対して母堂も姉さんも頭を左右に振って、谷君が祖国のために身命を奉仕し得たことを心から感謝し喜ばれた。そして私の語る谷君の功業に心から満足してくれた。私はその健気なる心構えに恐

縮した（『藤原（F）機関』）。
この時の両者の会見の一部始終を、地元の「九州日報」（昭和一七〔一九四二〕年四月五日朝刊）は、「感激の対面する〝参謀と軍属の母〟／立派な御最期／谷青年の遺族に滲々と感謝の言葉／偉勲・讃へる藤原少佐」と題して、より詳細に次のように伝えている。
かつては〝ジャングルの虎〟と綽名されマレー全土を席巻した強盗団首領の身ながら大戦勃発と同時に翻然日本人の血にめざめて皇軍のマレー作戦にかげの活躍をしたこの谷青年の美しい最期を遺族に伝へるべく三日空路雁の巣空港に飛来した藤原岩市少佐は谷青年の母親トミ（六〇）さんらに迎へられて空港二階応接間に〝参謀と軍属の母〟との感激的な対面が行はれた
『お母さんですね、藤原です、谷君に大変お世話になりました』
まづ藤原少佐が静かに口を開いたトミさんは黙つて頭を下げた、二度…三度…それきりしばらくは双方言葉もない、トミさんの傍らには故豊君の妹ミチエ（三〇）さん、弟茂喜（一八）君、叔父谷源三郎（五四）さんらがやはり黙然と頭を垂れてゐる
『御立派な最期でした、私たちがついてゐながら申訳ないことをしました、何分衰弱が激しかつたものですから…』
生涯の大半をマレーですごした谷青年には日本語は片言しか話せなかつた、（中略）
『日本語が十分話せないので私たちは豊君が書いた片仮名の報告文を前に地図と首つぴきで敵情を判断して作戦を進めたものです…』
トミさんの頬につと涙が伝ふ、このとき叔父の源三郎氏が
『日本語は忘れてゐてもいゝが日本人の魂まで忘れてゐやしないかと心配してゐたのですが』

『御安心下さい、豊君のお働きは軍人以上でした、あなた弟さんですね…』
藤原少佐は茂喜君の方に向き直って
『立派なお兄さんを持たれましたね』
藤原少佐出発の時間が迫って来た、
『お母さん、お齢は六十でしたね、体を大事にして下さいよ』
トミさんの肩をやさしく叩きながら香奠の包みをトミさんに渡して藤原少佐は立ち上がった、
『お母さん、豊君は勿論靖国神社ですよ…』
〝有難うございます有難うございます〟何度も何度も頭を下げるトミさんの前を藤原少佐を乗せた○○（筆者注：伏せ字）機は爆音高らかに離陸した、

新聞記事には、参謀肩章を付けた藤原が、向かい合うトミの肩に手を置き、その向こうに三人の遺族が居並ぶ情景の写真が添えられている。

谷繁樹の記憶によれば、藤原は豊の遺骨を遺族に手渡すために、五十川の谷家へも直接に訪れたという。その訪問と、空港での会見との先後関係については明らかでない。もとより骨箱には何も入っていなかった。

やがて、豊の遺品が軍を通して谷家に返還された。「F」の文字を記した藤原機関の腕章、金の指輪、観音様をかたどったようなネックレス、いくつかの金属製の護符、タイからマレーへ越境の際に携えた襷状の細長い兵糧米の包み等々である。これらは今も谷家に保存され、うち数点は筆者も実見に及んでいる。

藤原談話の新聞報道とハリマオ神話の誕生

藤原は前掲の手記に、さらに次のように続けている。

翌日、私は陸軍省の記者倶楽部に招かれて、ハリマオの数奇をきわめた半生と、戦争前後における彼の英雄的活動を語った。大新聞は一斉に四分の一頁にも及ぶスペースを割いて、これを報じた。

藤原が報道陣に、マレーにおける豊の活動の顚末を語ったのが、正確に何日のことであるのか、彼は明らかにしていない。それは三月二〇日に東京会議が山王ホテルで行われた後、四月一日に藤原が東京を出発するまでの、一〇日間の中のある日であったと思われる。各新聞が豊の記事を一斉に掲げたのは、四月三日朝、まさに福岡飛行場における藤原・谷家遺族会見の直前のことであった。

藤原の言のように、記事には各新聞とも大きなスペースが割り当てられた。それらの見出しを挙げると、

「武勲輝く〝マレーの虎〟／俠児散って〝靖国の神〟／翻然祖国愛に醒めて挺身／英へ復仇の日本青年」（「東京朝日新聞」）。

「殉国の華マレーの虎《ハリマオ》／挺身・皇軍を導く／密林に放つ部下三千の尖兵網／〝討英〟悲願の日本快男子」（東京日々新聞）。

「翻然起つ母国の急／義賊〝マレーの虎《ハリマオ》〟／死の報恩・昭南に眠る」（「読売新聞」）。

「密林の王者『マレーの虎』の悲劇／三千の部下を率ゐて／南進皇軍に死の協力／いまぞ蘇る『日本人の血潮』」（「中外商業新報」（日本経済新聞」の前身））。

等々である。昭和一七年、シンガポール陥落直後の日本のメディアの風潮を如実に表している。

その内容については、こころみに「東京朝日新聞」の記事の冒頭部分を引用しよう。

マレー半島に展開された皇軍の電撃的作戦は疾風迅雷五十五日の短時日をもつて全島を慴伏せしめ終にシンガポールも陥れた、灼熱瘴癘、猛獣毒蛇の蟠踞する魔の密林地帯を突破、猛進した皇軍将兵の大戦果の陰にあつて挺身協力し、『日本人ここにあり』の意気を示し君国に殉じた一白面の在留邦人の死闘振りがこのほど帰還した藤原岩市少佐から陸軍省に齎された

その名もハリマオ（マレー語で虎のことをハリマンといふがハリマン王から訛ったもの）と呼ばれ日本名を谷豊（三一）といふ数奇な運命に弄ばれた快男子で、マレー半島を縦貫する嶮峻なる中央山岳地帯を皇軍に率先して踏破、ある時は皇軍の道案内となり、ある時は皇軍の開戦真意を住民に伝へて説得するなど在島三十年の蘊蓄を傾け尽して尽忠報国の至誠を尽した

各新聞社の記事にはかなりの齟齬や事実誤認があり、正確な藤原の談話の速記録に基づいたものとは考えられない。例えば「読売新聞」には本書冒頭に引いたごどくに、次のようにある。

大東亜戦争の火蓋が切られる直前某任務を帯びて南泰を国境へ急ぐ藤原少佐がとある山間の部落にさしかゝつた時一人の壮漢が現れた少佐の前に進むと覚束無い日本語で叫んだ『私は日本人です、何かお役に立つことに使つて下さい』見れば彼の後にはマレー人が数人集まつてゐる、（後略）

このシナリオは、開戦前バンコク駐在当時の藤原が、豊への接見を試み、汽車で南タイに赴いた事実（敵方の諜報者のため会見は未遂）と、開戦後のカンパルで豊と初めて邂逅した事実との、二つの事柄が混淆されて作られたものと思われる。記者の聞き誤りによるものか、大衆の好みに迎合した意図的なアレンジかは判然としないが、本書冒頭で示したように、一文中には「馳せ参ずる案内者」

「王に仕える勇士」というごとき神話的モティーフがすでに胚胎している。

ともあれ、藤原の追懐にもある通り、これらの記事はすべて、一堂に会した各社の記者による藤原談話の聴き取りをもとにしている。藤原の口を通して語られた豊一代の行状記は、恐らくは古武士的軍人美を愛する藤原の美学に濾過されたものであったろう。この藤原談話は、爾後発展展開するハリマオ像の神話化の方向を決定してゆくこととなる。

藤原機関長記者会見の事情

國塚によれば、藤原機関長はシンガポール陥落後二、三日して、大本営に対して、インド国民軍についての進言書を書いた。山口中尉が浄書し、東京へ持って行ったという。

IILとINAとによるインドの独立運動をどうするかは、大本営で大問題となった。大本営にしてみれば、INAは藤原の私生児のようなものであった。彼らの独立運動も、藤原のプッシュで始まったと認識していた。藤原はインド人に突っ込み過ぎる。藤原を他の部署へ動かそうという動きもあった。インド国民軍の将来についても「ノー」と言う可能性が強い。それで藤原は、自分が動かされる前にいろいろやろうという気持ちが強かったようだ、と國塚は回顧する。

大本営と藤原とがかくの如くに切り結び、事が決まらずゴタゴタしている最中に、新聞記者がいろいろ聞きに来て困る。うるさいマスコミをかわすために、問題をそらそうとして行ったのが、ハリマオ一代記の発表であったのだという。谷君をやろう、特ダネにしよう、と藤原は考えた。

ハリマオ神話の拡散

新聞記事の反響は大きかった。

國塚によれば、「記者がかぶりついてくるだろう」と藤原は自信満々であったが、まさに世の中はハリマオ一辺倒となった。つまり藤原の話は、日本人のシンパシーにぴったり、理想的なもので、「インド問題について拘泥していた日本人らがジューとそちらへ行ってしまい、INA問題などどこかへすっ飛んでしまった」。藤原自身も、あれだけ受けるとは思わなかったと述懐していたという（平成一四（二〇〇二）年一月一四日、神戸市で、筆者への直談）。

谷家にも、皇后下賜の御歌

やすらかにねむれくにおもふ君のためいのちささけしますらをのとも

をはじめ、親戚・知人など周囲からさまざまな書簡が送られてきた。例えば「新聞記事により豊君の戦死を知り驚いて居ります」に始まる、トミの甥田中正人の書簡（北京発四月九日付）は、豊の死がたちまち北京まで伝わったことを証している。頭山満夫人峰尾の哀悼の手紙、中には記事を読み感激した人物の、血書による書簡もある。

五月三一日には「週刊朝日」が「輝く戦果の蔭に／主君の熱血男児！マレーの虎」谷軍属の活躍」と題し、「サンデー毎日」が「皇軍進撃の殊勲者／〝マレーの虎〟の死闘」と題し、豊に関する特集記事を組んだ。既に述べたが、「週刊朝日」記事の冒頭に掲げた豊の写真は、おそらく藤原機関員となり決死行を覚悟した豊が、家族へ送るべく撮影した遺影ではなかったかと憶測される。

やがてさまざまのメディアが、豊を題材にした作品を発表した。例えば昭和一八年（一九四三）六月封切りの大映映画『マライの虎』。ちなみに山口源等中尉夫人信子は、婚約時代、山口の弟とともにこれを観たという。
中田弘二主演のこの映画は、その主題歌「マライの虎（ハリマオ）」（テイチクレコード。作詞島田磐哉、鈴木哲夫作曲、東海林太郎歌、歌詞五番まで）とともに、一躍有名になった。

南の天地　股にかけ
率ゐる部下は　三千人

に始まるこの歌については前述したが、余談ながらこれに先立つ昭和一七年（一九四二）六月、「マレーの虎」（ポリドールレコード。清水みのる作詞、飯田景応作曲、上原敏歌）が発売されている。歌詞は三番までで、一番は次のようである。

赤道千里の　山野に吼える
あれがマレーの　虎王《ハリマン》か
雲に雄叫ぶ　瞼の裏じゃ
人の情に　泣く男

同年同月、広沢虎造吹き込みの浪曲『マレーの虎』（テイチクレコード）も世に出た。
翌一八年（一九四三）八月からは、大林清の「愛国熱血事実物語　マライの虎」が講談社の雑誌「少年倶楽部」に連載された。

大林清『マライの虎』における豊の最期

昭和一八（一九四三）年八月から翌一九（一九四四）年七月まで、一年間一二回にわたって連載された「愛国熱血事実物語　マライの虎」は、報道班員としてマレーに渡った作家大林清（明治四一〔一九〇八〕年

〜平成一一（一九九九）年。東京都世田谷区住）が、少年小説執筆の委嘱に応じて書いたもので、当時の少年読者に愛読された。この小説の末尾には、豊の最後のさまが描かれている。小説の虚構化を見る上で興味深い資料なので、引用すると次のようである。

> 南国の長い夕暮も、やうやくよひやみにとざされかけ、今はもうまつたく平和になつた昭南の町々に、ほかげのまたたきはじめたのが、病室の窓からながめられた。
>
> 「あ、ありがたうございました。谷、谷豊は、これで日本人として、御先祖のところへまゐれます。歌を、歌を一つ、わたくしが国にゐたころ、すきだつた歌を…。」
>
> 豊はひざに手をおくと、かすれる声で、だが腹のそこからしぼり出すやうに、ひくくゆるやかにうたひはじめた。
>
> 「すめらみくにの　もののふは
> 　いかなることをか　つとむべき
> 　ただ身にもてる　まごころを
> 　国と親とに　つくすまで…。」
>
> それは黒田藩が生んだ勤皇の志士加藤史書公つくるところの今様歌であつた。をはりの声がとぎれると同時に、豊はがつくりとうなだれてしまつた。
>
> 福原少佐は形をただして、ふかく頭をさげた。あまりにもみごとな散りぎはに、サーラムとイサも、むせびなくことさへわすれてゐた。

文末のサーラムとイサとは、マレー人の部下の名である。

報道班員大林清のマレー戦線従軍

余談ながら、作家大林清のマレーとの関わりについて一言しておきたい。彼が講談社の山田直郎から依頼を受けたのが、おそらく昭和一八（一九四三）年四月頃、前年一二月に報道班員の任務を終え、帰国して間もない時であった。ハリマオの存在については、「少年倶楽部」の執筆依頼の時に初めて知った。後述する報道班員時代には、彼の話題はまったく出なかったという（平成七〔一九九五〕年八月二三日、東京で、筆者への直談）。

小説執筆に当たっての資料は、陸軍報道部情報局が提供した。ハリマオによるペラッ河上流のダムの爆破阻止などかなり詳しいもので、小説の大筋は資料によったが、人物も筋立てもすべて虚構であった。一か月ずつ先を考えながら楽しく書いたという。

「報道班員日記　シンガポールへの道（正・続・追補）」（『林道』九〜一一）によれば、彼は昭和一六（一九四一）年一二月八日の開戦直後、陸軍省から通知を受け、同一三日徴用を受けた。青山の陸軍大学校庭に集合。二、三〇〇人ほどの人々の中には新聞記者、写真家など顔見知りの面々も多かった。奏任官（佐官）待遇であった（ちなみに吉川英治は将官待遇であった由）が、当時まだ「報道班員」という言葉はなく、「徴員」と呼ばれる軍属であったという。

翌一四日四谷の参謀本部に呼ばれ、サイゴンでの対内宣伝（航空戦の記事）を命ぜられた。二五日東京を出発。三一日大晦日に、浜松から軽爆撃機に乗り出国。沖縄、台南、広東を経て昭和一七（一九四二）年一月九日、サイゴンに到着した。

一月一四日、航空隊の前進基地があるマレーのスンガイ＝パタニに配属が決定。同地滞在の後、二月一日基地とともにイポーへ前進。同四日クアラ＝ルンプールを、六日ゲマス、スガマッ、ヨンペンを経て、七日クァンタン到着。二月一五日同地でシンガポール陥落の報を聞いた。シンガポール市に入ったのは三月三日のことであった。

大林の直談によれば、彼はこの服務期間中、藤原機関については漠然と聞き知っていたが、機関とハリマオとの関係についてはよく知らなかった。小説中に出てくる「福原少佐」の名は勿論藤原をもじったものだが、これは所与の資料の中にあったものを使ったという。

彼は藤原には二度会っている。最初はシンガポールで参謀長告示の文案の打ち合わせを行った時。藤原・大林ともう一人毎日新聞記者が、料亭で会同した。二度目は戦後のこと、赤坂あたりの中華料理店で、藤原機関についての取材であった。藤原は恰幅のよい、いかにも軍人らしい人であったが、戦後は痩せて「おじいさん」になっていたという。

大林のこの「報道班員日記」は、三月三〇日をもって終わっている。シンガポール入城後は、冗漫を避けるために無為の日は削った由で、豊が死んだ三月一七日の記録はない。

この他芝居、紙芝居等々さまざまのメディアを通じて、ハリマオの英雄神話は華やかに開花していったのである。

藤原岩市機関長のその後

藤原機関長のその後について略述する。シンガポール作戦後、彼は第十五軍参謀としてインパール作戦に従軍。昭和二〇（一九四五）年の終戦は福岡の衛戍病院で迎えたが、その後英軍によりインドで執行されたＩＮＡに対する軍事裁判に、証人として召還された。藤原はＩＮＡ将兵の弁護に徹し、やがてインドは独立を達成した。

しかし藤原自身は帰国を認められず、チャンギー刑務所に収監され、劣悪な環境で屈辱に堪えつつも、日本軍への制裁に執念を燃やすシリル＝ワイルド（大佐。中佐当時シンガポール降伏交渉に際し、パーシヴァル司令官に随伴。藤原査問の直後、香港上空の飛行機事故により機内で焼死）と、藤原機関の罪科の有無について激しい応酬を行った。さらにクアラ＝ルンプールの刑務所に移され、ふたたびチャンギーに戻されたが、昭和二二（一九四七）年五月に無罪釈放帰国。藤原機関員から、戦犯は一人も出なかった。

藤原は帰国後、ＧＨＱの戦史編纂に参加する傍ら、『藤原（Ｆ）機関』を執筆脱稿した。昭和三〇（一九五五）年陸上自衛隊に入隊。陸将として第十二師団長、第一師団長を歴任した。退官後は国民外交協会常務理事などを務め、インドにも旅してかつての盟友らと再会を果たし、昭和六一（一九八六）年二月末に長逝した。

残された人々

南タイ時代の豊をめぐる人々の、その後について話を戻そう。

軍属として日本軍と共にシンガポールまで赴いた歯科医森才太郎は、同市の陥落後、自らの医院のあるパタニへ帰った。森は豊に最期まで付き従ったヤラのウェ＝ダラメを伴っていた。帰る道々、森はウェ＝ダラメから豊の決死行の顚末を聞いた。森はパタニへの帰還後、チェ＝カデに豊の最期のさまを語った。

すでに述べたように、チェ＝カデは豊とともに半島の南下を志しながらも、病を得てタイ・マレー国境から引き返しバンプーの家に帰っていた。彼の回想録は、森からの伝聞をも詳細に語っている。

家に戻って薬を飲んだりして静養。少しずつ仕事にも就くようになったが、ジョはユタカがいないからと言って二か月ほどしてマラヤ、ケランタン、パセマスに帰った。ユタカと別れて四か月ほどしただろうか、名前は忘れたがパタニに住む日本人のムスリムの歯医者さん（筆者注・森才太郎）がバンプーに来て豊の死を伝えた。チェ＝ミノはすでに覚悟していたのか、涙は流さなかった。後になって独りになった時涙を流したかも知れないが、それは分からない。その後チェ＝ミノは五回と結婚せず（筆者注・チェ＝ミノは豊とは四度目の結婚）、最初の夫の子チェ＝マと一緒に暮らして一生を終えた。

ジョはその後ユタカの死を知ってから、コタ＝バルに住む布店のアラブ人の金持と結婚した。その後の消息は分からない。

俺は歯医者に四人のことを聞くと、最後までユタカと一緒にいたのはウェ＝ダラメ一人だったとのこと。ウェ＝フセイン、ウェ＝ハッサン、ウェ＝サホルの三人はケダに入ると、豊が考えていた通り日本軍より早く到着したのに、目指す裕福な華僑は、日本軍が攻めてくるというのでめぼしい財産を持って逃げ出し、町の中は人影もなく、家に残っているのは大半マラヤの人だけ。チェ＝カデと別れて案内人を含め七人、大雨の中、昼夜を厭わず泥沼の道を歩き、いくつもの増水した河に足を取られるなど強行軍の末、ようやくケダに到着。捕らぬ狸の皮算用、もう目の前に金銀財宝がぶら下がってると思えば一切の苦労も何のその、町に入ってみるとまだ戦争が始まっていないのにこのありさま。このまま南下しても金目のものは手に入る可能性は少ないと考えたウェ＝フセイン、ウェ＝ハッサン、ウェ＝サホルの三人は体の具合が悪いからと話し、いくばくかのお金を貰ってタイに戻った。

しかし後から俺は知ったが、ウェ=フセインとウェ=ハッサンの兄弟はタイでマラヤ、ケダの女性とヤラ=コタ=バルで結婚しており、そして弟のウェ=ハッサンには子供が一人いたが、当時のタイの法律でマラヤの女性と結婚してマラヤに入国したタイ人はタイには帰国できず、そのためウェ=サホル一人がタイに戻り、ウェ=フセインとウェ=ハッサンの二人は一生をマラヤで終わらせた。

ウェ=フセイン、ウェ=ハッサン、ウェ=サホルの三人と別れたあと、ユタカはウェ=ダラメと二人で、最初の目的地ペラッ河上流に英軍によって仕掛けられた爆破装置の除去に成功。その後ユタカと二人は命令を遂行するために努力したが、全て裏目に出て何事も成功しなかった。

その頃からユタカより連絡を受けていた仲間などが少しずつ合流したようだが、時には大雨の中、昼夜を問わない強行軍。食事もままならず、元の仲間たちは耐えられず一人去り二人去っていったようだ。別の場所でまた元の仲間らが合流。しかし同じ繰り返しだったようだ。

ユタカはイポーに向かう頃から少しずつマラリヤが悪化。所持していた犀の角を削り飲んでいたが、その頃に軍の偉い人に会って以後歩くこともままならず、ジョホール=バルまでの数百キロをほとんど担架、それも大きな町でインド人を大勢雇い、交代で担がれて次の大きな町に着くと別のインド人を大勢雇う、という方法だったという。そしてジョホール=バルに着いてすぐ、陸軍病院に豊は入院。その後シンガポールの病院に移され、間もなく豊は死亡。

このヤラの金細工師にとって、同じマライ語でもマラヤ国内ではよく通じないパタニ=マレー語。その上病気で苦しむユタカの看病をしながらのシンガポールまでの道のりは、精神的にも肉体的にもウェ=ダラメを苦しめたことだろう。シンガポールに着いた頃には、ウェ=ダラメの体力はもはや限界に達していたのだろう。ユタカの死後、国に戻ってユタカの死をチェ＝ミノたちに知らせたいというたっての願いで、今度は骨と皮ばかりに痩せ衰えたウェ＝ダラメは、パタニの歯科医師森氏に看病されながらタイに帰国。

しかしヤラに到着した頃は、ウェ＝ダラメはパタニまで戻る気力もなく、やむなく森氏はウェ＝ダラメを生家のあるヤラ＝コタ＝バルまで送り、独りパタニ、バンプーに来て豊の死を知らせた。後で知ったが、生家に戻ったウェ＝ダラメはそのまま起き上がる事もできず、帰国後わずか一週間で死亡したという。

チェ＝カデの回想録はここで終わっている。

マレーの虎、故山に眠る

昭和一七（一九四二）年五月一四日、トミ宛に豊の戦病死の電報が届いた。次のような電文である。二枚に渡るもののようだが、二枚目は残っていない（原文のまま）。

リクグ　ングン　ンゾ　クタニユタカ三ツキ一七ヒセンチビ　ヨウインニオイテセンビ　ヨウシス

ミギ　ナイホウストウブ　グ　ンサンボ

（陸軍軍属谷豊三月一七日戦地病院にて戦病死ス右内報す、東部軍参謀？）

として「官報」の印が押されている。

それから二か月余りを経た昭和一七（一九四二）年七月一九日、故郷の福岡県筑紫郡日佐村で、彼の葬儀が行われた。藤原談話の新聞への発表後、とみに上がった彼の名声を証するように、その葬儀は村葬として執行され、軍官民の代表者が挙って出席するという大掛かりなものとなった。そのありさまを「福岡日日新聞」（昭和一七〔一九四二〕年七月二〇日朝刊）は、「〝マレーの虎〟故山に眠る」と題して次のように伝えている（原文のまま）。

（前略）俠児谷豊君の村葬が石田福岡聯隊区司令官、本間知事各代理始め近隣各町諸村長数十名臨席、新岡同村々長祭主となり全村数百名が会葬して十九日午後四時から神仏両式により日佐村国民学校で執行された、七草香る祭壇にはこの程現地から無言の凱旋をした遺骨、ありし日の写真が安置され頭山満翁、中野代議士始め県選出代議士より贈られた花輪供物が故人の嘗ての活躍を物語る様にいくつも飾られてゐる、本間知事、福岡聯隊区司令官始め三十余の弔辞が捧げられて後遺族母親トミさん養嗣子一得氏、妹ミチエさん、弟民喜君は思ひ出も新たに玉串、燭香を捧げた

かくてマレーの虎谷豊君は厳父が眠る墓石のかたはらに埋葬され永久のねむりについた

ちなみに日本での豊の法名は、「南方院報国日豊居士」。その奥津城は、今も福岡の谷家の墓所にある。

幻像と真実と――あとがきにかえて

　筆者が初めてマレー・シンガポールの土を踏んだのは、平成四（一九九二）年一二月のことであった。気だるい熱気が重く澱むマレー半島の密林に足を踏み入れ、その中をかつて走破したであろう謎めいた一日本青年に思いを馳せたことが、この研究の端緒となった。爾来ほぼ一〇年を経たことになる。

　伝承の研究者として筆者がまず手がけた仕事は、昭和一七（一九四二）年シンガポールに死し、その死を契機として一世を風靡したハリマオ伝承の、神話的構造の分析であった。メディアの巨大な力を借り、時の大衆の好みに応じて膨張したハリマオの英雄譚は、倭建命《やまとたけるのみこと》や源義経にも連なる人間類型として、一連の世界的英雄神話の基本的構造に収斂されるというのが、筆者の到達した一応の結論であったが、これについては既刊『神話の海』（大修館書店　平成六年）ですでに世に問うている。

　しかしその虚像の構造の解明のためには、一方で彼の実像をあらわにする必要がある。ハリマオと呼ばれた日本人、谷豊の生誕から死に至るまでの年代記の作成を筆者が志したのは、このような理由による。

　筆者は如上の目論見から、彼の生涯の素描を「ハリマオの真実」（月刊「しにか」大修館書店　平成七（一九九五）年一月〜三月）及び「「マレーの虎」ハリマオの実像」（季刊「南十字星」シンガポール日本人会　平成六（一九九四）年一二月〜平成一四（二〇〇二）年三月）で試みた。本書ではこれらのかなりの部分を省く一方、多くの新出の資料を加え、ほとんど書き下ろしに近い内容となった。また、人名地名については、できるだけ現地の発音に近い表記に改めた。

ハリマオの調査に当たっては、新聞、雑誌、単行本等々先行文献に拠るところが大きかったが、同時にできる限り、生前の彼を知る人の語りを収録することを心掛けた。生きた言葉にこそ、最も生々しいリアリティが存すると考えたからである。

マレー・シンガポール戦から長い年月を経た今日、ハリマオに接した者はすでに多くが逝去して、今や寥々たる数に過ぎない。調査の開始が遅きに失した感も否めないが、しかしながら戦後半世紀余、これまで沈黙を守ってきた人々が、この昨今に至り初めて口を開いたこともまた事実である。

調査に当たっては、日本・マレーシア・タイ・シンガポールの広域にわたり、さまざまな証言を得たが、筆者の目に生き生きと映ずるのは、ハリマオの周囲に次々に現れては去っていった人々の、極めて具体的な体験の叙述である。その一つ一つは、自らと、彼らが生きた時代のさまとを語り尽くして飽きさせない。つまりは本書の主題は、ひとりハリマオのみならず、彼を囲繞するこれら群像の歴史だと言ってもよかろう。

一連の証言を通じて、ハリマオたる谷豊の人間像について、ある「事実」が浮上したことは確かである。例えば「仕事師」「職人」魂の持ち主で、手業に賭けた執念は、盗賊と言われた時代にも、またマレー・シンガポール作戦のゲリラ活動の中にも窺うことができる。

直情径行の親分肌で、兄弟思いであったこと。マレーやマレー人を愛し、その社会に強いアイデンティティを持っていたこと。「兄貴は体は日本人でも、心じゃ本当にマレーば愛しておったですたい。コマい時から向こうで暮らして居りましたけんね」との、谷繁樹氏の言葉は示唆的である。神本利男ら藤原機関員らの思想的影響が大きかったこと。日本軍官の組織とその選良とに、高嶺の花を仰ぐごとき感情を懐いていたこと。軍政部官吏としての登用を告げられた時の彼の喜びのさまは、藤原岩市少佐参謀・山口源等中尉・国塚一乗少尉らが等しく実見している。

つまりは日本軍官僚として生きることも、イスラム教徒として生きることも、二つの異文化世界に足をかけた彼の願望であったのである。

如上の心理の多重性は、各人が語るハリマオ像にも投影されている。谷繁樹氏が語るハリマオ、小川平氏が語るハリマオ、チェ＝カデ氏が語るハリマオ、藤原少佐が語るハリマオ……、それらのハリマオ像は、それぞれの位相に於いて微妙なニュアンスの相違を見せつつ、ハリマオのさまざまな姿として語り分けられている。

認識は彼我の関係を離れてはあり得ない。くさぐさの資料が語るハリマオの姿とは、実はハリマオと接した人々が、自己との関わりの中で、それぞれの内なる価値や審美の鏡に照らしつつ醸成した、その人その人の「ハリマオ伝承」なのではあるまいか。真実とは、各自が抱く幻の中にしか存在し得ない。つまりは筆者が集積した「ハリマオの真実」とは、いわば百人百様の「ハリマオの幻像」なのだ。ハリマオ神話を脱し、その実像の追求を志した伝承研究者の探索の果てが、新たなハリマオ神話への逢着であったという、皮肉な逆説がここにはある。

調査に際しては、国内外を問わず、実に多くの方々のお世話をいただいた。

まずは谷繁樹氏、同夫人はじめハリマオの遺族の方々。一面識もなかった筆者を暖かく迎え、ある限りの資料の利用を許された。一度ならず同家に泊まり込み、それらを閲覧したのも懐かしい思い出である。

またハリマオの故郷五十川の旧友徳永音次郎氏、谷英雄氏、谷茂氏、山根久生氏。クアラ=トレンガヌの旧友アリ=ビン=ダウド氏。少年時代のハリマオを、よく語られた。

スンガイ=パディでハリマオに接した滝川虎若氏。ナラティワッでハリマオと出会った小川平氏。

いずれも盗賊団首領時代の彼を知る貴重な証言者である。

山口源等氏、同夫人信子氏、土持則正氏、國塚一乗氏、藤井千賀郎氏、石川義吉氏、谷山樹三郎氏、佐々木賢一氏、桜井享氏、本城正八郎氏ほか、参謀本部・藤原機関・第二十五軍関係者各位には、多くの軍事資料を賜り、また軍や機関の実情、戦時の状況を詳細に教示された。

荒金義博氏、石井弥栄子氏、芝浩一郎氏、増田武氏、森あさ子氏、山田廣雄氏には貴重な写真・文献その他の資料をいただいた。

フィールド=ワークでの幸運。南タイのパタニで、英語もよく通ぜぬ土地柄で途方に暮れ、藁をも摑む気持ちで飛び込んだプリンス=オヴ=ソンクラ大学パタニ=キャンパス。日本語コースがあり、二人の日本人教官に出会ったのも奇遇であったが、ドゥアンマラ=パドンニヨット副学長が、筆者の勤務校、静岡大学の元留学生であったことは驚きであった。同副学長からは多くの高配を賜ったが、中でも当地在住の唯一の日本人日吉亨氏を紹介されたことは幸せであった。日吉氏から広がった人の縁が別の縁に次々に繋がり、奇蹟の糸を手繰るごとくハリマオの部下チェ=カデ氏の発見に辿り着いた。

後日、日吉氏の好意により日本語訳されたそのチェ＝カデ氏の回想録が、ハリマオ晩年の行状を初めて明らかにした。

シンガポールの兵站病院でハリマオの病床の隣におられた鈴木茂氏は、筆者の新聞記事を読み、すぐさま書簡を寄せて来られた。氏によってハリマオ最期の場所が初めて判明し、その墓の推定の足がかりが摑めた。

これらの方々との一連の邂逅は、不思議な巡り合わせである。筆者の話を聞いた國塚一乗氏が、山本にはハリマオの霊がついている、と言われたが、筆者もまた、谷豊その他諸霊の加護が我が身の上にあったことを、素直に信じたい気持ちである。


ともあれ、国境を越えた多くの人士の力添えを抜きにして、本書は決して成らなかった。いわばこの本の作者はこの方々のすべてであり、筆者は単にその仲立ちをしたに過ぎない。

この間少なからぬ訃報に接することにもなった。藤原機関員の山口源等氏、土持則正氏。ハリマオの従兄弟の谷茂氏。五十川の知友徳永音次郎氏、谷英雄氏。南タイでハリマオと出会った小川平氏、チェ＝カデ氏。臨終のハリマオと病室を共にした鈴木茂氏。マレー・シンガポール作戦の生き証人佐々木賢一氏。ハリマオの連載小説の作者大林清氏。また神本利男の部下であったラーマン氏も最近鬼籍に入られたと聞く。

こうして見ると、一〇年という年月がやはり短くはなかったことを感ぜずにはいられない。これらすべての方々には、心からお悔やみを申し上げる。

マレー・シンガポール戦は遠くなったが、二一世紀初頭の今日に至るもなお民族・政治形態・宗教等の違いによる軋轢は絶えず、世界の此処彼処で無辜の民の犠牲が強いられ続けている。かくのごとき国際関係の暗黒・悲惨の中で、相互理解と恒久の平和のため、我々はいかに己を持し、叡知を獲得すべきなのか。ハリマオを巡る多くの出来事は、それがまた極めて今日的な問題を内包することを雄弁に物語っている。

ともあれ今はこの稿を、ハリマオをはじめ、戦塵に散り戦火に斃れたすべての人々に捧げ、その魂の鎮めとはしたい。

この三月一七日、ハリマオの没後六〇年の命日を迎える。この時にあたり、NHK衛星放送が筆者の研究を元に番組を作成することとなった。企画・制作に携わられた関係者各位には、深甚の謝意を表したい。

またこれと時を同じくして、本書がこのような形で世に出ることは喜ばしい。編集に当たられた大修館書店編集部の岡田耕二氏には、改めて心からのお礼を申し上げる次第である。

平成一四年二月一日

マレー半島にハリマオの跡を訪《とぶら》う出立の朝

山本　節

[協力者一覧]　協力者各位のうち、主だった方々の氏名を列挙して、深謝の意に代えたい。

谷家遺族及び福岡市南区五十川関係者

谷繁樹氏。谷チヨキ氏。谷茂氏。谷英雄氏。徳永音次郎氏。山根久生氏。

クアラ=トレンガヌ関係者

石津力氏。浦野隆行氏。山田廣雄氏。アリ=ビン=ダウド氏。杜水淼氏。符玉香氏。

ナラティワッ及びバンプー関係者

小川平氏。芝浩一郎氏。チェ=カデ氏。ニ=ジョ氏。マ=ダオ氏。

パタニ関係者

日吉亨氏。森あさ子氏。

アブドゥラー=アリュフリ=サヘ氏。ドゥアンマラ=パドンニョット氏。マノチ=ラーマン氏。

タイ日本人会及びシンガポール日本人会関係者

滝川虎若氏。石井弥栄子氏。杉野一夫氏。

藤原機関関係者

石川義吉氏。國塚一乗氏。土持則正氏。藤井千賀郎氏。山口源等氏。山口信子氏。

参謀本部及び第二十五軍関係者

荒金義博氏。桜井享氏。佐々木賢一氏。鈴木茂氏。谷山樹三郎氏。本城正八郎氏。増田武氏。

その他

大林清氏。土生良樹氏。広津秀穂氏。藤村小弥太氏。

（以上項目別五十音順）

［参考文献］

会田雄次『アーロン刑務所　西欧ヒューマニズムの限界』（中央公論社　昭37）
秋永芳郎『物語太平洋戦争・1　ハワイ・マレー沖海戦　マレー電撃戦』（鱒書房　昭31）
ＡＳＥＡＮセンター編『現地ドキュメント　アジアに生きる大東亜戦争』（展転社　昭63）
荒井三男『シンガポール戦記』（図書出版社　昭59）
荒金天倫『現代を生きる』（鈴木出版　昭61）
井沢満『英雄伝説―Harimao―』（角川書店　平元）
石井幸之助『「イエスかノーか」―若きカメラマンのマレー・千島列島従軍記』（光人社　平6）
生出寿『作戦参謀　辻政信　ある辣腕参謀の罪と罰』（光人社　昭62）
遠藤雅子『シンガポールのユニオンジャック』（集英社　平8）
越智春海『マレー戦記』（図書出版社　昭48）
影山匡勇『マレー血戦　カメラ戦記』（アルス　昭18）
国塚一乗『インパールを越えて―F機関とチャンドラ・ボースの夢―』（講談社　平7）
近衛野砲兵聯隊史編纂委員会編『近衛野砲兵聯隊史』（自刊　昭61）
小林和彦・野中正孝『ジョホール河畔・岩田喜雄南方録』（アジア出版　昭60）
榊原政春『一中尉の東南アジア軍政日記』（草思社　平10）
桜本富雄『大東亜戦争と日本映画　立見の戦中映画論』（青木書店　平5）
島田豊作『サムライ戦車隊長　島田戦車隊奮戦す』（光人社　昭59）
シンガポール市政会『昭南特別市史』（シンガポール協会　昭61）
シンガポール日本人会編『南十字星・創刊十周年記念復刻版―シンガポール日本人会の歩み―』（自刊　昭53）

同　　『南十字星―創刊二十周年記念復刻版―』（自刊　昭61）
杉森久英『辻政信』（文芸春秋　昭38）
須藤朔『マレー沖海戦―不沈戦艦と雷・爆攻撃機の対決』（白金書房　昭49）
総山孝雄『南海のあけぼの』（叢文社　昭58）
第九十三飛行場大隊戦友会編『シンガポールへの道　第九十三飛行場大隊・飛行第二十七戦隊の思い出』（自刊　昭62）
大本営海軍報道部編『ハワイ・マレー沖海戦』（文芸春秋社　昭17）
高山信武『二人の参謀　服部卓四郎と辻政信』（芙蓉書房出版　平11）
辻政信『シンガポール―運命の転機―』（東西南北社　昭27）
同台経済懇話会編『大東亜戦争の本質』（紀伊国屋書店　平8）
戸川幸夫『昭南島物語』（上・下）（読売新聞社　平2）
豊田穣『マレー沖海戦―豊田穣戦記文学集①―』（講談社　昭57）
中内敏夫『軍国美談と教科書』（岩波書店　昭63）
中島正人『謀殺の航跡―シンガポール華僑虐殺事件』（講談社　昭60）
中島みち『日中戦争いまだ終らず―マレー「虐殺」の謎』（文芸春秋　平3）
中野校友会編『陸軍中野学校』（原書房　昭和58）
中野不二男『マレーの虎　ハリマオ伝説』（新潮社　昭63）
南洋及日本人社『南洋の五十年』（章華社　昭13）
西岡香織『シンガポールの日本人社会史「日本小学校」の軌跡』（芙蓉書房出版　平9）
西村竹四郎『シンガポール三十五年』（東水社　昭16）
野村貞吉『新嘉坡と馬来半島』（宝雲社　昭16）

同　『馬来夜話』（宝雲社　昭17）
畠山清行　『大戦前夜の諜報戦―陸軍中野学校シリーズ―』（サンケイ新聞出版局　昭42）
同　『秘録　陸軍中野学校』（正・続）（番町書房　昭和46）
同　『陸軍中野学校1　諜諜戦史』（番町書房　昭和46）
同　『陸軍中野学校2　続諜諜戦史』（番町書房　昭和49）
同　『陸軍中野学校3　秘密戦史』（番町書房　昭和49）
同　『陸軍中野学校4　続秘密戦史』（番町書房　昭和49）
同　『陸軍中野学校5　ゲリラ戦史』（番町書房　昭和49）
同　『陸軍中野学校6　続ゲリラ戦史』（番町書房　昭和49）
土生良樹　『神本利男とマレーのハリマオ』（展転社　平8）
伴繁雄　『陸軍登戸研究所の真実』（芙蓉書房出版　平13）
本多忠尚　『マレー捕虜記』（図書出版社　平元）
藤原岩市　『藤原（F）機関―インド独立の母』（原書房　昭41）
古屋五郎　『南方第九陸軍病院　南十字星の下に』（ほるぷ出版　平元）
防衛庁防衛研修所戦史部　『戦史叢書　マレー進攻作戦』（朝雲出版社　昭41）
マークス寿子　『戦勝国イギリスへ日本の言い分』（草思社　平8）
増田武　『増田虎雄大尉追悼記　殉皇』（自刊　平2）
南節　『少国民大東亜戦記　マライ電撃戦』（晴南社　昭18）
宮居康太郎　『従軍特派員決死の筆陣　大東亜戦争史』（代々木出版社　昭17）
矢野暢　『南進の系譜』（中央公論社　昭50）

山口歩兵第四十二連隊史編纂委員会編『山口歩兵第四十二連隊史』（自刊　昭63）
山本地栄『大東亜作戦　マレー戦史』（朝日新聞社　昭17）
同『マライ戦話集』（朝日新聞社　昭18）
陸戦史研究普及会編『陸戦史集2　マレー作戦（第二次世界大戦史）』（原書房　昭41）
許雲樵・蔡史君『新馬華人抗日史料』（田中宏・福永平和訳『日本軍占領下のシンガポール華人虐殺事件の証明』青木書店　昭61）
陸培春『観光コースでないマレーシア・シンガポール』（高文研　平9）
チェ=カデ（口述）（日吉亨訳）「チェ=カデ回想録」（稿本）
BRADLEY James: "Cyril Wild: The Tall Man Who Never Slept", James Bradley and Woodfield Publishing, West Sussex, UK, 1991, 1997.（ジェイムズ=ブラッドリー著　小野木祥之訳『知日家イギリス人将校　シリル・ワイルド』明石書店　平13）
CHURCHIL Whinstone: "The Second World War, vol. 4, The Hinge of Japan," Cassell, UK.
CORNER E=J=H: "The Marquis: A Tale of Shonan-to", 1881.（E・J・H=コーナー著　石井美樹子訳『思い出の昭南博物館　占領下シンガポールと徳川侯』中央公論社　昭57）
Datuk Zainal Abidin bin Abdul Wahid: Glimps of Malaysian History, 1970.（ザイナル=アビディン=ビン=アブドゥル=ワーヒド著　野村亨訳『マレーシアの歴史』山川出版社　平5）
DOWER J=W: "WAR WITHOUT MERCY: Race and Power in the Pacific War", Pantheon Books, U.S.A., 1986.（J=W=ダワー著　猿谷要監修　斎藤元一訳『人種偏見・太平洋戦争に見る日米摩擦の底流』TBSブリタニカ　昭62）
ELPHICK Peter: "SINGAPORE, The PREGNABLE Fortress", Hodder and Stouton, UK, 1995.

FALL Timothy: "The Fall of Singapore", Methuen Australia Pty Ltd, Australia, 1983.

LAUREN Paul Gordon: "POWER and PREJUDICE: The Politics and Diplomacy of Racial Discrimination", Westview Press, Inc., U.S.A., 1988.（P＝G＝ローレン著　大蔵雄之助訳　『国家と人種偏見』　TBSブリタニカ　平7）

LEASOR James: "SINGAPORE, The Battle That Changed the Warld", 1968.（ジェイムズ＝リーサー著　向後英一訳　『シンガポール　世界を変えた戦闘』　早川書房　昭44）

MIDDLEBROOK Martin and MAHONEY Patick: "Battleship", 1977.（M＝ミドルブルック／P＝マーニー著　内藤一郎訳　『戦艦—マレー沖海戦—』　早川書房　昭54）

National Archives of Singapore: "The Japanese Occupation 1942-1945, A pictorial Record of Singapore during the War", Times Edityons Pte Ltd, Singapore, 1996.

Singapore Heritage Society: SHONAN: SINGAPORE UNDER THE JAPANESE, 1992.（シンガポール・ヘリテージ・ソサイェティ編　超田稜・新田準訳　『シンガポール　近い昔の話　1942～1945・日本軍占領下の人びととくらし』（凱風社　平8）

SWINSON Arthur: "The Fall of Singapore", Ballantine Books Inc. U.S.A., 1969.（アーサー＝シンプソン著　宇都宮直賢訳『シンガポール　山下兵団マレー電撃戦』　サンケイ新聞社出版局　昭46）

Tan Tock Sen-Hospital Pte Ltd: "150 Years of Caring-The Legacy of Tan Tock Sen-Hospital", Tan Tock Sen-Hospital Pte Ltd, Singapore, 1994.

THORNE Christopher: "THE ISSUE OF WAR, States, Societies, and the Far Eastern Conflict of 1941-1945", 1985.（クリストファー＝ソーン著　市川洋一訳　『太平洋戦争とは何だったのか　1941～45年の国家、社会、そして極東戦争』（草思社　平元）

THORNE Christopher: "RACIAL ASPECTS OF THE FAR EASTERN WAR OF 1941-1945", The British Academy, UK.（クリストファー＝ソーン著　市川洋一訳『太平洋戦争における人種問題』草思社　平3）
Major Gen. S. WOODBURN, kirby and others: "Official World History, vol.1, The War Against Japan", HMSO, UK.
Maj. YAP Siang Yong, BOSE Romen and PANG Angeline: "FORTRESS SINGAPORE-The Battlefield Guid", Ministry of Defence, Singapore, 1992.

【雑誌】

村橋堅作「皇軍進撃の殊勲者／〝マレーの虎〟の死闘」（「サンデー毎日」昭和一七〔一九四二〕年五月三日号）
佐山忠雄「戦線秘話／輝く戦果の陰に／殊勲の熱血男児！『マレーの虎』谷軍属の活躍」（「週刊朝日」昭和一七〔一九四二〕年五月三一日号）
池田満洲男「マライのハリマオ（虎）」（「週刊読売」臨時増刊「日本の秘密戦」昭和三一〔一九五六〕年一二月八日）
大林清「愛国熱血事実物語　マレーの虎」（「少年倶楽部」昭和一八〔一九四三〕年八月号～昭和一九〔一九四四〕年七月号）

【新聞】　昭和一七年四月三日朝刊

「武勲輝く〝マレーの虎〟／侠児散って〝靖国の神〟／翻然祖国愛に醒めて挺身／英へ復仇の日本青年」（「東京朝日新聞」）。

「軍事探偵「マレーの虎」の死／手下三千、決死の諜報／妹の虐殺に沸る大和魂」（「大阪朝日新聞」）。

「忠烈〝マレーの虎〟／男の道・五列に挺身／翻然目覚む任侠暮らし」（「朝日新聞」西部版）。

「部下三千〝マレーの虎〟／祖国愛に目覚めて軍事探偵／死床に届く母の激励」（同最終版）。

「殉国の華マレーの虎／挺身・皇軍を導く／密林に放つ部下三千の尖兵網／〝討英〟悲願の日本快男子」（東京日日新聞）。

「翻然起つ母国の急／義賊〝マレーの虎〟／死の報恩・昭南に眠る」（「読売新聞」）

「密林の王者『マレーの虎』の悲劇／三千の部下を率ゐて／南進皇軍に死の協力／いまぞ蘇る『日本人の血潮』」（「中外商業新報」〈「日本経済新聞」の前身〉）。

「マレー戦線を彩る〝虎〟物語／日本男児の気概／部下三千を率ゐ密林を死の挺身／悲願果たし昭南港に眠る」（「都新聞」）。

「疾風〝マレーの虎〟／任俠の青年谷豊君数奇の生涯／排日暴徒妹を虐殺！／痛憤・復讐の鬼と化す／秋は来た挺身皇国の人柱」（「国民新聞」）。

「敢然英の暴戻に起った／南方建設の尊き人柱／任俠・邦人青年／マレーの虎殉国の一生」（「新愛知」〈「中日新聞」の前身〉）。

「精鋭の先へ先へ／マレー作戦の大戦果の陰に／邦人青年、殉国の人柱」（「京都新聞」）。

「マレー作戦に活躍の九州男子／暴戻英に死の復讐／部下を率ゐ諜報と宣撫に挺身」（「福岡日々新聞」〈「西日本新聞」の前身〉）。

「祖国ひとたび起たば／敢然死に赴く〝虎王〟／マレー大捷の人柱・悔悟の尽忠秘話／『靖国へ』病床で男泣き／蘇る血に罪を浄めた復讐の鬼／尊く日本人の誇に散る」（「九州日報」〈前者に同じく「西日本新聞」の前身〉）。

タイ
ソンクラ
ハチャイ
パタニ
バンプー
サイ=ブリ
サダオ
ヤラ
ナラティワッ
マレー・タイ国境
ジットラ
アロル=スタール
コタ=バル
ベトン
クロー
スンガイ=パタニ
グリク
クアラ=クライ
ペナン島
英領マレー
クアラ=トレンガヌ
チェンドロー=ダム
タイピン
クアラ=カンサール
ペラッ河
プランジャ
イポー
カメロン高原
クアラ=ディパン
カンパル
クアラ=リピス
ルムッ
トゥロッ=アンソン
スンカイ
ペラッ河口
トゥロラッ
スリム
メリンタム
ベルナム河口
サバッ
タンジョン=マリム
クアンタン
スランゴール
バタン=ベルジュンタイ
クアラ=ルンプール
クラン
ゲマス
スガマッ
ポート=ディクソン
メルシン
ラビス
マラッカ
ムアル
バクリ
ヨンペン
クルアン
バトゥ=バハッ
ブキ=パンジャン
ブキ=ティマ
ジョホール=バル
ジョホール水道
ウビン島
シンガポール
シンガポール市街
0
50
100 Km
マレー半島図
(1941年)

［著者略歴］

山本　節（やまもと　たかし）

一九三九年、東京に生まれる。東京大学文学部卒業。同大学院人文科学研究科博士課程修了。愛知教育大学教授、白百合女子大学教授を経て、現在、静岡大学人文学部教授。

主な編著書　『神話の森―イザナキ・イザナミから羽衣の天女まで』（大修館書店　平成元年）、『伝承の宇宙―昔話・伝説・噂話にひそむもの』（溪水社　平成四年）、『神話の海―ハリマオ・禅智内供の鼻・消えた新妻』（大修館書店　平成五年）、『日本の神仏の辞典』（共編　大修館書店　平成一三年）など。

ハリマオ　マレーの虎、六十年後の真実

初版第一刷――――二〇〇二年三月一七日

著者――――――山本　節

発行者―――――鈴木一行

発行所―――――株式会社大修館書店

〒一〇一-八四六六　東京都千代田区神田錦町三-二四

電話０３-３２９５-６２３１（販売部）

０３-３２９４-２３５２（編集部）

振替００１９０-７-４０５０４

［出版情報］http:// www.taishukan.co.jp

装丁者―――――岡田和子

印刷――――――壮光舎印刷

製本――――――牧製本

ISBN4-469-23221-1　Printed in Japan